敬畏法治
拟上市公司核心法规学习指引

宁波博创海纳投资管理有限公司
华东政法大学资本市场研究中心 / 编著

上海社会科学院出版社
SHANGHAI ACADEMY OF SOCIAL SCIENCES PRESS

图书在版编目(CIP)数据

敬畏法治：拟上市公司核心法规学习指引 / 宁波博创海纳投资管理有限公司，华东政法大学资本市场研究中心编著 .— 上海：上海社会科学院出版社，2022
 ISBN 978 - 7 - 5520 - 3810 - 1

Ⅰ.①敬… Ⅱ.①宁… ②华… Ⅲ.①上市公司—公司法—基本知识—中国 Ⅳ.①D922.291.91

中国版本图书馆 CIP 数据核字(2022)第 012694 号

敬畏法治——拟上市公司核心法规学习指引

编　　著：	宁波博创海纳投资管理有限公司
	华东政法大学资本市场研究中心
责任编辑：	张　晶
封面设计：	周清华
出版发行：	上海社会科学院出版社
	上海顺昌路 622 号　邮编 200025
	电话总机 021 - 63315947　销售热线 021 - 53063735
	http://www.sassp.cn　E-mail:sassp@sassp.cn
排　　版：	南京展望文化发展有限公司
印　　刷：	上海龙腾印务有限公司
开　　本：	710 毫米×1010 毫米　1/16
印　　张：	22
字　　数：	369 千
版　　次：	2022 年 2 月第 1 版　2022 年 2 月第 1 次印刷

ISBN 978 - 7 - 5520 - 3810 - 1/D·645　　　　　　定价：88.00 元

版权所有　翻印必究

推 荐 序

施东辉教授

复旦大学金融法治研究院副院长

在世界经济史上，中国自1978年以来的经济增长及作为一个经济大国的崛起，是一次革命性的事件。回顾过去20余年的中国经济，其发展可以分成这样两个阶段：

第一个阶段是从1997—2007年的10年。1997年是亚洲金融危机发生的年份，从这一年开始，中国经济发展最大的动力就是依托于人口红利，加上2001年加入WTO后带来的全球化红利，从而使得中国的产业迅速地融入了全球产业链的分工体系。正是借助劳动人口和全球化这两个红利，中国经济在这10年实现了高速发展。

第二个10年从2008—2018年。2008年又发生了一场全球性的金融危机——美国次贷危机。中国以4万亿元经济刺激措施为开端，这10年中国经济的增长是靠金融周期来推动的，也就是说以房地产市场作为信用扩张的载体，叠加城市化发展进程，带来了中国经济第二个20年的高速增长。在这10年当中，随着互联网和电子商务的崛起，中国的消费方式也发生了非常大的升级，消费在整个中国经济增长中起的作用越来越大。

当然，靠金融周期推动的快速发展，不可避免地产生了一系列的衍生问题。一个是产能过剩，另外一个是企业部门和地方政府杠杆率的高速扩张，进而带来整个国家宏观杠杆率的高企。在这样的情况下，从2017年起整个经济进入了"实体去产能，金融去杠杆"的调整阶段，中国经济发展也从高速增长转入高质量发展的新阶段。

未来10年，中国经济发展靠什么力量来推动呢？著名经济学家熊彼特讲过这样一句话：创新是经济发展的根本要素，也是突破平庸的经济发展的根本动力。从全球各个国家的发展来看,要跨越所谓中等收入陷阱,要使经济增长进入新阶段,必然需要从依赖于传统的要素投入,转变为创新驱动的阶段,通过全要素生产率的提高,通过资本要素的优化配置来获得新的发展动力。所以未来的10年,中国经济要进入一个培育新的经济增长功能和创新驱动的发展阶段。

创新产业的发展必然需要新的金融体系、新的金融服务予以支撑。中国传统的金融体系,是一个非常显著的以银行为绝对主导的金融体系。最近的一个数据显示,中国所有金融机构的资产总额是333万亿元,银行在这333万亿元的资产规模当中所占比重为90.7%,整个证券业机构占的资产比重是2.7%,另外剩下的6.6%归属于保险业机构。显然,整个中国金融体系是银行绝对主导的体系,其特征表现为高储蓄率、利率和资本管制等金融抑制的现象较为普遍。这种金融体系特别适合重大项目,或者一些成熟产业的发展。但对于一些风险比较大、不确定性比较高、轻资产运营的创新产业,传统的银行体系可能很难提供有效的金融服务。

相反,以资本市场为主的直接金融体系,却能为创新产业发展提供更有效率、更有针对性的金融支持和服务。在这种背景下,资本市场的发展被提到了一个战略性的高度。习近平总书记指出:"资本市场在金融运行中具有牵一发而动全身的作用,要打造规范、透明、开放、有活力、有韧性的资本市场。"国务院金融稳定委员会专题会议也多次强调:要发挥资本市场的枢纽作用,不断强化基础性制度建设,坚决打击各种财务造假和欺诈的行为,放松和取消不适应市场发展的各种管制,提升市场活跃度。可见,在目前新旧动能转换、逆全球化思潮不断泛起的国内和国际背景下,资本市场的发展可以说是"两岸潮平阔,风正一帆悬"。

与成熟市场自我演进的发展方式不同,中国资本市场是在国家改革开放进程里,从计划经济体制向社会主义市场经济体制过渡过程中,为解决国有企业的融资及改制问题,由政府和市场参与者共同推动建立的。从诞生之时起,资本市场就紧密服务于中国经济面临的迫切现实问题和未来发展需要。过去30余年来,资本市场通过发行股票共筹资约15万亿元,这些资金注入了各行各业的企业,与实体经济形成了良性互动,为中国经济发展提供了一个非常重要的动力。与此同时,借助于中国经济的高速增长和充裕的拟上市资源,中国资本市场在30余年中取得了历史性突破和跨越式发展。目前,沪深证券交易所上市公司总数突破4 500家,总市值达80万亿元,中国资本市场已发展成为仅次于美国的全球第二大资本市场。

近两年来，党中央和国务院高度重视资本市场发展，推动了资本市场的一系列关键性基础制度改革，2019年设立科创板并试点注册制改革进展顺利，2020年创业板试点注册制，2021年11月北京证券交易所正式开市交易，这一系列关键改革举措渐次落地，有序推进，使我国资本市场形成了主板、科创板、创业板、创新层（新三板）、基础层（新三板）的多层次市场体系。

从市场定位来看，我国目前的多层次资本市场既有纵向的规模划分，又有横向的产业划分。上交所和深交所的主板主要面向大型企业的融资需求。上交所科创板主要面向科技创新型企业，聚焦"硬科技"。深交所创业板定位"三创""四新"，即面向成长型"创新、创业、创意"企业，或者是传统产业与"新技术、新产业、新业态、新模式"深度融合。北交所将面向创新型中小企业，聚焦以制造业为主的"专精特新"中小企业。新三板的创新层、基础层继续面向中小微型企业。这样就真正建立起了层次分明，功能互补，错位发展，有机联通的多层次资本市场体系，支撑不同业态、不同规模、不同阶段的企业共同发展。

世界银行在《创新中国：培育经济增长新动能》的报告中指出，中国的国家创新体系建设已经取得了很大进展，能够为生产率主导的增长提供创新和技术。未来需要加速现有先进技术和创新成果的扩散，培育新的创新和技术，这有助于将现有的生产可能性边界扩展到全球生产可能性边界。如果说创新是经济增长的引擎，那么金融就是燃料。不断完善的多层次资本市场体系大大降低了中国企业证券化的门槛，激活了整个资本市场对创新创业、中小企业的服务体系和能力，有利于为不同类型科创企业提供有较强针对性、适应性和有效性的上市服务，引导资金、资源优先供给国民经济发展的创新行业、重点领域。科技创新与资本市场的"双轮驱动"将推动我国经济进入新的发展阶段，成为未来经济增长最为核心的动力要素。

对拟上市企业来讲，资本市场是财富放大器，可以把一块钱的利润放大成几十乃至上百倍市值，面对巨大的赚钱效应和国内市场不成熟的投资环境，如果没有法制化的约束和监管，谁都可能产生掠夺动机并付诸实施，再好的制度最终也会南辕北辙。法律的威慑效果是由惩罚的严厉性及确定性这两个变量决定的。2020年新修订的《证券法》和《刑法》修订案均大幅提高了证券犯罪的惩罚力度。2021年以来，"五羊债券案""康美药业案"等相关违法案件的审理判决，标志着资本市场进入了"强监管"时代。

提高上市公司质量,规范上市公司行为,是资本市场健康发展的基础,也是保护投资者合法权益的关键。这是一项复杂和艰巨的工作,需要上市公司、证券监管部门和相关各方持续推进。在各方努力下,上市公司逐渐成为实践现代企业制度的示范样板。首先,上市公司治理内部规章制度基本完备,以公司章程、"三会"议事规则、信息披露管理制度、投资者关系管理制度等为基础的公司治理制度实现应建尽建。其次,上市公司组织架构不断健全,"三会一层"成为标配,部分公司结合实际设立公司治理专职部门,组织机构间的分工协作更加顺畅。第三,"三会"运作日益规范,决策流程更加公开透明,会议程序基本符合法律法规相关要求。第四,上市公司回报投资者的意识不断增强,现金分红率近年稳定在30%以上。

但是,由于我国资本市场还处于"新兴加转轨"的发展阶段,上市公司规范运行也存在一些问题不容忽视,值得关注,例如:实际控制人行为不规范,资金占用和违规担保等违法违规问题仍有发生;董监高履职能力和水平有待提高,独立董事独立性不够,董事会秘书缺乏履职保障;公司透明度有待进一步提升,未按规定披露重大事项的现象时有发生;内部控制制度执行不到位,一些上市公司对其子公司的控制力较弱甚至失去控制。

经过多年发展,我国资本市场初步建立了包括法律、行政法规、部门规章、规范性文件、交易所自律规则在内的一整套上市公司监管法规体系。整体来看,现行法规涉及领域广泛、数量众多,上市公司监管各方面工作实现了有法可依,法制供给取得阶段性成果。随着规则数量增加和上市公司监管实践的发展变化,拟上市企业董监高在走向资本市场前迫切需要学习上市公司应有的公司治理结构、会计基础工作、内部控制制度,充分了解多层次资本市场各板块的特点和属性,树立进入证券市场的诚信意识、自律意识和法治意识。

《拟上市公司核心法规学习指引》一书化繁为简,将公司监管核心法规分成公司治理、证券发行与上市、首次公开发行、规范运作、信息披露、法律责任这六个大类,将重点、难点和疑点问题以选择题的形式提炼出来,供拟上市公司学习参考,在呈现方式上更为简明、清晰、友好。相信此书的出版可以为有志于登陆资本市场的企业提供一份有价值的操作手册和参考指南,也有利于加强上市公司监管基础制度建设,促进上市公司规范运作,提高上市公司整体治理水平。

是为序。

序　言

谢吉平

宁波博创海纳投资管理有限公司　管理合伙人

中华民族的伟大复兴离不开中华民族经济的振兴。金融是现代经济的核心，资本市场是现代金融的核心和基石。30多年来，依托经济的高速增长、充裕的企业资源和庞大的投资者群体，我国资本市场在市场体系建设、经济功能完善和国际竞争力提升等方面都取得了长足进步，资本市场的资金源源不断输入了实体经济，注入了各行各业的企业，为中国经济的飞速发展提供了重要动力。面向未来，我国资本市场的使命愈加清晰，大力发展直接融资，服务实体经济，在经济转型升级过程中发挥枢纽功能，助力构建发展新格局。

一、优秀企业上市利国利民

企业是经济的基本细胞，企业兴则经济兴。优秀的企业必然诞生优秀的企业家，企业家的正向价值观对整个社会起着推动、牵引和示范作用，是为社会创造财富、推动社会进步的重要力量。优秀企业上市是资本市场的源头活水，是利国利民的大事和好事。

第一，优秀企业上市有助于企业进一步完善治理结构，降低融资成本，吸引激励高端人才，提升品牌价值，助力企业再上台阶做大做强，为社会创造更多财富和价值。

第二，优秀企业上市有助于引导和形成诚信守法的良好风气。"诚者，天之道也；思诚者，人之道也。"上市公司在更为全面、透明的监管和约束机制下，担当起践行社会责任主力军的角色。

第三，优秀企业上市有利于推动国家科技进步。"富有之谓大业，日新之谓盛德。"企业上市后，企业家的创新精神和创新意愿得到进一步激发，企业创新的人才储备和资金实力得到进一步增强,切实推进国家的创新驱动战略。

第四,优秀企业上市有助于形成企业、社会、投资者群体和资本市场的良性正向循环。企业上市获得跨越式发展,为社会创造更多经济价值,广大投资者分享到企业成长带来的增值,从而吸引更多企业、投资者进入资本市场,形成几大市场主体的正向循环。

总之,优秀上市企业是我国经济活动的重要参与者、技术进步的重要推动者、规范运作的重要践行者,资本市场作为其中的枢纽,在国家转型升级过程中发挥着十分重要的作用。

二、企业上市正在进入崭新的时期

随着供给侧结构性改革的推进,我国经济发展转入高质量发展的新阶段。以资本市场为主的直接金融体系,必将继续为经济新动能培育、创新产业发展提供更有效、更具针对性的金融支持。一个更加规范、透明、开放、有活力、有韧性的多层次资本市场正在到来。

第一,我国多层次资本市场功能更加完善、各板块定位更加清晰。为了更好地实现资本市场对国家战略的支持,以沪深主板、科创板、创业板、北交所为代表的多层次、多板块上市体系,正以更广的包容性和更强的针对性支持不同特色的企业在国内上市。科创板以"硬科技"企业为服务对象,创业板以"三创""四新"的成长型创新创业企业为服务对象,北交所以"专精特新"为服务对象,沪深主板适合其他类型的成熟企业申报。这样的板块定位和功能区分,既让绝大多数符合国家产业政策的优秀企业有机会进入资本市场,又能更加精准地实现资本市场助力国家发展战略的目标。

第二,股票发行注册制的实质特征逐步明确。2019年科创板试点注册制,2020年创业板试点注册制,2021年北京证券交易所成立,经过两年多的实践,我们可以看到,我国实施的注册制试点,发行审核过程可以概括成两个字:一个是"强",一个是"严"。所谓"强",就是与审核制相比,进一步强化了对信息披露的要求。注册制不是审得松了或者不审了,恰恰相反,注册制对发行人信息披露真实性、准确性和完整性的要求更高、强度更大。所谓"严",是对中介机构的要求更加严格,各项措施不断压实中介机构责任,对涉及违法违规行为的处罚更加严格严厉。

第三,注册制改革这一系统化工程还有一个持续完善的过程。发行注册制是一项复杂的市场经济制度改革,不可能短期就把所有问题解决。但我们相信,随着各项改革措施逐步深化,一定能更好地把整个市场的有效运行跟监管制度的积极有为结合起来,更好地解决当前注册制试点中发现的问题,比如招股书信息披露过载和可读性问题、IPO发行定价效率问题、审核速度可预期性变弱问题等。

三、企业家要怀着敬畏法治之心进入资本市场

公司上市以后,就变成一家公众公司,会加入很多新的股东,尤其是很多持股数量较少的中小股东。股票有别于普通消费品,投资者无法直观衡量公司质量和价值。虽然股东无论持有多少股份,都有权从公司获取经济利益,拥有同样的剩余索取权,但大股东和中小股东对公司的实际控制能力(即剩余控制权)存在显著差异。

作为上市公司的实际管理者,控股股东和公司董事、高管、监事等(以下统称上市公司关键人),具有天然的信息优势,对公司的经营活动和真实业绩更为了解,可能利用持股优势和管理地位做出损害中小股东的行为。中小投资者和上市公司关键人之间存在严重的信息不对称,而信息是投资者进行决策的主要依据。当出现利益冲突时,上市公司关键人可能通过证券欺诈、非法占用公司资金、非公允关联交易和不合理的股利分配等方式侵害中小股东的权益,破坏资本市场秩序。与大股东相比,中小股东对公司的经营管理更多是一种"搭便车"行为,主要通过"用脚投票"的方式在公司治理中起到间接作用,通常没有精力、能力和权力对公司进行实质性监督。

由于上市公司存在众多的公众股东,涉及不特定的公众利益,社会影响面较广,所以企业及其董监高、大股东的行为,已经不再是简单的企业内部行为,而是具有很强的社会外部性,需要公权力进行规范和监督。所以法律对上市公司及其关键人士制定了更为严格的要求以及适当的强制性规范,以保护广大投资者的利益,特别是处于天然弱势地位的中小投资者。例如,《证券法》规定上市公司要披露定期报告和临时报告,持续披露公司的经营情况,这一强制公开制度保障了投资者了解上市公司的知情权。

2019年和2020年,全国人大常委会分别于通过修订后的《证券法》和《刑法

修正案》中,进一步强化信息披露要求,完善投资者保护制度,大幅提高违法违规成本以及对证券期货犯罪的刑事惩戒力度,形成"行政处罚+民事赔偿+刑事惩戒"的法治供给闭环。上述法律的变化表明了我国以"零容忍"来打击资本市场犯罪的坚定决心,对于切实提高证券违法成本、保护投资者合法权益、维护市场秩序的坚定信念。面对日趋严格的资本市场监管环境,公司实际控制人、董事、监事、高级管理人员等拟上市公司关键人员应当适应身份的变化,认真履行责任和义务,做到敬畏市场、敬畏法治。

四、出版本书的缘起和目的

宁波博创海纳投资管理有限公司(简称博创)是一家以专业服务为特色的创新型风险投资管理机构,致力于成为"以专业服务助力优秀企业成长的长期价值投资者",与优秀企业勠力同心,共同创造可持续的长期价值。博创正在不断建立和加强以"专业""深度""现场"为特色的企业服务能力,协助所投资企业做好财务管理规范、内控管理体系、税务筹划、上市方案论证、股权架构调整、员工激励计划、关键人才引进、中介团队引进等工作,助力企业提高管理能力和规范水平。作为一家正在成长中的创业公司,公司发展的主线是形成一支专业、敬业、职业的团队,建立自我迭代、终身进化的学习型组织。

博创从创立之初,就致力于让所投资和服务的企业常怀"敬畏之心",协助企业按照法律法规和监管部门的规定,认真做好各项企业规范工作,切实满足进入资本市场必备的硬性和软性要求。从2015年开始,博创团队开始协助保荐机构做好企业的上市辅导工作,向所服务企业提供博创编辑的《企业上市知识要点汇编》《企业上市法规汇编》等资料,并以此为基础研究编辑了一些适合企业人员学习的测试题目,引导企业人员认真学习法规,不走过场。这些学习资料和测试题目受到了博创所服务企业、政府金融工作相关部门、博创合作中介机构的广泛赞誉,并得到了证券监管部门的高度肯定和大力支持,很多朋友鼓励我们把这些成果呈现给全社会,引导更多企业和相关从业人员更加重视上市相关法律法规的学习。

基于这些支持和鼓励,我们开始把这些研究成果和实践经验做系统性总结和阶段性总结,2021年年初,博创团队和华东政法大学资本市场研究中心设立合作课题,进行更加严谨和规范的研究和撰写,在上海社会科学院出版社的大力支持下,现在将阶段性的研究成果汇报给广大读者。

拟上市公司关键人应该掌握的法律规则,想在一本书中全部细致的涵盖是不可能的,而且如果内容过于追求完整,读者的阅读体验也非常差。经过反复的筛选、提炼和总结,本书将有关核心法规分为公司治理、证券发行与上市、首次公开发行、规范运作、信息披露和法律责任等六个部分,将其中的核心法规的关键要点梳理出来,并以题目解析的方式呈现给读者,便于读者通过知识要点和题目测试相结合的方式增强记忆,快速掌握知识要点。

五、致谢

这本书的编辑和修订,是一个充满艰辛挑战的过程,也是团队协作的成果。参加本课题和本书研究及撰写工作的有(以姓氏笔画排序):王跃婷、王薇、王鑫、刘国君、杨巧妹、邱妮、张钦斐、徐利勇,全书由徐利勇负责统稿。

在本书的写作过程中,我们得到了来自华东政法大学国际金融法律学院、安信证券、国信证券、东吴证券、招商证券、中原证券、天健会计师事务所、容诚会计师事务所、信永中和会计师事务所、立信会计事务所、天职国际会计师事务所、中伦律师事务所、德恒律师事务所等机构中诸多朋友的关心和支持,在此深表感谢。

在本课题和本书的研究与撰写过程中,我们参考了中国证监会及其派出机构、沪深交易所培训资料和网站资料、中国证券业协会组织的历次保荐代表人培训资料、部分市场中介机构的培训资料等,相关法律法规的引用和跟踪截止日为2021年11月底。

最后要提示广大读者的是:本书中所提到的核心法规原文,我们全部放在了博创的公司网站(www.bothcapital.com)上,并将根据法规的修订随时进行动态更新,便于广大读者学习最新的法规原文。同时,为了让读者有更全面的测试训练,更好地掌握知识要点,我们还在博创网站上放了多套与本书相配套的测试题,这些测试题会根据法规修订情况进行更新,欢迎读者使用。

由于我们的水平所限,时间也比较仓促,书中难免不足之处,欢迎各界朋友批评指正。联系邮箱:reading@bothcapital.com。

目　　录

推荐序 ·· 1
序言 ··· 1

第一章　公司治理 ·· 1
第一节　基本概念 ·· 1
第二节　股东及股东大会 ·· 6
第三节　董事及董事会 ·· 34
第四节　监事及监事会 ·· 54
第五节　经理 ··· 59
第六节　财务会计报告 ·· 60
第七节　每章练习 ·· 62

第二章　证券发行与上市 ··· 85
第一节　《证券法》总则 ··· 85
第二节　证券发行 ··· 88
第三节　证券交易 ··· 95
第四节　证券公司、发行人及客户 ··· 106
第五节　每章练习 ·· 107

第三章　首次公开发行 ·· 134
第一节　主板 ··· 135
第二节　创业板 ·· 153
第三节　科创板 ·· 166

第四节　北京证券交易所···180
　　第五节　每章练习···186

第四章　规范运作···219
　　第一节　关联方与关联交易···219
　　第二节　对外担保···225
　　第三节　利润分配···229
　　第四节　募集资金···232
　　第五节　控股股东及其关联方行为规范···································235
　　第六节　每章练习···237

第五章　信息披露···250
　　第一节　一般规则与要求···250
　　第二节　定期报告与临时报告···263
　　第三节　股份减持与回购···276
　　第四节　信息披露监督管理与法律责任···································286
　　第五节　每章练习···291

第六章　法律责任···311
　　第一节　《公司法》法律责任···311
　　第二节　《证券法》法律责任···314
　　第三节　刑法规定相关的刑事处罚·······································324
　　第四节　每章练习···328

附录···337

第一章

公 司 治 理

本章涉及的主要法律法规
1. 《中华人民共和国公司法》(2018 年修正)
2. 《上市公司章程指引》(2019 年修订)(2019 年 4 月 17 日证监会公告〔2019〕10 号)
3. 《上市公司治理准则》(2018 年修订)(中国证券监督管理委员会公告〔2018〕29 号)
4. 《公司登记管理条例》(2016 年 2 月 6 日国务院令第 666 号)
5. 《上市公司股东大会规则》(2016 年修订)(证监会公告〔2016〕22 号)

第一节 基本概念

一、公司

(一) 公司法概念

《公司法》所称公司是指依照本法在中国境内设立的有限责任公司和股份有限公司。

典型例题:

【单选题】我国《公司法》所称的公司是指依照该法在中国境内设立的

（　　）和股份有限公司。

A. 有限责任公司　　　　　　B. 外商投资企业

C. 个人独资企业　　　　　　D. 中外合资企业

【答案】A

【解析】根据《公司法》第二条规定，本法所称公司是指依照本法在中国境内设立的有限责任公司和股份有限公司。本题答案为选项A。

【判断题】我国《公司法》所称的公司是指依照该法在中国境内设立的有限责任公司和股份有限公司。

【答案】√

【解析】根据《公司法》第二条规定，本法所称公司是指依照本法在中国境内设立的有限责任公司和股份有限公司。

（二）公司是企业法人

公司是企业法人，有独立的法人财产，享有法人财产权。公司以其全部财产对公司的债务承担责任。有限责任公司的股东以其认缴的出资额为限对公司承担责任；股份有限公司的股东以其认购的股份为限对公司承担责任。

典型例题：

【多选题】下列说法正确的有（　　）。

A. 公司是指依法设立的，以营利为目的的，由股东投资形成的企业法人

B. 公司向其他企业投资，必须经董事会决议

C. 公司要以全部财产对公司的经营活动产生的债务承担责任

D. 公司为股东或实际控制人提供担保的，须经股东（大）会决议

【答案】ACD

【解析】根据《公司法》第三条规定，公司是企业法人，公司以其全部财产对公司的债务承担责任，选项A、C正确。根据《公司法》第十六条规定，公司为公司股东或者实际控制人提供担保的，必须经股东会或者股东大会决议，选项D正确。综上，本题答案为选项A、C、D。

（三）公司依法设立

依法设立的公司，由公司登记机关发给公司营业执照。公司营业执照签发日期为公司成立日期。公司营业执照应当载明公司的名称、住所、注册资本、经营范围、法定代表人姓名等事项。

公司营业执照记载的事项发生变更的,公司应当依法办理变更登记,由公司登记机关换发营业执照。

典型例题:

【单选题】公司( )为公司成立日期。

A. 创立大会通过日期　　　　　B. 营业执照签发日期

C. 股东协议签署日期　　　　　D. 验资报告出具日期

【答案】B

【解析】根据《公司法》第七条规定,公司营业执照签发日期为公司成立日期。本题答案为选项 B。

(四) 有限责任公司变更为股份有限公司,应当符合《公司法》规定的股份有限公司的条件。股份有限公司变更为有限责任公司,应当符合《公司法》规定的有限责任公司的条件。

有限责任公司变更为股份有限公司的,或者股份有限公司变更为有限责任公司的,公司变更前的债权、债务由变更后的公司承继。

典型例题:

【单选题】有限责任公司变更为股份有限公司的,或者股份有限公司变更为有限责任公司的,公司变更前的债权、债务由( )的公司承继。

A. 变更前　　　　　　　　　　B. 变更后

C. 变更前或变更后　　　　　　D. 第三方

【答案】B

【解析】根据《公司法》第九条规定,有限责任公司变更为股份有限公司的,或者股份有限公司变更为有限责任公司的,公司变更前的债权、债务由变更后的公司承继。本题答案为选项 B。

二、法定代表人

公司法定代表人依照公司章程的规定,由董事长、执行董事或者经理担任,并依法登记。公司法定代表人变更,应当办理变更登记。

典型例题:

【单选题】根据《公司法》规定,下列不能担任公司法定代表人的是( )。

A. 经理　　　　B. 监事长　　　　C. 执行董事　　　　D. 董事长

【答案】B

【解析】根据《公司法》第十三条规定,公司法定代表人依照公司章程的规定,由董事长、执行董事或者经理担任,并依法登记。本题答案为选项B。

三、控股股东

控股股东,是指其出资额占有限责任公司资本总额百分之五十以上或者其持有的股份占股份有限公司股本总额百分之五十以上的股东;出资额或者持有股份的比例虽然不足百分之五十,但依其出资额或者持有的股份所享有的表决权已足以对股东会、股东大会的决议产生重大影响的股东。

典型例题：

【单选题】《公司法》规定,以下出资额占公司资本总额为(　　)的公司股东可能不是公司控股股东。

A. 百分之五十一　　　　　　B. 百分之五十

C. 百分之六十　　　　　　　D. 百分之四十

【答案】D

【解析】根据《公司法》第二百一十六条规定,控股股东,是指其出资额占有限责任公司资本总额百分之五十以上或者其持有的股份占股份有限公司股本总额百分之五十以上的股东;出资额或者持有股份的比例虽然不足百分之五十,但依其出资额或者持有的股份所享有的表决权已足以对股东会、股东大会的决议产生重大影响的股东。本题答案为选项D。

四、实际控制人

实际控制人,是指虽不是公司的股东,但通过投资关系、协议或者其他安排,能够实际支配公司行为的人。

典型例题：

【判断题】根据《公司法》,公司的实际控制人是指虽不是公司的股东,但通过投资关系、协议或者其他安排,能够实际支配公司行为的人。

【答案】√

【解析】根据《公司法》第二百一十六条规定,实际控制人,是指虽不是公司的股东,但通过投资关系、协议或者其他安排,能够实际支配公司行为的人。

五、高级管理人员

高级管理人员,是指公司的经理、副经理、财务负责人,上市公司董事会秘书和公司章程规定的其他人员。

典型例题:

【多选题】上市公司高级管理人员,是指公司的(   )。

A. 总经理

B. 副总经理

C. 财务总监

D. 董事会秘书

E. 证券事务代表

【答案】ABCD

【解析】根据《公司法》第二百一十六条规定,高级管理人员,是指公司的经理、副经理、财务负责人,上市公司董事会秘书和公司章程规定的其他人员。本题答案为选项A、B、C、D。

六、公司章程

设立公司必须依法制定公司章程。公司章程对公司、股东、董事、监事、高管人员具有约束力。

典型例题:

【多选题】上市公司章程对下列哪些人员具有约束力(   )。

A. 董事

B. 监事

C. 控股股东

D. 财务总监

E. 董事会秘书

【答案】ABCDE

【解析】根据《公司法》第十一条规定,公司章程对公司、股东、董事、监事、高管人员具有约束力,财务总监和董事会秘书都属于高级管理人员。本题答案为选项A、B、C、D、E。

第二节 股东及股东大会

一、股东的一般规定

(一) 股东出资

股东可以用货币出资,也可以用实物、知识产权、土地使用权等可以用货币估价并可以依法转让的非货币财产作价出资;但是,法律、行政法规规定不得作为出资的财产除外。

对作为出资的非货币财产应当评估作价,核实财产,不得高估或者低估作价。法律、行政法规对评估作价有规定的,从其规定。

股东不得以劳务、信用、自然人姓名、商誉、特许经营权或者设定担保的财产等作价出资。

股东应当按期足额缴纳公司章程中规定的各自所认缴的出资额。股东以货币出资的,应当将货币出资足额存入有限责任公司在银行开设的账户;以非货币财产出资的,应当依法办理其财产权的转移手续。

股东不按照上述规定缴纳出资的,除应当向公司足额缴纳外,还应当向已按期足额缴纳出资的股东承担违约责任。

典型例题:

【单选题】下列关于有限责任公司股东用于出资的非货币财产的说法,错误的是( )。

A. 应当是无形资产　　　　　B. 可以用货币估价
C. 可以依法转让　　　　　　D. 不违背法律禁止性规定

【答案】A

【解析】根据《公司法》第二十七条规定,股东可以用货币出资,也可以用实物、知识产权、土地使用权等可以用货币估价并可以依法转让的非货币财产作价出资,但是,法律、行政法规规定不得作为出资的财产除外。选项B、C、D的说法正确,本题答案为选项A。

(二) 股权登记日

公司召开股东大会、分配股利、清算及从事其他需要确认股东身份的行为时,由董事会或股东大会召集人确定股权登记日,股权登记日收市后登记在册的股东为享有相关权益的股东。

典型例题:

【单选题】公司召开股东大会、分配股利、清算及从事其他需要确认股东身份的行为时,由董事会或股东大会召集人确定(　　),该日收市后登记在册的股东为享有相关权益的股东。

A. 股利宣告日　　B. 股权登记日　　C. 除息除权日　　D. 派发日

【答案】B

【解析】根据《上市公司章程指引》第三十一条规定,公司召开股东大会、分配股利、清算及从事其他需要确认股东身份的行为时,由董事会或股东大会召集人确定股权登记日,股权登记日收市后登记在册的股东为享有相关权益的股东。本题答案为选项B。

(三) 股东分红

股东按照实缴的出资比例分取红利;公司新增资本时,股东有权优先按照实缴的出资比例认缴出资。但是,全体股东约定不按照出资比例分取红利或者不按照出资比例优先认缴出资的除外。

典型例题:

【判断题】有限责任公司利润分配时,必须按照股东实缴的出资比例分配。

【答案】×

【解析】根据《公司法》第三十四条规定,股东按照实缴的出资比例分取红利;公司新增资本时,股东有权优先按照实缴的出资比例认缴出资。但是,全体股东约定不按照出资比例分取红利或者不按照出资比例优先认缴出资的除外。

(四) 股东人数

1. 有限责任公司股东人数:

有限责任公司由五十个以下股东出资设立。

典型例题:

【单选题】根据《公司法》的规定,下列有关有限责任公司股东人数的说法中,正确的是(　　)。

A. 五十人以下　　　　　　　B. 一百人以下

C. 两人以上五十人以下　　　D. 两人以上一百人以下

【答案】A

【解析】根据《公司法》第二十四条规定,有限责任公司由五十个以下股东出资设立。本题答案为选项A。

2. 股份有限公司股东人数:

设立股份有限公司,应当有二人以上二百人以下为发起人,其中须有半数以上的发起人在中国境内有住所。

股份有限公司采取发起设立方式设立的,注册资本为在公司登记机关登记的全体发起人认购的股本总额。在发起人认购的股份缴足前,不得向他人募集股份。

股份有限公司采取募集方式设立的,注册资本为在公司登记机关登记的实收股本总额。

典型例题:

【单选题】设立股份有限公司,在中国境内有住所的发起人应占发起人总数的( )以上。

A. 四分之一　　B. 三分之一　　C. 三分之二　　D. 半数

【答案】D

【解析】根据《公司法》第七十八条规定,设立股份有限公司,应当有二人以上二百人以下为发起人,其中须有半数以上的发起人在中国境内有住所。本题答案为选项D。

【单选题】下列关于股份有限公司设立的说法中,正确的是( )。

A. 股份有限公司采取募集方式设立的,注册资本为在公司登记机关登记的认购股本总额

B. 股份有限公司采取发起设立方式设立的,在发起人认购的股份缴足前,可以向他人募集股份

C. 设立股份有限公司,发起人的人数应当在2人以上200人以下,其中须有半数以上的发起人在中国境内有住所

D. 设立股份有限公司,股东的人数应在50人以下

【答案】C

【解析】根据《公司法》第八十条规定,股份有限公司采取发起设立方式设立的,注册资本为在公司登记机关登记的全体发起人认购的股本总额。在发起人

认购的股份缴足前,不得向他人募集股份。选项A、B的说法错误。

根据《公司法》第七十八条规定,设立股份有限公司,应当有二人以上二百人以下为发起人,其中须有半数以上的发起人在中国境内有住所。选项C的说法正确,选项D的说法错误。

二、股东的权利和义务

(一) 股东的权利

1. 公司股东享有下列权利:

(1) 依照其所持有的股份份额获得股利和其他形式的利益分配;

(2) 依法请求、召集、主持、参加或者委派股东代理人参加股东大会,并行使相应的表决权;

(3) 对公司的经营进行监督,提出建议或者质询;

(4) 依照法律、行政法规及公司章程的规定转让、赠与或质押其所持有的股份;

(5) 查阅公司章程、股东名册、公司债券存根、股东大会会议记录、董事会会议决议、监事会会议决议、财务会计报告;

(6) 公司终止或者清算时,按其所持有的股份份额参加公司剩余财产的分配;

(7) 对股东大会作出的公司合并、分立决议持异议的股东,要求公司收购其股份;

(8) 法律、行政法规、部门规章或公司章程规定的其他权利。

典型例题:

【单选题】以下不属于上市公司股东享有的权利的是(   )。

A. 获得股利和其他形式的利益分配

B. 对公司的经营进行监督,提出建议或者质询

C. 查阅和复制公司章程、股东名册、公司债券存根、股东大会会议记录、董事会会议决议、监事会会议决议、财务会计报告

D. 对股东大会作出的公司合并、分立决议持异议的股东,要求公司收购其股份

【答案】C

【解析】根据《上市公司章程指引》第三十二条规定,公司股东享有下列权利:依照其所持有的股份份额获得股利和其他形式的利益分配;选项A的说法正确。对公司的经营进行监督,提出建议或者质询;选项B的说法正确。对股东大会作出的公司合并、分立决议持异议的股东,要求公司收购其股份;选项D的说法正确。查阅公司章程、股东名册、公司债券存根、股东大会会议记录、董事会会议决议、监事会会议决议、财务会计报告;选项C的说法错误。

2. 股东有权查阅公司章程、股东名册、公司债券存根、股东大会会议记录、董事会会议决议、监事会会议决议、财务会计报告,对公司的经营提出建议或者质询。

股东可以要求查阅公司会计账簿。股东要求查阅公司会计账簿的,应当向公司提出书面请求,说明目的。公司有合理根据认为股东查阅会计账簿有不正当目的,可能损害公司合法利益的,可以拒绝提供查阅,并应当自股东提出书面请求之日起十五日内书面答复股东并说明理由。公司拒绝提供查阅的,股东可以请求人民法院要求公司提供查阅。

典型例题:

【单选题】根据《公司法》,股东可以要求查阅公司会计账簿,股东要求查阅公司会计账簿的,应当向公司提出书面请求,说明目的。公司有合理根据认为股东查阅会计账簿有不正当目的,可能损害公司合法利益的,可以拒绝提供查阅,并应当自股东提出书面请求之日起(   )书面答复股东并说明理由,公司拒绝提供查阅的,股东可以请求人民法院提起诉讼。

A. 10日内　　　B. 15日内　　　C. 20日内　　　D. 30日内

【答案】B

【解析】根据《公司法》第三十三条规定,公司有合理根据认为股东查阅会计账簿有不正当目的,可能损害公司合法利益的,可以拒绝提供查阅,并应当自股东提出书面请求之日起十五日内书面答复股东并说明理由。本题答案为选项B。

【多选题】股份公司的下列资料中,股东可以查阅的是(   )。

A. 股东名册　　　　　　　　B. 股东大会会议记录
C. 董事会会议记录　　　　　D. 监事会会议记录
E. 会计账簿

【答案】AB

【解析】根据《公司法》第三十三条规定,股东有权查阅公司章程、股东名册、公司债券存根、股东大会会议记录、董事会会议决议、监事会会议决议、财务会计报告,对公司的经营提出建议或者质询。股东要求查阅公司会计账簿的,应当向公司提出书面请求,说明目的。本题答案为选项A、B。

3. 上市公司应当建立与股东畅通有效的沟通渠道,保障股东对公司重大事项的知情、参与决策和监督等权利。

典型例题:

【单选题】根据《上市公司治理准则》,股东对法律、行政法规和公司章程规定的公司重大事项,享有(   )。

A. 知情权　　　　　　　　B. 参与权
C. 决策权　　　　　　　　D. 知情权和参与权

【答案】D

【解析】根据《上市公司治理准则》第九条规定,上市公司应当建立与股东畅通有效的沟通渠道,保障股东对公司重大事项的知情、参与决策和监督等权利。本题答案为选项D。

4. 董事、高级管理人员执行公司职务时违反法律、行政法规或者公司章程的规定,给公司造成损失的,连续180日以上单独或合并持有公司1%以上股份的股东有权书面请求监事会向人民法院提起诉讼;监事会执行公司职务时违反法律、行政法规或者公司章程的规定,给公司造成损失的,股东可以书面请求董事会向人民法院提起诉讼。

监事会、董事会收到上述规定的股东书面请求后拒绝提起诉讼,或者自收到请求之日起30日内未提起诉讼,或者情况紧急、不立即提起诉讼将会使公司利益受到难以弥补的损害的,上述规定的股东有权为了公司的利益以自己的名义直接向人民法院提起诉讼。

他人侵犯公司合法权益,给公司造成损失的,符合上述规定的股东可以依照规定向人民法院提起诉讼。

典型例题:

【单选题】董事、高级管理人员执行公司职务时违反法律、行政法规或者公司章程的规定,给公司造成损失的,(   )可以书面请求监事会或者不设监事会的有限责任公司的监事向人民法院提起诉讼。

A. 股份有限公司连续 100 日以上单独或者合计持有公司 1% 以上股份的股东

B. 股份有限公司连续 180 日以上单独或者合计持有公司 1% 以上股份的股东

C. 股份有限公司连续 120 日以上单独或者合计持有公司 1% 以上股份的股东

D. 股份有限公司股东

【答案】B

【解析】根据《上市公司章程指引》第三十五条规定，董事、高级管理人员执行公司职务时违反法律、行政法规或者公司章程的规定，给公司造成损失的，连续 180 日以上单独或合并持有公司 1% 以上股份的股东有权书面请求监事会向人民法院提起诉讼；监事会执行公司职务时违反法律、行政法规或者公司章程的规定，给公司造成损失的，股东可以书面请求董事会向人民法院提起诉讼。本题答案为选项 B。

5. 董事、高级管理人员违反法律、行政法规或者公司章程的规定，损害股东利益的，股东可以向人民法院提起诉讼。

典型例题：

【判断题】董事、高级管理人员违反法律、行政法规或者章程的规定，损害股东利益的，股东可以向人民法院提起诉讼。

【答案】√

【解析】根据《上市公司章程指引》第三十六条规定，董事、高级管理人员违反法律、行政法规或者公司章程的规定，损害股东利益的，股东可以向人民法院提起诉讼。

6. 投票权征集：

上市公司董事会、独立董事和符合有关条件的股东可以向公司股东征集其在股东大会上的投票权。上市公司及股东大会召集人不得对股东征集投票权设定最低持股比例限制。

投票权征集应当采取无偿的方式进行，并向被征集人充分披露具体投票意向等信息。不得以有偿或者变相有偿的方式征集股东投票权。

典型例题：

【单选题】上市公司下列主体中不能向上市公司股东征集其在股东大会上的投票权的是( )。

A. 公司董事会　　　　　　　B. 公司监事会

C. 独立董事　　　　　　　　D. 符合有关条件的股东

【答案】 B

【解析】 根据《上市公司治理准则》第十六条规定，上市公司董事会、独立董事和符合有关条件的股东可以向公司股东征集其在股东大会上的投票权。上市公司及股东大会召集人不得对股东征集投票权设定最低持股比例限制。本题答案为选项B。

(二) 股东的义务

1. 公司股东承担下列义务：

(1) 遵守法律、行政法规和公司章程；

(2) 依其所认购的股份和入股方式缴纳股金；

(3) 除法律、法规规定的情形外，不得退股；

(4) 不得滥用股东权利损害公司或者其他股东的利益，不得滥用公司法人独立地位和股东有限责任损害公司债权人的利益，公司股东滥用股东权利给公司或者其他股东造成损失的，应当依法承担赔偿责任，公司股东滥用公司法人独立地位和股东有限责任，逃避债务，严重损害公司债权人利益的，应当对公司债务承担连带责任；

(5) 法律、行政法规及公司章程规定应当承担的其他义务。

2. 持有公司5％以上有表决权股份的股东，将其持有的股份进行质押的，应当自该事实发生当日，向公司作出书面报告。

典型例题：

【单选题】以下行为不是上市公司股东必须承担的义务的是( )。

A. 不得滥用股东权利损害公司或者其他股东的利益

B. 依其所认购的股份和入股方式缴纳股金

C. 除法律、法规规定的情形外，不得退股

D. 滥用股东权利，维护大股东利益

【答案】 D

【解析】根据《上市公司章程指引》第三十七条规定,公司股东承担下列义务:依其所认购的股份和入股方式缴纳股金;除法律、法规规定的情形外,不得退股;不得滥用股东权利损害公司或者其他股东的利益;不得滥用公司法人独立地位和股东有限责任损害公司债权人的利益;公司股东滥用股东权利给公司或者其他股东造成损失的,应当依法承担赔偿责任。所以选项 A、B、C 属于上市公司股东必须承担的义务。选项 D 不是上市公司股东必须承担的义务。本题答案为选项 D。

【单选题】持有公司( )以上有表决权股份的股东,将其持有的股份进行质押的,应当自该事实发生当日,向公司作出书面报告。

A. 1％ B. 5％ C. 10％ D. 25％

【答案】B

【解析】根据《上市公司章程指引》第三十八条规定,持有公司 5％以上有表决权股份的股东,将其持有的股份进行质押的,应当自该事实发生当日,向公司作出书面报告。本题答案为选项 B。

【多选题】上市公司股东承担下列义务( )。

A. 遵守法律、行政法规和公司章程

B. 依其所认购的股份和入股方式缴纳股金

C. 除法律、法规规定的情形外,不得退股

D. 不得滥用股东权利损害公司或者其他股东的利益;不得滥用公司法人独立地位和股东有限责任损害公司债权人的利益

【答案】ABCD

【解析】根据《上市公司章程指引》第三十七条规定,公司股东承担下列义务:(1)遵守法律、行政法规和公司章程。(2)依其所认购的股份和入股方式缴纳股金;(3)除法律、法规规定的情形外,不得退股。(4)不得滥用股东权利损害公司或者其他股东的利益,不得滥用公司法人独立地位和股东有限责任损害公司债权人的利益,公司股东滥用股东权利给公司或者其他股东造成损失的,应当依法承担赔偿责任。公司股东滥用公司法人独立地位和股东有限责任,逃避债务,严重损害公司债权人利益的,应当对公司债务承担连带责任。本题答案为选项 A、B、C、D。

三、股东大会的一般规定

(一) 权力机构

股份有限公司股东大会由全体股东组成。股东大会是公司的权力机构,依照《公司法》行使职权。

典型例题:

【单选题】股份有限公司的权力机构是(　　)。

A. 股东会　　　　B. 股东大会　　　　C. 董事会　　　　D. 监事会

【答案】B

【解析】根据《公司法》第九十八条规定,股份有限公司股东大会由全体股东组成。股东大会是公司的权力机构,依照《公司法》行使职权。本题答案为选项B。

(二) 股东大会职权

1. 有限责任公司股东会由全体股东组成。股东会是公司的权力机构依照本法行使职权。股份有限公司股东大会由全体股东组成。股东大会是公司的权力机构,依照《公司法》行使职权。

2. 股东大会是公司的权力机构,依法行使下列职权:

(1) 决定公司的经营方针和投资计划;

(2) 选举和更换非由职工代表担任的董事、监事,决定有关董事、监事的报酬事项;

(3) 审议批准董事会的报告;

(4) 审议批准监事会报告;

(5) 审议批准公司的年度财务预算方案、决算方案;

(6) 审议批准公司的利润分配方案和弥补亏损方案;

(7) 对公司增加或者减少注册资本作出决议;

(8) 对发行公司债券作出决议;

(9) 对公司合并、分立、解散、清算或者变更公司形式作出决议;

(10) 修改公司章程;

(11) 对公司聘用、解聘会计师事务所作出决议;

(12) 审议批准须经股东大会通过的担保事项;

(13) 审议公司在一年内购买、出售重大资产超过公司最近一期经审计总资产30%的事项；

(14) 审议批准变更募集资金用途事项；

(15) 审议股权激励计划；

(16) 审议法律、行政法规、部门规章或公司章程规定应当由股东大会决定的其他事项。

注意：上述股东大会的职权不得通过授权的形式由董事会或其他机构和个人代为行使。

典型例题：

【多选题】根据公司法律制度的规定，下列各项中，属于有限责任公司股东会职权的有(　　)。

A. 决定公司的经营方针和投资计划

B. 选举和更换由非职工代表担任的董事

C. 审议批准董事会或者执行董事的报告

D. 聘任或者解聘公司财务负责人

【答案】ABC

【解析】根据《公司法》第三十七条规定，股东会行使下列职权：决定公司的经营方针和投资计划；选举和更换非由职工代表担任的董事、监事，决定有关董事、监事的报酬事项；审议批准董事会的报告。本题答案为选项A、B、C。

根据《公司法》第四十六条规定，董事会对股东会负责，行使下列职权：决定聘任或者解聘公司经理及其报酬事项，并根据经理的提名决定聘任或者解聘公司副经理、财务负责人及其报酬事项。选项D的说法错误。

3. 董事、监事报酬事项由股东大会决定。在董事会或者薪酬与考核委员会对董事个人进行评价或者讨论其报酬时，该董事应当回避。

高级管理人员的薪酬分配方案应当经董事会批准，向股东大会说明，并予以充分披露。

典型例题：

【单选题】董事报酬的数额和方式由(　　)决定。

A. 股东大会　　　　　　　B. 董事会

C. 监事会　　　　　　　　D. 董事会下设的薪酬与考核委员会

【答案】A

【解析】根据《公司法》第三十七条以及《上市公司治理准则》第六十条规定，董事、监事报酬事项由股东大会决定。本题答案为选项 A。

【单选题】经理人员的薪酬分配方案应获得(　　)的批准。

A. 股东大会　　　　　　　　B. 董事会

C. 监事会　　　　　　　　　D. 董事会下设的审计委员会

【答案】B

【解析】根据《上市公司治理准则》第六十条规定，高级管理人员的薪酬分配方案应当经董事会批准，向股东大会说明，并予以充分披露。本题答案为选项 B。

(三) 累积投票制

股东大会选举董事、监事，可以依照公司章程的规定或者股东大会的决议，实行累积投票制。

累积投票制，是指股东大会选举董事或者监事时，每一股份拥有与应选董事或者监事人数相同的表决权，股东拥有的表决权可以集中使用。

董事、监事的选举，应当充分反映中小股东意见。股东大会在董事、监事选举中应当积极推行累积投票制。单一股东及其一致行动人拥有权益的股份比例在 30% 及以上的上市公司，应当采用累积投票制。采用累积投票制的上市公司应当在公司章程中规定实施细则。

典型例题：

【单选题】上市公司在年度股东大会上进行换届选举 9 名董事会成员，如果采用累积投票制，那么拥有 100 股甲公司股票的股东(　　)。

A. 一共投 100 票，只能投给一个董事

B. 一共投 100 票，可以投给其中一个或几个董事

C. 给每个董事各投 900 票

D. 一共投 900 票，可以投给其中一个或几个董事

【答案】D

【解析】根据《公司法》第一百零五条规定，股东大会选举董事、监事，可以依照公司章程的规定或者股东大会的决议，实行累积投票制。股东大会选举董事或者监事时，每一股份拥有与应选董事或者监事人数相同的表决权，股东拥有的

表决权可以集中使用。本题换届选举9名董事会成员,拥有甲公司股票的股东每一股份拥有与应选董事或者监事人数相同的表决权,100股对应900票。本题答案为选项D。

【单选题】控股股东控股比例在( )以上的上市公司,应当采用累积投票制。

A. 5%　　　　B. 20%　　　　C. 30%　　　　D. 50%

【答案】C

【解析】根据《上市公司治理准则》第十七条规定,董事、监事的选举,应当充分反映中小股东意见。股东大会在董事、监事选举中应当积极推行累积投票制。单一股东及其一致行动人拥有权益的股份比例在30%及以上的上市公司,应当采用累积投票制。本题答案为选项C。

(四) 对外担保

公司下列对外担保行为,须经股东大会审议通过。

（1）公司及公司控股子公司的对外担保总额,达到或超过最近一期经审计净资产的50%以后提供的任何担保;

（2）公司的对外担保总额,达到或超过最近一期经审计总资产的30%以后提供的任何担保;

（3）为资产负债率超过70%的担保对象提供的担保;

（4）单笔担保额超过最近一期经审计净资产10%的担保;

（5）对股东、实际控制人及其关联方提供的担保。

典型例题:

【单选题】下面不须经股东大会审批的对外担保的情形有( )。

A. 上市公司及其控股子公司的对外担保总额,超过最近一期经审计净资产50%以后提供的任何担保

B. 为资产负债率为60%的担保对象提供的担保

C. 单笔担保额超过最近一期经审计净资产10%的担保

D. 对股东、实际控制人及其关联方提供的担保

【答案】B

【解析】根据《公司法》第四十一条规定,公司下列对外担保行为,须经股东大会审议通过。本公司及本公司控股子公司的对外担保总额,达到或超过最近

一期经审计净资产的50%以后提供的任何担保;为资产负债率超过70%的担保对象提供的担保;单笔担保额超过最近一期经审计净资产10%的担保;对股东、实际控制人及其关联方提供的担保。选项A、C、D情形须经股东大会审批;资产负债率达到70%才须经股东大会审批,选项B为60%,无须经股东大会审批。所以本题答案为选项B。

(五) 网络或其他方式投票

公司股东大会采用网络或其他方式的,应当在股东大会通知中明确载明网络或其他方式的表决时间以及表决程序。

股东大会网络或其他方式投票的开始时间,不得早于现场股东大会召开前一日下午3:00,并不得迟于现场股东大会召开当日上午9:30,其结束时间不得早于现场股东大会结束当日下午3:00。

股权登记日与会议日期之间的间隔应当不多于7个工作日。股权登记日一旦确认,不得变更。

典型例题：

【单选题】公司在发出召开股东大会通知时,应明确有权出席股东大会股东的股权登记日,股权登记日与会议日期之间的间隔应当不多于(　　)工作日。股权登记日一旦确认,不得变更。

A. 7个　　　　B. 9个　　　　C. 10个　　　　D. 15个

【答案】A

【解析】根据《上市公司章程指引》第五十五条规定,股权登记日与会议日期之间的间隔应当不多于7个工作日。股权登记日一旦确认,不得变更。本题答案为选项A。

【单选题】根据《上市公司股东大会规则》,公司股东大会采用网络或其他方式的,应当在股东大会通知中明确载明网络或其他方式的表决时间以及表决程序。股东大会网络或其他方式投票的开始时间,不得早于现场股东大会召开前一日下午(　　),并不得迟于现场股东大会召开当日上午(　　),其结束时间不得早于现场股东大会结束当日下午(　　)。

A. 3:00;9:30;3:00　　　　　　B. 3:30;9:30;3:30
C. 5:00;9:30;5:00　　　　　　D. 5:30;9:30;5:30

【答案】A

【解析】根据《上市公司章程指引》第五十五条规定,股东大会网络或其他方式投票的开始时间,不得早于现场股东大会召开前一日下午3:00,并不得迟于现场股东大会召开当日上午9:30,其结束时间不得早于现场股东大会结束当日下午3:00。本题答案为选项A。

四、股东大会的召集

(一) 有限责任公司股东会

1. 有限责任公司首次股东会会议由出资最多的股东召集和主持,依照《公司法》规定行使职权。

典型例题:

【单选题】根据《公司法》,首次股东会会议由(　　)召集和主持。

A. 出资最多的股东　　　　B. 董事长

C. 执行董事　　　　　　　D. 以上都不是

【答案】A

【解析】根据《公司法》第三十八条规定,首次股东会会议由出资最多的股东召集和主持,依照本法规定行使职权。本题答案为选项A。

2. 有限责任公司股东会会议分为定期会议和临时会议。定期会议应当依照公司章程的规定按时召开。代表十分之一以上表决权的股东,三分之一以上的董事,监事会或者不设监事会的公司的监事提议召开临时会议的,应当召开临时会议。

典型例题:

【单选题】《公司法》规定,定期会议应当依照公司章程的规定按时召开。代表十分之一以上表决权的股东,(　　)以上的董事,监事会或者不设监事会的公司的监事提议召开临时会议的,应当召开临时会议。

A. 十五分之一　　B. 十分之一　　C. 五分之一　　D. 三分之一

【答案】D

【解析】根据《公司法》第三十九条规定,代表十分之一以上表决权的股东,三分之一以上的董事,监事会或者不设监事会的公司的监事提议召开临时会议的,应当召开临时会议。本题答案为选项D。

3. 有限责任公司召开股东会会议,应当于会议召开十五日前通知全体股东;但是,公司章程另有规定或者全体股东另有约定的除外。

股东会应当对所议事项的决定作成会议记录,出席会议的股东应当在会议记录上签名。

典型例题:

【单选题】除另有约定外,有限责任公司召开股东会会议应当于会议召开(　　)日前通知全体股东。

A. 十　　　　B. 十五　　　　C. 二十五　　　　D. 三十

【答案】B

【解析】根据《公司法》第四十一条规定,召开股东会会议,应当于会议召开十五日前通知全体股东;但是,公司章程另有规定或者全体股东另有约定的除外。本题答案为选项B。

(二) 股份公司年度股东大会

股东大会分为年度股东大会和临时股东大会。股东大会应当每年召开一次年会,应当于上一会计年度结束后的6个月内举行。

典型例题:

【单选题】依照规定,上市公司年度股东大会每年召开(　　)次。

A. 1　　　　B. 2　　　　C. 3　　　　D. 4

【答案】A

【解析】股东大会分为年度股东大会和临时股东大会。年度股东大会每年召开1次,应当于上一会计年度结束后的6个月内举行。本题答案为选项A。

【单选题】年度股东大会应当于上一会计年度结束后的(　　)个月内举行。

A. 3　　　　B. 5　　　　C. 6　　　　D. 9

【答案】C

【解析】股东大会分为年度股东大会和临时股东大会。年度股东大会每年召开1次,应当于上一会计年度结束后的6个月内举行。本题答案为选项C。

(三) 股份公司临时股东大会

1. 召开临时股东大会的情形。有下列情形之一的,应当在两个月内召开临时股东大会:

(1) 董事人数不足公司法规定人数或者公司章程所定人数的三分之二时;

(2) 公司未弥补的亏损达实收股本总额三分之一时;

(3) 单独或者合计持有公司百分之十以上股份的股东请求时；

(4) 董事会认为必要时；

(5) 监事会提议召开时；

(6) 公司章程规定的其他情形。

典型例题：

【单选题】 有下列情形之一的，公司在事实发生之日起两个月内召开临时股东大会(　　)。

A. 公司未弥补亏损达到实收股本总额三分之一时

B. 董事人数不足《公司法》规定人数或者公司章程所定人数的百分之二十

C. 单独或者合计持有公司百分之五以上股份的股东请求

D. 监事会主席提议召开时

【答案】 A

【解析】 根据《公司法》第一百条规定，有下列情形之一的，公司在事实发生之日起两个月以内召开临时股东大会：(1) 董事人数不足《公司法》规定人数或者公司章程所定人数的三分之二时；选项 B 的说法错误。(2) 公司未弥补的亏损达实收股本总额三分之一时；选项 A 的说法正确。(3) 单独或者合计持有公司百分之十以上股份的股东请求时；选项 C 的说法错误。(4) 监事会提议召开时；选项 D 的说法错误。

【多选题】 某股份公司注册资本为 9 000 万元，实收资本为 6 000 万元，按公司章程的规定，公司董事会设有 9 名董事，监事会设有 5 名监事，在下列情况下，公司应当召开临时股东大会的是(　　)。

A. 2 名监事提议召开时

B. 4 名董事辞职，公司只有 5 名董事时

C. 持有公司股份 5% 的股东请求时(该股东连续持有股份超过 90 天)

D. 持有公司股份 10% 的股东请求时(该股东于股东大会召开前 2 周内购入股份)

E. 公司未弥补的亏损达到 2 500 万元

【答案】 BDE

【解析】 根据《公司法》第一百条规定，有下列情形之一的，公司在事实发生之日起两个月以内召开临时股东大会：(1) 董事人数不足《公司法》规定人数

者公司章程所定人数的三分之二时;(2)公司未弥补的亏损达实收股本总额三分之一时;(3)单独或者合计持有公司百分之十以上股份的股东请求时。选项B、E、D的说法正确,选项C的说法错误。董事会、监事会不召集和主持的,连续九十日以上单独或者合计持有公司百分之十以上股份的股东可以自行召集和主持,学习时要区分应当召开临时股东大会和股东可以自行召集和主持临时股东大会的区别。(4)监事会提议召开时;选项A的说法错误。

2. 独立董事提议召开临时股东大会的规定:

独立董事有权向董事会提议召开临时股东大会。对独立董事要求召开临时股东大会的提议,董事会应当根据法律、行政法规和公司章程的规定,在收到提议后10日内提出同意或不同意召开临时股东大会的书面反馈意见。

董事会同意召开临时股东大会的,应当在作出董事会决议后的5日内发出召开股东大会的通知;董事会不同意召开临时股东大会的,应当说明理由并公告。

典型例题:

【单选题】上市公司独立董事有权向董事会提议召开临时股东大会,对独立董事要求召开临时股东大会的提议,董事会应当根据法律、行政法规和公司章程规定,在收到提议后( )日内提出同意或不同意召开临时股东大会的书面反馈意见。

A. 3 B. 7 C. 10 D. 15

【答案】C

【解析】根据《上市公司章程指引》第四十六条规定,独立董事有权向董事会提议召开临时股东大会。对独立董事要求召开临时股东大会的提议,董事会应当根据法律、行政法规和公司章程的规定,在收到提议后10日内提出同意或不同意召开临时股东大会的书面反馈意见。董事会同意召开临时股东大会的,将在作出董事会决议后的5日内发出召开股东大会的通知;董事会不同意召开临时股东大会的,将说明理由并公告。本题答案为选项C。

3. 监事会提议召开临时股东大会的规定:

监事会有权向董事会提议召开临时股东大会,并应当以书面形式向董事会提出。董事会应当根据法律、行政法规和公司章程的规定,在收到提议后10日内提出同意或不同意召开临时股东大会的书面反馈意见。

董事会同意召开临时股东大会的,应当在作出董事会决议后的 5 日内发出召开股东大会的通知,通知中对原提议的变更,应当征得监事会的同意。

董事会不同意召开临时股东大会,或者在收到提议后 10 日内未作出书面反馈的,视为董事会不能履行或者不履行召集股东大会会议职责,监事会可以自行召集和主持。

典型例题:

【单选题】监事会有权向董事会提议召开临时股东大会,并应当以书面形式向董事会提出。董事会应当根据法律、行政法规和公司章程的规定,在收到提案后( )日内提出同意或不同意召开临时股东大会的书面反馈意见。

A. 5   B. 10   C. 15   D. 20

【答案】B

【解析】根据《上市公司章程指引》第四十七条规定,监事会有权向董事会提议召开临时股东大会,并应当以书面形式向董事会提出。董事会应当根据法律、行政法规和公司章程的规定,在收到提议后 10 日内提出同意或不同意召开临时股东大会的书面反馈意见。本题答案为选项 B。

4. 单独或者合计持有公司 10% 以上股份的股东请求召开临时股东大会的规定:

单独或者合计持有公司 10% 以上股份的股东有权向董事会请求召开临时股东大会,并应当以书面形式向董事会提出。董事会应当根据法律、行政法规和公司章程的规定,在收到请求后 10 日内提出同意或不同意召开临时股东大会的书面反馈意见。

董事会同意召开临时股东大会的,应当在作出董事会决议后的 5 日内发出召开股东大会的通知,通知中对原请求的变更,应当征得相关股东的同意。

董事会不同意召开临时股东大会,或者在收到请求后 10 日内未作出反馈的,单独或者合计持有公司 10% 以上股份的股东有权向监事会提议召开临时股东大会,并应当以书面形式向监事会提出请求。

监事会同意召开临时股东大会的,应在收到请求 5 日内发出召开股东大会的通知,通知中对原提议的变更,应当征得相关股东的同意。

监事会未在规定期限内发出股东大会通知的,视为监事会不召集和主持股东大会,连续 90 日以上单独或者合计持有公司 10% 以上股份的股东可以自行召集和主持。

典型例题：

【单选题】董事会同意召开临时股东大会的，应当在作出董事会决议后的（　　）日内发出召开股东大会的通知。

A. 2　　　　　　B. 5　　　　　　C. 10　　　　　　D. 15

【答案】B

【解析】根据《上市公司章程指引》第四十七条规定，董事会同意召开临时股东大会的，将在作出董事会决议后的 5 日内发出召开股东大会的通知，通知中对原提议的变更，应征得相关股东的同意。本题答案为选项 B。

五、股东大会的提案与通知

（一）股东大会的提案

1. 股东大会的提案的内容应当属于股东大会职权范围，有明确议题和具体决议事项，并且符合法律、行政法规和本章程的有关规定。

2. 公司召开股东大会，董事会、监事会以及单独或者合并持有公司 3% 以上股份的股东，有权向公司提出提案。

单独或者合计持有公司 3% 以上股份的普通股股东（含表决权恢复的优先股股东），可以在股东大会召开 10 日前提出临时提案并书面提交召集人。召集人应当在收到提案后 2 日内发出股东大会补充通知，公告临时提案的内容。

临时提案的内容应当属于股东大会职权范围，并有明确议题和具体决议事项。

除上述临时提案外，召集人在发出股东大会通知后，不得修改股东大会通知中已列明的提案或增加新的提案。

3. 股东大会通知中未列明、提案的内容不属于股东大会职权范围、没有明确议题和具体决议事项的提案，不符合法律、行政法规和公司章程的有关规定的提案，股东大会不得进行表决并作出决议。

4. 发出股东大会通知后，无正当理由，股东大会不得延期或取消，股东大会通知中列明的提案不得取消。一旦出现延期或取消的情形，召集人应当在原定召开日前至少 2 个工作日公告并说明原因。

5. 股东大会审议提案时，不会对提案进行修改，否则，有关变更应当被视为一个新的提案,不能在本次股东大会上进行表决。

典型例题:

【单选题】单独或合并持有公司( )%以上股份的股东,可以在股东大会召开( )日前提出临时提案。

  A. 3;5　　　　B. 3;10　　　　C. 5;5　　　　D. 5;10

【答案】B

【解析】根据《公司法》第一百零二条规定,单独或者合计持有公司百分之三以上股份的普通股股东(含表决权恢复的优先股股东),可以在股东大会召开十日前提出临时提案并书面提交董事会。本题答案为选项B。

【单选题】上市公司发出股东大会通知后,无正当理由,股东大会不得延期或取消,股东大会通知中列明的提案不得取消。一旦出现延期或取消的情形,召集人应当在原定召开日前( )工作日公告并说明原因。

  A. 至少2个　　B. 至少1个　　C. 至少3个　　D. 至少4个

【答案】A

【解析】根据《上市公司股东大会规则》第十九条规定,发出股东大会通知后,无正当理由,股东大会不得延期或取消,股东大会通知中列明的提案不得取消。一旦出现延期或取消的情形,召集人应当在原定召开日前至少2个工作日公告并说明原因。本题答案为选项A。

【单选题】下列关于上市公司股东大会提案的说法正确的是( )。

  A. 有权提出提案的股东,应在股东大会召开10日前提出临时议案并书面提交义务人

  B. 单独或合计持有1%的股东,有权提案

  C. 在某上市公司审议股东大会利润分配方案时,其10%股东在会议现场建议修改原定方案,经召集人同意,本次股东大会可以就修改后的方案表决

  D. 董事会召集召开股东大会,发出通知公告后,董事会应1/2以上独立董事要求,可以在召开前10日内增加提案

【答案】A

【解析】根据《公司法》第一百零二条规定,单独或者合计持有公司百分之三以上股份的普通股股东(含表决权恢复的优先股股东),可以在股东大会召开十日前提出临时提案并书面提交董事会。董事会应当在收到提案后二日内发出股

东大会补充通知,公告临时提案的内容。选项 A 的说法正确。单独或合计持有 1‰ 的股东,无权提案,选项 B 的说法错误。

根据《上市公司章程指引》第八十四条规定,股东大会审议提案时,不会对提案进行修改,否则,有关变更应当被视为一个新的提案,不能在本次股东大会上进行表决。所以现场建议修改原定方案,修改后的方案不能在本次股东大会进行表决,选项 C 的说法错误。

根据《上市公司章程指引》第五十三条规定,公司召开股东大会,董事会、监事会以及单独或者合并持有公司 3% 以上股份的股东,有权向公司提出提案。独立董事无权提出临时提案,选项 D 的说法错误。

4. 股东大会通过有关派现、送股或资本公积转增股本提案的,公司应当在股东大会结束后 2 个月内实施具体方案。

典型例题:

【单选题】 股东大会通过有关派现、送股或资本公积转增股本提案的,公司将在股东大会结束后( )月内实施具体方案。

A. 1 个　　　　B. 2 个　　　　C. 3 个　　　　D. 6 个

【答案】 B

【解析】 根据《上市公司章程指引》第九十四条规定,股东大会通过有关派现、送股或资本公积转增股本提案的,公司将在股东大会结束后 2 个月内实施具体方案。本题答案为选项 B。

(二) 股东大会的通知

1. 股东大会的通知时间:

召开股东大会会议,应当将会议召开的时间、地点和审议的事项于会议召开二十日前通知各股东;临时股东大会应当于会议召开十五日前通知各股东;发行无记名股票的,应当于会议召开三十日前公告会议召开的时间、地点和审议事项。

典型例题:

【单选题】 股份有限公司召开年度股东大会会议,应当将会议召开的时间、地点和审议的事项于会议召开( )日前通知各股东,临时股东大会应当于会议召开( )日前通知各股东。

A. 二十;十五　　B. 十五;二十　　C. 三十;十五　　D. 十五;三十

【答案】A

【解析】根据《公司法》第一百零二条规定，召开股东大会会议，应当将会议召开的时间、地点和审议的事项于会议召开二十日前通知各股东；临时股东大会应当于会议召开15日前通知各股东。本题答案为选项A。

2. 股东大会的通知内容：

（1）会议的时间、地点和会议期限；

（2）提交会议审议的事项和提案；

（3）以明显的文字说明：全体普通股股东（含表决权恢复的优先股股东）均有权出席股东大会，并可以书面委托代理人出席会议和参加表决，该股东代理人不必是公司的股东；

（4）有权出席股东大会股东的股权登记日；

（5）会务常设联系人姓名，电话号码。

六、股东大会的召开

1. 股权登记日登记在册的所有普通股股东（含表决权恢复的优先股股东）或其代理人，均有权出席股东大会，公司和召集人不得以任何理由拒绝。

2. 股东可以亲自出席股东大会，也可以委托代理人代为出席和表决。代理人应当向公司提交股东授权委托书，并在授权范围内行使表决权。

3. 股东大会由董事长主持。董事长不能履行职务或不履行职务时，由副董事长（公司有两位或两位以上副董事长的，由半数以上董事共同推举的副董事长主持）主持，副董事长不能履行职务或者不履行职务时，由半数以上董事共同推举的一名董事主持。

监事会自行召集的股东大会，由监事会主席主持。监事会主席不能履行职务或不履行职务时，由监事会副主席主持，监事会副主席不能履行职务或者不履行职务时，由半数以上监事共同推举的一名监事主持。

股东自行召集的股东大会，由召集人推举代表主持。召开股东大会时，会议主持人违反议事规则使股东大会无法继续进行的，经现场出席股东大会有表决权过半数的股东同意，股东大会可推举一人担任会议主持人，继续开会。

4. 股东大会召开时，本公司全体董事、监事和董事会秘书应当出席会议，经理和其他高级管理人员应当列席会议。

典型例题:

【单选题】公司召开股东大会,(　　)应当列席会议。

A. 董事　　　　B. 监事　　　　C. 董事会秘书　　　D. 总经理

【答案】D

【解析】根据《上市公司章程指引》第六十六条规定,股东大会召开时,本公司全体董事、监事和董事会秘书应当出席会议,经理和其他高级管理人员应当列席会议。本题答案为选项D。

5. 股东大会应当对所议事项的决定作成会议记录,由董事会秘书负责。召集人应当保证会议记录内容真实、准确和完整。出席会议的董事、监事、董事会秘书、召集人或其代表、会议主持人应当在会议记录上签名。会议记录应当与现场出席股东的签名册及代理出席的委托书、网络及其他方式表决情况的有效资料一并保存,保存期限不少于10年。

典型例题:

【单选题】股东大会会议记录由(　　)负责。

A. 董事代表　　　B. 监事代表　　　C. 董事会秘书　　　D. 以上皆可

【答案】C

【解析】根据《上市公司章程指引》第七十二条规定,股东大会应有会议记录,由董事会秘书负责。本题答案为选项C。

七、股东大会的表决和决议

(一) 股东大会的表决

1. 表决权:

股东出席股东大会会议,所持每一股份有一表决权。但是,公司持有的本公司股份没有表决权。

股东大会作出决议,必须经出席会议的股东所持表决权过半数通过。但是,股东大会作出修改公司章程、增加或者减少注册资本的决议,以及公司合并、分立、解散或者变更公司形式的决议,必须经出席会议的股东所持表决权的三分之二以上通过。

2. 代理:

股东可以委托代理人出席股东大会会议,代理人应当向公司提交股东授权委托书,并在授权范围内行使表决权。

典型例题:

【判断题】股份有限公司的股东可以不亲自出席股东大会会议而委托代理人出席。

【答案】√

【解析】根据《公司法》第一百零六条规定,股东可以委托代理人出席股东大会会议,代理人应当向公司提交股东授权委托书,并在授权范围内行使表决权。

(二) 股东大会的决议

1. 普通决议与特别决议:

股东大会决议分为普通决议和特别决议。

股东大会作出普通决议,应当由出席股东大会的股东(包括股东代理人)所持表决权的 1/2 以上通过。

股东大会作出特别决议,应当由出席股东大会的股东(包括股东代理人)所持表决权的 2/3 以上通过。

典型例题:

【单选题】股东大会作出普通决议,应当由出席股东大会的股东(包括股东代理人)所持表决权的( )以上通过。

A. 1/2　　　　B. 2/3　　　　C. 1/3　　　　D. 3/4

【答案】A

【解析】根据《上市公司章程指引》第七十五条规定,股东大会作出普通决议,应当由出席股东大会的股东(包括股东代理人)所持表决权的 1/2 以上通过。选项 A 正确。

2. 以普通决议通过的事项。下列事项由股东大会以普通决议通过:

(1) 董事会和监事会的工作报告;

(2) 董事会拟定的利润分配方案和弥补亏损方案;

(3) 董事会和监事会成员的任免及其报酬和支付方法;

(4) 公司年度预算方案、决算方案;

(5) 公司年度报告;

(6) 除法律、行政法规规定或者本章程规定应当以特别决议通过以外的其他事项。

3. 需以特别决议通过的事项。下列事项由股东大会以特别决议通过：

(1) 公司增加或者减少注册资本；

(2) 公司的分立、合并、解散和清算；

(3) 公司章程的修改；

(4) 公司在一年内购买、出售重大资产或者担保金额超过公司最近一期经审计总资产30%的；

(5) 股权激励计划；

(6) 法律、行政法规或公司章程规定的，以及股东大会以普通决议认定会对公司产生重大影响的、需要以特别决议通过的其他事项。

典型例题：

【单选题】股份有限公司修改公司章程，必须经出席股东大会的股东所持表决权的(　　)通过。

A. 三分之二以上　　　　B. 半数以上

C. 四分之三以上　　　　D. 全部

【答案】A

【解析】根据《公司法》第一百零三条规定，股东大会作出决议，必须经出席会议的股东所持表决权过半数通过。但是，股东大会作出修改公司章程、增加或者减少注册资本的决议，以及公司合并、分立、解散或者变更公司形式的决议，必须经出席会议的股东所持表决权的三分之二以上通过。本题答案为选项A。

【多选题】下列选项中，属于上市公司股东大会特别决议事项的有(　　)。

A. 制订公司合并方案

B. 公司1年内出售重大资产占公司资产总额31%

C. 公司1年内购买重大资产占公司资产总额25%

D. 公司1年内担保金额超过公司资产总额2/5

【答案】ABD

【解析】根据《上市公司章程指引》第七十七条规定，下列事项由股东大会以特别决议通过：公司的分立、合并、解散和清算；公司在一年内购买、出售重大资产或者担保金额超过公司最近一期经审计总资产30%的。本题答案为选项A、B、D。

4. 表决权及其投票相关规定：

(1) 股东(包括股东代理人)以其所代表的有表决权的股份数额行使表决

权,每一股份享有一票表决权。

(2)公司持有的本公司股份没有表决权,且该部分股份不计入出席股东大会有表决权的股份总数。公司董事会、独立董事和符合相关规定条件的股东可以公开征集股东投票权。征集股东投票权应当向被征集人充分披露具体投票意向等信息。禁止以有偿或者变相有偿的方式征集股东投票权。公司不得对征集投票权提出最低持股比例限制。

(3)股东大会审议有关关联交易事项时,关联股东不应当参与投票表决,其所代表的有表决权的股份数不计入有效表决总数;股东大会决议的公告应当充分披露非关联股东的表决情况。

(4)股东大会审议影响中小投资者利益的重大事项时,对中小投资者表决应当单独计票。单独计票结果应当及时公开披露。

公司控股股东、实际控制人不得限制或者阻挠中小投资者依法行使投票权,不得损害公司和中小投资者的合法权益。

(5)同一表决权只能选择现场、网络或其他表决方式中的一种。同一表决权出现重复表决的以第一次投票结果为准。

典型例题:

【单选题】以下关于股东大会表决和决议程序说法错误的是( )。

A. 股东(包括股东代理人)以其所代表的有表决权的股份数额行使表决权,每一股份享有一票表决权

B. 董事会、独立董事和符合相关规定条件的股东可以征集股东投票权

C. 股东大会审议有关关联交易事项时,关联股东不应当参与投票表决,其所代表的有表决权的股份数可以计入有效表决总数

D. 股东大会审议提案时,不会对提案进行修改,否则,有关变更应当被视为一个新的提案,不能在本次股东大会上进行表决

【答案】C

【解析】根据《上市公司章程指引》第七十八条规定,股东(包括股东代理人)以其所代表的有表决权的股份数额行使表决权,每一股份享有一票表决权。公司董事会、独立董事和符合相关规定条件的股东可以公开征集股东投票权。选项A、B的说法正确。

根据《上市公司章程指引》第七十九条规定,股东大会审议有关关联交易事

项时,关联股东不应当参与投票表决,其所代表的有表决权的股份数不计入有效表决总数。选项C的说法错误。

根据《上市公司章程指引》第八十四规定,股东大会审议提案时,不会对提案进行修改,否则,有关变更应当被视为一个新的提案,不能在本次股东大会上进行表决。选项D的说法正确。

【单选题】股东参加上市公司股东大会表决,可以选择现场投票、交易所交易系统投票或其他表决方式中的一种,同一表决权出现重复表决的以(　　)结果为准。

A. 因特网投票或交易所交易系统投票

B. 现场投票

C. 最后一次投票

D. 第一次投票

【答案】 D

【解析】根据《上市公司章程指引》第八十五条规定,同一表决权只能选择现场、网络或其他表决方式中的一种。同一表决权出现重复表决的以第一次投票结果为准。本题答案为选项D。

5. 股东大会决议无效与撤销的情形:

公司股东大会、董事会决议内容违反法律、行政法规的,股东有权请求人民法院认定无效。

股东大会、董事会的会议召集程序、表决方式违反法律、行政法规或者公司章程,或者决议内容违反公司章程的,股东有权自决议作出之日起六十日内,请求人民法院撤销。

股东依照上述规定提起诉讼的,人民法院可以应公司的请求,要求股东提供相应担保。

公司根据股东会或者股东大会、董事会决议已办理变更登记的,人民法院宣告该决议无效或者撤销该决议后,公司应当向公司登记机关申请撤销变更登记。

典型例题:

【单选题】股东大会、董事会的会议召集程序、表决方式违反法律、行政法规或公司章程,或者决议内容违反公司章程的,股东可以自决议作出之日起(　　)日内,请求人民法院撤销。

A. 30　　　　B. 60　　　　C. 90　　　　D. 5

【答案】B

【解析】根据《公司法》第二十二条规定,股东会或者股东大会、董事会的会议召集程序、表决方式违反法律、行政法规或者公司章程,或者决议内容违反公司章程的,股东可以自决议作出之日起六十日内,请求人民法院撤销。本题答案为选项B。

第三节　董事及董事会

一、董事的一般规定

(一) 董事的任职资格

公司董事为自然人,有下列情形之一的,不能担任公司的董事:

(1) 无民事行为能力或者限制民事行为能力;

(2) 因贪污、贿赂、侵占财产、挪用财产或者破坏社会主义市场经济秩序,被判处刑罚,执行期满未逾5年,或者因犯罪被剥夺政治权利,执行期满未逾5年;

(3) 担任破产清算的公司、企业的董事或者厂长、经理,对该公司、企业的破产负有个人责任的,自该公司、企业破产清算完结之日起未逾3年;

(4) 担任因违法被吊销营业执照、责令关闭的公司、企业的法定代表人,并负有个人责任的,自该公司、企业被吊销营业执照之日起未逾3年;

(5) 个人所负数额较大的债务到期未清偿;

(6) 被中国证监会处以证券市场禁入处罚,期限未满的;

(7) 法律、行政法规或部门规章规定的其他内容。

违反本条规定选举、委派董事的,该选举、委派或者聘任无效。董事在任职期间出现本条情形的,公司解除其职务。

典型例题:

【单选题】下列人员不可以担任上市公司董事的有(　　)。

A. 李某,为限制民事行为能力人,其父为该上市公司董事,因病去世,股东推荐李某为董事候选人

B. 张某,最近3年内曾发生一笔大额债务延期支付的情形,目前已经清偿完毕

C. 王某,最近3年内受到交易所一次通报批评

D. 刘某,曾担任被吊销营业执照的某公司的财务总监,并负有个人责任,该公司被吊销营业执照之日起未逾3年

【答案】A

【解析】根据《公司法》第一百四十六条规定,有下列情形之一的,不得担任公司的董事、监事、高级管理人员:无民事行为能力或者限制民事行为能力;选项A不符合。担任因违法被吊销营业执照、责令关闭的公司、企业的法定代表人,并负有个人责任的,自该公司、企业被吊销营业执照之日起未逾3年;选项D是财务总监,可以担任董事。个人所负数额较大的债务到期未清偿;选项B已经清偿,可以担任董事。所以本题答案为选项A。

(二)董事的任期

1. 董事由股东大会选举或者更换,并可在任期届满前由股东大会解除其职务。董事任期由公司章程规定,但每届任期不得超过3年。董事任期届满,连选可以连任。独立董事每届任期与该上市公司其他董事任期相同,任期届满,连选可以连任,但是连任时间不得超过六年。

董事任期从就任之日起计算,至本届董事会任期届满时为止。董事任期届满未及时改选,在改选出的董事就任前,原董事仍应当依照法律、行政法规、部门规章和公司章程的规定,履行董事职务。

董事可以由经理或者其他高级管理人员兼任,但兼任经理或者其他高级管理人员职务的董事以及由职工代表担任的董事,总计不得超过公司董事总数的1/2。

典型例题:

【单选题】董事可以由经理或者其他高级管理人员兼任,但兼任经理或者其他高级管理人员职务的董事以及由职工代表担任的董事,总计不得超过公司董事总数的(   )。

A. 1/3　　　　B. 1/2　　　　C. 2/3　　　　D. 3/4

【答案】B

【解析】根据《上市公司章程指引》第九十六条规定,董事可以由经理或者其他高级管理人员兼任,但兼任经理或者其他高级管理人员职务的董事以及由职

工代表担任的董事,总计不得超过公司董事总数的1/2。本题答案为选项B。

【单选题】 下列关于董事会每届任期的说法,正确的是(　　)。

A. 每届任期为3年　　　　　　B. 每届任期为2年以下

C. 每届任期不超过3年　　　　D. 每届任期为3年以上

【答案】 C

【解析】 根据《公司法》第四十五条规定,董事任期由公司章程规定,但每届任期不得超过三年。董事任期届满,连选可以连任。本题答案为选项C。

2. 董事可以在任期届满以前提出辞职。董事辞职应向董事会提交书面辞职报告。董事会将在2日内披露有关情况。

如因董事的辞职导致公司董事会低于法定最低人数时,在改选出的董事就任前,原董事仍应当依照法律、行政法规、部门规章和公司章程规定,履行董事职务。

除上述所列情形外,董事辞职自辞职报告送达董事会时生效。

典型例题:

【单选题】 董事可以在任期届满以前提出辞职,如因董事的辞职导致公司董事会低于法定最低人数时,在改选出的董事就任前,原董事仍应当依照法律、行政法规、部门规章和公司章程规定,履行董事职务。除此外,董事辞职自(　　)生效。

A. 董事口头通知董事会时　　　B. 辞职报告送达董事会时

C. 董事会决议公告时　　　　　D. 股东大会选举新任董事后

【答案】 B

【解析】 根据《上市公司章程指引》第一百条规定,董事可以在任期届满以前提出辞职。董事辞职应向董事会提交书面辞职报告。董事会将在2日内披露有关情况。如因董事的辞职导致公司董事会低于法定最低人数时,在改选出的董事就任前,原董事仍应当依照法律、行政法规、部门规章和公司章程规定,履行董事职务。除上述所列情形外,董事辞职自辞职报告送达董事会时生效。本题答案为选项B。

(三)董事的义务

1. 一般规定:

(1)董事、监事、高级管理人员应当遵守法律、行政法规和公司章程,对公司负有忠实义务和勤勉义务。

(2) 董事应当保证有足够的时间和精力履行其应尽的职责。

(3) 董事应当出席董事会会议,对所议事项发表明确意见。董事本人确实不能出席的,可以书面委托其他董事按其意愿代为投票,委托人应当独立承担法律责任。独立董事不得委托非独立董事代为投票。

典型例题:

【单选题】董事确实无法亲自出席董事会的,可以书面形式委托( )按委托人的意愿代为投票。

A. 其他董事　　　B. 股东　　　　C. 监事　　　　D. 其他任何人

【答案】A

【解析】根据《上市公司治理准则》第二十二条规定,董事应当出席董事会会议,对所议事项发表明确意见。董事本人确实不能出席的,可以书面委托其他董事按其意愿代为投票,委托人应当独立承担法律责任。本题答案为选项A。

(4) 董事应当对董事会的决议承担责任。董事会的决议违反法律法规或者公司章程、股东大会决议,致使上市公司遭受严重损失的,参与决议的董事对公司负赔偿责任。但经证明在表决时曾表明异议并记载于会议记录的,该董事可以免除责任。

典型例题:

【单选题】董事会的决议违反法律、行政法规或者公司章程、股东大会决议,致使公司遭受严重损失的,( )对公司负赔偿责任,但经证明在表决时曾表明异议并记载于会议记录的,该董事可以免除责任。

A. 董事长　　　　　　　　　B. 副董事长

C. 董事会全体董事　　　　　D. 参与决议的董事

【答案】D

【解析】根据《公司法》第一百一十二条规定,董事应当对董事会的决议承担责任。董事会的决议违反法律法规或者公司章程、股东大会决议,致使上市公司遭受严重损失的,参与决议的董事对公司负赔偿责任。但经证明在表决时曾表明异议并记载于会议记录的,该董事可以免除责任。本题答案为选项D。

2. 忠实义务。董事应当遵守法律、行政法规和公司章程,对公司负有下列忠实义务:

(1) 不得利用职权收受贿赂或者其他非法收入,不得侵占公司的财产;

(2) 不得挪用公司资金;

(3) 不得将公司资产或者资金以其个人名义或者其他个人名义开立账户存储;

(4) 不得违反公司章程的规定,未经股东大会或董事会同意,将公司资金借贷给他人或者以公司财产为他人提供担保;

(5) 不得违反公司章程的规定或未经股东大会同意,与本公司订立合同或者进行交易;

(6) 未经股东大会同意,不得利用职务便利,为自己或他人谋取本应属于公司的商业机会,自营或者为他人经营与本公司同类的业务;

(7) 不得接受与公司交易的佣金归为己有;

(8) 不得擅自披露公司秘密;

(9) 不得利用其关联关系损害公司利益;

(10) 法律、行政法规、部门规章及公司章程规定的其他忠实义务,董事违反本条规定所得的收入,应当归公司所有,给公司造成损失的,应当承担赔偿责任。

3. 勤勉义务。董事应当遵守法律、行政法规和公司章程,对公司负有下列勤勉义务:

(1) 应谨慎、认真、勤勉地行使公司赋予的权利,以保证公司的商业行为符合国家法律、行政法规以及国家各项经济政策的要求,商业活动不超过营业执照规定的业务范围;

(2) 应公平对待所有股东;

(3) 及时了解公司业务经营管理状况;

(4) 应当对公司定期报告签署书面确认意见。保证公司所披露的信息真实、准确、完整;

(5) 应当如实向监事会提供有关情况和资料,不得妨碍监事会或者监事行使职权;

(6) 法律、行政法规、部门规章及公司章程规定的其他勤勉义务。

典型例题:

【判断题】董事、监事、高级管理人员应当遵守法律、行政法规和公司章程的规定,对公司负有忠实义务和勤勉义务。

【答案】√

【解析】根据《公司法》第一百四十七条规定,董事、监事、高级管理人员应当遵守法律、行政法规和公司章程,对公司负有忠实义务和勤勉义务。

(四) 董事的禁止行为

董事、高级管理人员不得有下列行为:

(1) 挪用公司资金;

(2) 将公司资金以其个人名义或者以其他个人名义开立账户存储;

(3) 违反公司章程的规定,未经股东会、股东大会或者董事会同意,将公司资金借贷给他人或者以公司财产为他人提供担保;

(4) 违反公司章程的规定或者未经股东会、股东大会同意,与本公司订立合同或者进行交易;

(5) 未经股东会或者股东大会同意,利用职务便利为自己或者他人谋取属于公司的商业机会,自营或者为他人经营与所任职公司同类的业务;

(6) 接受他人与公司交易的佣金归为己有;

(7) 擅自披露公司秘密;

(8) 违反对公司忠实义务的其他行为。

董事、高级管理人员违反上述规定所得的收入应当归公司所有。

典型例题:

【单选题】根据《公司法》,在下列情形中,有限责任公司的董事、经理可以同本公司订立合同或者进行交易的是(   )。

A. 公司章程规定和监事会决议通过

B. 董事会决议通过

C. 股东会决议通过和公司章程规定

D. 监事会决议通过和股东会决议通过

【答案】C

【解析】根据《公司法》第一百四十八条规定,董事、高级管理人员不得有下列行为:违反公司章程的规定或者未经股东会、股东大会同意,与本公司订立合同或者进行交易。本题答案为选项C。

【单选题】公司董事、高级管理人员下列行为,法律不禁止的是(   )。

A. 挪用公司资金

B. 按照公司章程的规定,或者经股东会、股东大会或者董事会同意,将公司资金借贷给他人

C. 将公司资金以其个人名义或者其他个人名义开立账户存储

D. 擅自披露公司秘密

【答案】B

【解析】根据《公司法》第一百四十八条规定,董事、高级管理人员不得有下列行为：挪用公司资金；违反公司章程的规定,未经股东会、股东大会或者董事会同意,将公司资金借贷给他人或者以公司财产为他人提供担保；擅自披露公司秘密。选项A、C、D为禁止行为。本题答案为选项B。

(五) 其他规定

1. 董事连续两次未能亲自出席,也不委托其他董事出席董事会会议,视为不能履行职责,董事会应当建议股东大会予以撤换。

典型例题：

【单选题】董事连续(　　)次未能亲自出席,也不委托其他董事出席董事会会议,视为不能履行职责,董事会应当建议股东大会予以撤换。

A. 2　　　　B. 3　　　　C. 4　　　　D. 5

【答案】A

【解析】根据《上市公司章程指引》第九十九条规定,董事连续两次未能亲自出席,也不委托其他董事出席董事会会议,视为不能履行职责,董事会应当建议股东大会予以撤换。本题答案为选项A。

2. 经股东大会批准,上市公司可以为董事购买责任保险。责任保险范围由合同约定,但董事因违反法律法规和公司章程规定而导致的责任除外。

典型例题：

【单选题】根据《上市公司治理准则》,经股东大会批准,上市公司可以为董事购买(　　)保险。但董事因违反法律法规和公司章程规定而导致的责任除外。

A. 人寿　　　B. 医疗　　　C. 财产　　　D. 责任

【答案】D

【解析】根据《上市公司治理准则》第二十四条规定,经股东大会批准,上市公司可以为董事购买责任保险。责任保险范围由合同约定,但董事因违反法律法规和公司章程规定而导致的责任除外。本题答案为选项D。

二、董事会的构成

(一) 有限责任公司

有限责任公司设董事会,其成员为三人至十三人。但是,股东人数较少或者规模较小的有限责任公司,可以设一名执行董事,不设董事会。执行董事可以兼任公司经理。执行董事的职权由公司章程规定。

有限责任公司董事会成员中可以有公司职工代表。董事会中的职工代表由公司职工通过职工代表大会、职工大会或者其他形式民主选举产生。董事会设董事长一人,可以设副董事长。董事长、副董事长的产生办法由公司章程规定。

典型例题:

【判断题】董事会设董事长一人,可以设副董事长。

【答案】√

【解析】根据《公司法》第一百零九条规定,董事会设董事长一人,可以设副董事长。

(二) 股份有限公司

1. 股份有限公司设董事会,其成员为五人至十九人。

董事会成员中可以有公司职工代表。董事会中的职工代表由公司职工通过职工代表大会、职工大会或者其他形式民主选举产生。

董事会会议,应由董事本人出席;董事因故不能出席,可以书面委托其他董事代为出席,委托书中应载明授权范围。

典型例题:

【单选题】股份有限公司设董事会,其成员为( )。

A. 五人至十九人   B. 五人以上   C. 五人至五十人   D. 十九人以上

【答案】A

【解析】根据《公司法》第一百零八条规定,股份有限公司设董事会,其成员为五人至十九人。本题答案为选项 A。

2. 上市公司设董事会秘书,负责公司股东大会和董事会会议的筹备及文件保管、公司股东资料的管理、办理信息披露事务、投资者关系工作等事宜。

董事会秘书作为上市公司高级管理人员,为履行职责有权参加相关会议,查阅有关文件,了解公司的财务和经营等情况。

董事会及其他高级管理人员应当支持董事会秘书的工作。任何机构及个人不得干预董事会秘书的正常履职行为。

典型例题：

【单选题】上市公司（　　）负责信息披露事项，包括建立信息披露制度、接待来访、回答咨询、联系股东，向投资者提供公司公开披露的资料等。

A. 董事　　　　　B. 监事　　　　　C. 独立董事　　　　D. 董事会秘书

【答案】D

【解析】根据《公司法》第一百二十三条规定，上市公司设董事会秘书，负责公司股东大会和董事会会议的筹备及文件保管、公司股东资料的管理、办理信息披露事务、投资者关系工作等事宜。本题答案为选项 D。

三、董事会的职责与职权

（一）董事会的职责

董事会对股东大会负责，执行股东大会的决议。

董事会应当依法履行职责，确保上市公司遵守法律法规和公司章程的规定，公平对待所有股东，并关注其他利益相关者的合法权益。

典型例题：

【单选题】根据《上市公司治理准则》，董事会向（　　）负责。上市公司治理结构应确保董事会能够按照法律、法规和公司章程的规定行使职权。

A. 股东大会　　　B. 董事长　　　　C. 总经理　　　　D. 全体员工

【答案】A

【解析】根据《上市公司治理准则》第二十六条规定，董事会对股东大会负责，执行股东大会的决议。董事会应当依法履行职责，确保上市公司遵守法律法规和公司章程的规定，公平对待所有股东，并关注其他利益相关者的合法权益。本题答案为选项 A。

（二）董事会的职权

1. 董事会行使下列职权：

（1）召集股东大会，并向股东大会报告工作；

（2）执行股东大会的决议；

（3）决定公司的经营计划和投资方案；

(4) 制订公司的年度财务预算方案、决算方案；

(5) 制订公司的利润分配方案和弥补亏损方案；

(6) 制订公司增加或者减少注册资本、发行债券或其他证券及上市方案；

(7) 拟订公司重大收购、收购本公司股票或者合并、分立、解散及变更公司形式的方案；

(8) 在股东大会授权范围内，决定公司对外投资、收购出售资产、资产抵押、对外担保事项、委托理财、关联交易等事项；

(9) 决定公司内部管理机构的设置；

(10) 聘任或者解聘公司经理、董事会秘书；根据经理的提名，聘任或者解聘公司副经理、财务负责人等高级管理人员，并决定其报酬事项和奖惩事项；

(11) 制订公司的基本管理制度；

(12) 制订公司章程的修改方案；

(13) 管理公司信息披露事项；

(14) 向股东大会提请聘请或更换为公司审计的会计师事务所；

(15) 听取公司经理的工作汇报并检查经理的工作；

(16) 法律、行政法规、部门规章或公司章程授予的其他职权。

典型例题：

【单选题】下列事项不需经董事会表决通过的是（　　）。

A. 董事辞职

B. 制订公司的利润分配方案和弥补亏损方案

C. 公司内部管理机构的设置

D. 聘任董事会秘书

【答案】A

【解析】根据《上市公司章程指引》第一百零七条规定，董事会行使下列职权：制订公司的利润分配方案和弥补亏损方案；决定公司内部管理机构的设置；聘任或者解聘公司经理、董事会秘书；根据经理的提名，聘任或者解聘公司副经理、财务负责人等高级管理人员，并决定其报酬事项和奖惩事项。所以选项B、C、D需经董事会表决通过。

根据《公司法》第三十七条规定，选举和更换非由职工代表担任的董事、监事，决定有关董事、监事的报酬事项。所以选项A需经股东（大）会表决通过。

2. 公司董事会可以决定由董事会成员兼任经理。

典型例题：

【单选题】下列关于公司董事、监事以及高级管理人员兼任的表述中符合公司法律制度规定是（　　）。

A. 公司董事可以兼任公司总经理

B. 公司董事可以兼任公司监事

C. 公司经理可以兼任公司监事

D. 公司董事会秘书可以兼任公司监事

【答案】A

【解析】根据《公司法》第一百一十四条规定，公司董事会可以决定由董事会成员兼任经理。本题答案为选项A。

3. 绩效与履职评价：

董事和高级管理人员的绩效评价由董事会或者其下设的薪酬与考核委员会负责组织，上市公司可以委托第三方开展绩效评价。

独立董事、监事的履职评价采取自我评价、相互评价等方式进行。

典型例题：

【单选题】董事和经理人员的绩效评价由（　　）负责组织。

A. 股东大会

B. 监事会

C. 独立董事

D. 董事会或其下设的薪酬与考核委员会

【答案】D

【解析】根据《上市公司治理准则》第五十六条规定，董事和高级管理人员的绩效评价由董事会或者其下设的薪酬与考核委员会负责组织，上市公司可以委托第三方开展绩效评价。本题答案为选项D。

【单选题】根据《上市公司治理准则》，独立董事、监事的评价应采取（　　）的方式进行。

A. 自我评价　　　　　　　　　B. 相互评价

C. 自我评价与相互评价相结合　　D. 董事会评价与监事会评价相结合

【答案】C

【解析】根据《上市公司治理准则》第五十六条规定,独立董事、监事的履职评价采取自我评价、相互评价等方式进行。本题答案为选项C。

四、董事会的召开和表决

(一) 董事会的召开

1. 董事会每年至少召开两次会议,由董事长召集,于会议召开十日以前书面通知全体董事和监事。

典型例题:

【单选题】董事会每年度至少召开( )次会议,每次会议应当于会议召开( )日前通知全体( )。

A. 2;10;董事和高管　　　　　　B. 3;10;董事和监事

C. 2;5;董事和监事　　　　　　　D. 2;10;董事和监事

【答案】D

【解析】根据《公司法》第一百一十条规定,董事会每年度至少召开两次会议,每次会议应当于会议召开十日前通知全体董事和监事。本题答案为选项D。

2. 董事会每年度至少召开两次会议,每次会议应当于会议召开十日前通知全体董事和监事。

代表十分之一以上表决权的股东、三分之一以上董事或者监事会,可以提议召开董事会临时会议。董事长应当自接到提议后十日内,召集和主持董事会会议。

董事会召开临时会议,可以另定召集董事会的通知方式和通知时限。

典型例题:

【单选题】下列关于董事会会议每年召开次数的说法正确的是( )。

A. 每年至少召开一次　　　　　　B. 每年至少召开两次

C. 至少每6个月召开一次　　　　D. 每年至少召开四次

【答案】B

【解析】根据《公司法》第一百一十条规定,董事会每年度至少召开两次会议,每次会议应当于会议召开十日前通知全体董事和监事。本题答案为选项B。

3. 董事会设董事长一人,可以设副董事长。董事长和副董事长由董事会以全体董事的过半数选举产生。董事长召集和主持董事会会议,检查董事会决议的实施情况。副董事长协助董事长工作,董事长不能履行职务或者不履行职务的,由副董事长履行职务;副董事长不能履行职务或者不履行职务的,由半数以上董事共同推举一名董事履行职务。

典型例题:

【单选题】董事长和副董事长由(　　)选举产生。

A. 股东大会　　　　　　　　B. 董事会

C. 监事会　　　　　　　　　D. 职工代表大会

【答案】B

【解析】根据《公司法》第一百零九条规定,董事会设董事长一人,可以设副董事长。董事长和副董事长由董事会以全体董事的过半数选举产生。本题答案为选项 B。

(二) 董事会的表决

1. 董事会会议应有过半数的董事出席方可举行。董事会作出决议,必须经全体董事的过半数通过。

董事会决议的表决,实行一人一票。

典型例题:

【单选题】股份有限公司董事会会议应有过(　　)的董事出席方可举行。董事会作出决议,必须经全体董事的过(　　)通过。

A. 1/2;1/3　　　B. 1/3;1/2　　　C. 1/2;2/3　　　D. 1/2;1/2

【答案】D

【解析】根据《公司法》第一百一十一条规定,董事会会议应有过半数的董事出席方可举行。董事会作出决议,必须经全体董事的过半数通过。董事会决议的表决,实行一人一票。本题答案为选项 D。

【多选题】某股份有限公司董事会由 11 名董事组成,下列情形中,能使董事会决议得以顺利通过的有(　　)。

A. 6 名董事出席会议一致同意　　　B. 9 名董事出席会议,7 名同意

C. 7 名董事出席会议,6 名同意　　　D. 11 名董事出席会议,7 名同意

【答案】ABCD

【解析】根据《公司法》第一百一十一条规定,董事会会议应有过半数的董事

出席方可举行。董事会作出决议,必须经全体董事的过半数通过。董事会决议的表决,实行一人一票。本题答案为选项 A、B、C、D。

2. 董事与董事会会议决议事项所涉及的企业有关联关系的,不得对该项决议行使表决权,也不得代理其他董事行使表决权。该董事会会议由过半数的无关联关系董事出席即可举行,董事会会议所作决议须经无关联关系董事过半数通过。出席董事会的无关联董事人数不足 3 人的,应将该事项提交股东大会审议。

典型例题:

【单选题】上市公司董事与董事会会议决议事项涉及的企业有关联关系,不得对该项决议行使表决权,也不得代理其他董事行使表决权。该董事会会议由过半数的无关联关系董事出席即可举行,董事会会议所作决议须经无关联关系董事(　　)通过。

A. 全体　　　　B. 过半数　　　　C. 2/3 以上　　　　D. 其中一名

【答案】 B

【解析】 根据《公司法》第一百二十四条规定,董事与董事会会议决议事项所涉及的企业有关联关系的,不得对该项决议行使表决权,也不得代理其他董事行使表决权。该董事会会议由过半数的无关联关系董事出席即可举行,董事会会议所作决议须经无关联关系董事过半数通过。出席董事会的无关联董事人数不足 3 人的,应将该事项提交股东大会审议。本题答案为选项 B。

【单选题】甲公司是一家上市公司,乙公司是甲公司的关联企业。当甲讨论为乙提供担保事项时,下列说法不符合《公司法》规定的是(　　)。

A. 有关联关系的股东不可以参加会议

B. 董事会会议由过半数的无关联关系董事出席方可举行

C. 有关联关系的董事不得代理其他董事行使表决权

D. 出席董事会的无关联关系董事人数不足 3 人的,应将该事项提交上市公司股东大会

【答案】 A

【解析】 根据《公司法》第一百二十四条规定,上市公司董事与董事会会议决议事项所涉及的企业有关联关系的,不得对该项决议行使表决权,也不得代理其他董事行使表决权,所以选项 C 的说法正确;

该董事会会议由过半数的无关联关系董事出席即可举行,董事会会议所作决议须经无关联关系董事过半数通过,所以选项B的说法正确;会议只需过半数的无关联关系董事出席即可举行,所以选项A的说法错误。

出席董事会的无关联关系董事人数不足3人的,应将该事项提交上市公司股东大会审议,所以选项D的说法正确。

五、董事会议事规则

1. 董事会会议应当严格依照规定的程序进行。董事会应当按规定的时间事先通知所有董事,并提供足够的资料。两名及以上独立董事认为资料不完整或者论证不充分的,可以联名书面向董事会提出延期召开会议或者延期审议该事项,董事会应当予以采纳,上市公司应当及时披露相关情况。

2. 董事会会议记录应当真实、准确、完整。出席会议的董事、董事会秘书和记录人应当在会议记录上签名。董事会会议记录应当妥善保存。

3. 董事会授权董事长在董事会闭会期间行使董事会部分职权的,上市公司应当在公司章程中明确规定授权的原则和具体内容。上市公司重大事项应当由董事会集体决策,不得将法定由董事会行使的职权授予董事长、总经理等行使。

典型例题:

【单选题】上市公司董事会会议应严格按照规定的程序进行。董事会应按规定的时间事先通知所有董事,并提供足够的资料,包括会议议题的相关背景材料和有助于董事理解公司业务进展的信息和数据。当( )独立董事认为资料不充分或论证不明时,可联名以书面形式向董事会提出延期召开董事会会议或延期审议该事项,董事会应予以采纳。

A. 一名或一名以上　　　B. 两名或两名以上
C. 三名或三名以上　　　D. 全部

【答案】B

【解析】根据《上市公司治理准则》第三十一条规定,董事会会议应当严格依照规定的程序进行。董事会应当按规定的时间事先通知所有董事,并提供足够的资料。两名及以上独立董事认为资料不完整或者论证不充分的,可以联名书面向董事会提出延期召开会议或者延期审议该事项,董事会应当予以采纳,上市公司应当及时披露相关情况。本题答案为选项B。

【单选题】董事会会议记录应完整、真实,出席会议的下列人员不需要在会议记录上签名的是( )。

A. 董事　　　　B. 总经理　　　　C. 董事会秘书　　　D. 记录人

【答案】B

【解析】根据《上市公司治理准则》第三十二条规定,董事会会议记录应当真实、准确、完整。出席会议的董事、董事会秘书和记录人应当在会议记录上签名。董事会会议记录应当妥善保存。本题答案为选项B。

六、董事会专门委员会

上市公司董事会应当设立审计委员会,并可以根据需要设立战略、提名、薪酬与考核等相关专门委员会。专门委员会对董事会负责,依照公司章程和董事会授权履行职责,专门委员会的提案应当提交董事会审议决定。

专门委员会成员全部由董事组成,其中审计委员会、提名委员会、薪酬与考核委员会中独立董事应当占多数并担任召集人,审计委员会的召集人应当为会计专业人士。

典型例题:

【单选题】上市公司董事会可以按照股东大会的有关决议,设立专门委员会,专门委员会成员( )组成。

A. 董事和外聘专家　　　　　　B. 董事和高级管理人员
C. 全部由董事　　　　　　　　D. 董事和职工代表

【答案】C

【解析】根据《上市公司治理准则》第三十八条规定,专门委员会成员全部由董事组成,其中审计委员会、提名委员会、薪酬与考核委员会中独立董事应当占多数并担任召集人,审计委员会的召集人应当为会计专业人士。本题答案为选项C。

【单选题】根据《上市公司治理准则》,下列人员中能够担任审计委员会召集人的是( )。

A. 独立董事法律专家张某　　　B. 独立董事会计专家李某
C. 董事长陈某　　　　　　　　D. 董事会主席赵某

【答案】B

【解析】根据《上市公司治理准则》第三十八条规定,专门委员会成员全部由董事组成,其中审计委员会、提名委员会、薪酬与考核委员会中独立董事应当占多数并担任召集人,审计委员会的召集人应当为会计专业人士。审计委员会的召集人应当为会计专业人士,因此本题答案为选项 C。

(一) 审计委员会

审计委员会的主要职责包括:

(1) 监督及评估外部审计工作,提议聘请或者更换外部审计机构;

(2) 监督及评估内部审计工作,负责内部审计与外部审计的协调;

(3) 审核公司的财务信息及其披露;

(4) 监督及评估公司的内部控制;

(5) 负责法律法规、公司章程和董事会授权的其他事项。

典型例题:

【单选题】根据《上市公司治理准则》,审计委员会的主要职责包括( )。

A. 负责内部审计与外部审计之间的沟通

B. 审核公司的财务信息及其披露

C. 审查公司的内控制度

D. 以上全部

【答案】D

【解析】根据《上市公司治理准则》第三十九条规定,审计委员会的主要职责包括:监督及评估内部审计工作,负责内部审计与外部审计的协调;审核公司的财务信息及其披露;监督及评估公司的内部控制。选项 A、B、C 的说法正确,本题答案为选项 D。

(二) 提名委员会

提名委员会的主要职责包括:

1. 研究董事、高级管理人员的选择标准和程序并提出建议;

2. 遴选合格的董事人选和高级管理人员人选;

3. 对董事人选和高级管理人员人选进行审核并提出建议。

典型例题:

【单选题】根据《上市公司治理准则》,提名委员会的主要职责不包括( )。

A. 研究董事、经理人员的选择标准和程序并提出建议

B. 广泛搜寻合格的董事和经理人员的人选

C. 提议聘请或更换外部审计机构

D. 对董事候选人和经理人选进行审查并提出建议

【答案】C

【解析】根据《上市公司治理准则》第四十一条规定,提名委员会的主要职责包括：研究董事、高级管理人员的选择标准和程序并提出建议；遴选合格的董事人选和高级管理人员人选；对董事人选和高级管理人员人选进行审核并提出建议。选项 A、B、D 的说法正确,本题答案为选项 C。

(三) 薪酬与考核委员会

薪酬与考核委员会的主要职责包括：

(1) 研究董事与高级管理人员考核的标准,进行考核并提出建议；

(2) 研究和审查董事、高级管理人员的薪酬政策与方案。

典型例题：

【单选题】根据《上市公司治理准则》,薪酬与考核委员会的主要职责不包括( )。

A. 研究董事与经理人员考核的标准,进行考核并提出建议

B. 监督公司的内部审计制度及其实施

C. 研究和审查董事的薪酬政策与方案

D. 研究和审查高级管理人员的薪酬政策与方案

【答案】B

【解析】根据《上市公司治理准则》第四十二条规定,薪酬与考核委员会的主要职责包括：研究董事与高级管理人员考核的标准,进行考核并提出建议；研究和审查董事、高级管理人员的薪酬政策与方案。本题答案为选项 B。

七、独立董事

1. 上市公司应当依照有关规定建立独立董事制度。独立董事不得在上市公司兼任除董事会专门委员会委员外的其他职务。

2. 上市公司董事会、监事会、单独或者合并持有上市公司已发行股份 1% 以上的股东可以提出独立董事候选人,并经股东大会选举决定。

典型例题：

【单选题】根据《上市公司治理准则》,上市公司应按照有关规定建立独立董

事制度。独立董事应独立于所受聘的公司及其主要股东。独立董事可在上市公司担任除独立董事外的(　　)职务。

A. 财务总监　　　　　　　　B. 总经理

C. 车间主任　　　　　　　　D. 以上均不可以

【答案】D

【解析】根据《上市公司治理准则》第三十四条规定,上市公司应当依照有关规定建立独立董事制度。独立董事不得在上市公司兼任除董事会专门委员会委员外的其他职务。本题答案为选项 D。

【判断题】独立董事不得在上市公司担任除独立董事外的其他任何职务。

【答案】√

【解析】根据《上市公司治理准则》第三十四条规定,上市公司应当依照有关规定建立独立董事制度。独立董事不得在上市公司兼任除董事会专门委员会委员外的其他职务。

3. 独立董事的任职条件、选举更换程序等,应当符合有关规定。独立董事不得与其所受聘上市公司及其主要股东存在可能妨碍其进行独立客观判断的关系。

4. 独立董事享有董事的一般职权,同时依照法律法规和公司章程针对相关事项享有特别职权。独立董事应当独立履行职责,不受上市公司主要股东、实际控制人以及其他与上市公司存在利害关系的组织或者个人影响。上市公司应当保障独立董事依法履职。

独立董事的特别职权:

(1) 重大关联交易(指上市公司拟与关联人达成的总额高于 300 万元或高于上市公司最近经审计净资产值的 5% 的关联交易)应由独立董事认可后,提交董事会讨论,独立董事作出判断前,可以聘请中介机构出具独立财务顾问报告,作为其判断的依据;

(2) 向董事会提议聘用或解聘会计师事务所;

(3) 向董事会提请召开临时股东大会;

(4) 提议召开董事会;

(5) 独立聘请外部审计机构和咨询机构;

(6) 可以在股东大会召开前公开向股东征集投票权。

独立董事行使上述职权应当取得全体独立董事的二分之一以上同意。

如果上市公司董事会下设薪酬、审计、提名等委员会的,独立董事应当在委员会成员中占有二分之一以上的比例。

典型例题:

【单选题】下列关于上市公司独立董事制度的说法,错误的是( )。

A. 上市公司应按照有关规定建立独立董事制度

B. 独立董事由董事会聘任

C. 独立董事不得在上市公司担任除独立董事外的其他任何职务

D. 独立董事应独立履行职责,不受公司主要股东、实际控制人以及其他与上市公司存在利害关系的单位或个人的影响

【答案】B

【解析】根据《上市公司治理准则》第三十四条、第三十六条规定,上市公司应当依照有关规定建立独立董事制度。独立董事不得在上市公司兼任除董事会专门委员会委员外的其他职务。独立董事应当独立履行职责,不受上市公司主要股东、实际控制人以及其他与上市公司存在利害关系的组织或者个人影响。选项 A、C、D 的说法正确。

根据《上市公司治理准则》第三十七条规定,股东会行使下列职权:选举和更换非由职工代表担任的董事、监事,决定有关董事、监事的报酬事项。根据《关于在上市公司建立独立董事制度的指导意见》规定,上市公司董事会、监事会、单独或者合并持有上市公司已发行股份1%以上的股东可以提出独立董事候选人,并经股东大会选举决定。所以独立董事由股东(大)会选举和聘任。选项 B 的说法错误。

5. 独立董事应当对以下事项向董事会或股东大会发表独立意见:

(1) 提名、任免董事;

(2) 聘任或解聘高级管理人员;

(3) 公司董事、高级管理人员的薪酬;

(4) 上市公司的股东、实际控制人及其关联企业对上市公司现有或新发生的总额高于 300 万元或高于上市公司最近经审计净资产值的 5% 的借款或其他资金往来,以及公司是否采取有效措施回收欠款;

(5) 独立董事认为可能损害中小股东权益的事项;

(6) 公司章程规定的其他事项。

独立董事应当就上述事项发表以下几类意见之一：同意；保留意见及其理由；反对意见及其理由；无法发表意见及其障碍。

典型例题：

【多选题】根据《关于在上市公司建立独立董事制度的指导意见》，独立董事应当对以下（　　）事项向董事会或股东大会发表独立意见。

A. 提名、任免董事

B. 聘任或解聘高级管理人员

C. 公司董事、高级管理人员的薪酬

D. 上市公司的股东、实际控制人及其关联企业对上市公司现有或新发生的总额高于300万元或高于上市公司最近经审计净资产值的5%的借款或其他资金往来，以及公司是否采取有效措施回收欠款

【答案】ABCD

【解析】根据《关于在上市公司建立独立董事制度的指导意见》独立董事应当对以下事项向董事会或股东大会发表独立意见：(1)提名、任免董事；(2)聘任或解聘高级管理人员；(3)公司董事、高级管理人员的薪酬；(4)上市公司的股东、实际控制人及其关联企业对上市公司现有或新发生的总额高于300万元或高于上市公司最近经审计净资产值的5%的借款或其他资金往来，以及公司是否采取有效措施回收欠款。本题答案为选项A、B、C、D。

第四节　监事及监事会

一、监事

（一）监事的任期

关于不得担任董事的情形，同时适用于监事。

董事、经理和其他高级管理人员不得兼任监事。

监事的任期每届为三年。监事任期届满，连选可以连任。监事任期届满未及时改选，或者监事在任期内辞职导致监事会成员低于法定人数的，在改选出的

监事就任前,原监事仍应当依照法律、行政法规和公司章程的规定,履行监事职务。

典型例题:

【单选题】根据《公司法》规定,可以担任监事的是( )。

A. 董事会秘书　　B. 副经理　　　　C. 财务负责人　　D. 公司股东

【答案】D

【解析】根据《公司法》第五十一条规定,监事会应当包括股东代表和适当比例的公司职工代表;董事、高级管理人员不得兼任监事。董事会秘书、副经理、财务负责人为高级管理人员,因此不能兼任监事。本题答案为选项D。

(二) 监事的权利

监事有权了解公司经营情况。上市公司应当采取措施保障监事的知情权,为监事正常履行职责提供必要的协助,任何人不得干预、阻挠。监事履行职责所需的有关费用由公司承担。

典型例题:

【判断题】监事会、不设监事会的公司的监事行使职权所必需的费用,由公司承担。

【答案】√

【解析】根据《上市公司治理准则》第四十六条规定,监事有权了解公司经营情况。上市公司应当采取措施保障监事的知情权,为监事正常履行职责提供必要的协助,任何人不得干预、阻挠。监事履行职责所需的有关费用由公司承担。

二、监事会

(一) 监事会的构成

股份有限公司设监事会,其成员不得少于三人。公司章程应规定职工代表在监事会中的具体比例。股东人数较少或者规模较小的有限责任公司,可以设一至二名监事,不设监事会。

监事会应当包括股东代表和适当比例的公司职工代表,其中职工代表的比例不得低于三分之一,具体比例由公司章程规定。监事会中的职工代表由公司职工通过职工代表大会、职工大会或者其他形式民主选举产生。

监事会设主席一人,可以设副主席。监事会主席和副主席由全体监事过半数选举产生。监事会主席召集和主持监事会会议;监事会主席不能履行职务或者不履行职务的,由监事会副主席召集和主持监事会会议;监事会副主席不能履行职务或者不履行职务的,由半数以上监事共同推举一名监事召集和主持监事会会议。

典型例题:

【单选题】 股份有限公司监事会的职工代表比例不得低于( )。

A. 二分之一　　　B. 四分之一　　　C. 三分之一　　　D. 三分之二

【答案】 C

【解析】 根据《公司法》第五十一条规定,监事会应当包括股东代表和适当比例的公司职工代表,其中职工代表的比例不得低于三分之一。本题答案为选项C。

(二) 监事会的职权

1. 监事会行使下列职权:

(1) 应当对董事会编制的公司定期报告进行审核并提出书面审核意见;

(2) 检查公司财务;

(3) 对董事、高级管理人员执行公司职务的行为进行监督,对违反法律、行政法规、公司章程或者股东大会决议的董事、高级管理人员提出罢免的建议;

(4) 当董事、高级管理人员的行为损害公司的利益时,要求董事、高级管理人员予以纠正;

(5) 提议召开临时股东大会,在董事会不履行《公司法》规定的召集和主持股东大会职责时召集和主持股东大会;

(6) 向股东大会提出提案;

(7) 依照《公司法》第一百五十一条的规定,对董事、高级管理人员提起诉讼;

(8) 发现公司经营情况异常,可以进行调查;必要时,可以聘请会计师事务所、律师事务所等专业机构协助其工作,费用由公司承担。

典型例题:

【单选题】 股份有限公司监事会行使的职权,不包括( )。

A. 检查公司财务

B. 当董事、高级管理人员的行为损害公司的利益时,要求董事、高级管理人员予以阻止

C. 向股东大会会议提出议案

D. 审议批准董事会的报告

【答案】D

【解析】根据《上市公司章程指引》第一百四十四条规定,监事会行使下列职权:检查公司财务;对董事、高级管理人员执行公司职务的行为进行监督,对违反法律、行政法规、公司章程或者股东大会决议的董事、高级管理人员提出罢免的建议;提议召开临时股东大会,在董事会不履行《公司法》规定的召集和主持股东大会职责时召集和主持股东大会;向股东大会提出提案。选项A、B、C属于监事会行使的职权。审议批准董事会的报告属于股东大会职权,不属于监事会行使的职权。本题答案为选项D。

2. 监事有权了解公司经营情况。上市公司应当采取措施保障监事的知情权,为监事正常履行职责提供必要的协助,任何人不得干预、阻挠。监事履行职责所需的有关费用由公司承担。

3. 监事会依法检查公司财务,监督董事、高级管理人员履职的合法合规性,行使公司章程规定的其他职权,维护上市公司及股东的合法权益。监事会可以独立聘请中介机构提供专业意见。

4. 监事会发现董事、高级管理人员违反法律法规或者公司章程的,应当履行监督职责,并向董事会通报或者向股东大会报告,也可以直接向中国证监会及其派出机构、证券交易所或者其他部门报告。

典型例题:

【单选题】监事会的监督对象不包括( )。

A. 股东 B. 董事

C. 经理 D. 其他高级管理人员

【答案】A

【解析】根据《上市公司治理准则》第四十七条规定,监事会依法检查公司财务,监督董事、高级管理人员履职的合法合规性,行使公司章程规定的其他职权,维护上市公司及股东的合法权益。本题答案为选项A。

【判断题】根据《上市公司治理准则》,监事会可以独立聘请中介机构提供专业意见。

【答案】√

【解析】根据《上市公司治理准则》第四十七条规定,监事会可以独立聘请中介机构提供专业意见。

5. 监事会的监督记录以及进行财务检查的结果应当作为对董事、高级管理人员绩效评价的重要依据。

典型例题:

【单选题】根据《上市公司治理准则》,下列关于上市公司监事会的说法错误的是( )。

A. 监事会对公司财务以及公司董事、经理和其他高级管理人员履行职责的合法合规性进行监督,维护公司及股东的合法权益

B. 监事履行职责所需的合理费用应由监事会承担

C. 监事会的监督记录以及进行财务或专项检查的结果应成为对董事、经理和其他高级管理人员绩效评价的重要依据

D. 监事会可要求公司董事、经理及其他高级管理人员、内部及外部审计人员出席监事会会议,回答所关注的问题

【答案】B

【解析】根据《上市公司治理准则》第四十六条规定,监事履行职责所需的有关费用由公司承担。本题答案为选项B。

(三) 监事会的召开与决议

1. 有限责任公司监事会每年度至少召开一次会议,股份有限公司监事会每六个月至少召开一次会议。监事可以提议召开临时监事会会议。监事会决议应当经半数以上监事通过。

典型例题:

【单选题】下列股份有限公司监事会会议符合《公司法》规定的是( )。

A. 每年至少召开一次会议　　B. 每年至少召开三次会议

C. 每六个月至少召开两次会议　　D. 每六个月至少召开一次会议

【答案】D

【解析】根据《上市公司章程指引》第一百四十五条规定,股份有限公司监事会每六个月至少召开一次会议。本题答案为选项D。

2. 监事会应当将所议事项的决定做成会议记录,出席会议的监事应当在会议记录上签名。

监事有权要求在记录上对其在会议上的发言作出某种说明性记载。

典型例题:

【单选题】监事会会议应有记录,出席会议的(　　)应当在会议记录上签字。

A. 董事　　　　　　　　　　B. 经理及其他高级管理人员

C. 内部及外部审计人员　　　　D. 监事和记录人

【答案】D

【解析】根据《上市公司章程指引》第一百四十七条规定,监事会应当将所议事项的决定做成会议记录,出席会议的监事应当在会议记录上签名。本题答案为选项 D。

第五节　经　　理

一、经理的聘任

1. 有限责任公司可以设经理,由董事会决定聘任或者解聘。股份有限公司设经理,由董事会决定聘任或者解聘。公司董事会可以决定由董事会成员兼任经理。

典型例题:

【单选题】根据《公司法》,股份有限公司设经理,由(　　)决定聘任或者解聘。

A. 股东大会　　　B. 董事会　　　C. 监事会　　　D. 股东会

【答案】B

【解析】根据《公司法》第一百一十三条规定,股份有限公司设经理,由董事会决定聘任或者解聘。本题答案为选项 B。

二、经理的职权

1. 经理对董事会负责,行使下列职权:

(1) 主持公司的生产经营管理工作,组织实施董事会决议;

(2) 组织实施公司年度经营计划和投资方案;

(3) 拟订公司内部管理机构设置方案;

(4) 拟订公司的基本管理制度;

(5) 制定公司的具体规章;

(6) 提请聘任或者解聘公司副经理、财务负责人;

(7) 决定聘任或者解聘除应由董事会决定聘任或者解聘以外的负责管理人员;

(8) 董事会授予的其他职权。

公司章程对经理职权另有规定的,从其规定。

2. 经理列席董事会会议。

典型例题:

【单选题】以下不属于经理的职权的是(　　)。

A. 组织实施公司年度经营计划和投资方案

B. 拟订公司的基本管理制度

C. 聘任或者解聘公司副经理、财务负责人

D. 拟订公司内部管理机构设置方案

【答案】C

【解析】根据《公司法》第四十九条规定,有限责任公司可以设经理,由董事会决定聘任或者解聘。经理对董事会负责,行使下列职权:组织实施公司年度经营计划和投资方案;拟订公司内部管理机构设置方案;拟订公司的基本管理制度;提请聘任或者解聘公司副经理、财务负责人。选项 A、B、D 属于经理的职权。

根据《公司法》第四十六条规定,董事会对股东会负责,行使下列职权:决定聘任或者解聘公司经理及其报酬事项,并根据经理的提名决定聘任或者解聘公司副经理、财务负责人及其报酬事项。所以经理不能直接聘任或者解聘公司副经理、财务负责人,选项 C 不属于经理的职权。

第六节　财务会计报告

一、财务会计制度

(一) 财务会计报告

公司应当在每一会计年度终了时编制财务会计报告,并依法经会计师事务

所审计。

财务会计报告应当依照法律、行政法规和国务院财政部门的规定制作。

典型例题:

【单选题】根据《公司法》,公司应当在每一会计年度终了时编制财务会计报告,并依法( )。

A. 经会计师事务所审计　　　B. 经审查验证

C. 经主管部门同意　　　　　D. 公司登记机关审核

【答案】A

【解析】根据《公司法》第一百六十四条规定,公司应当在每一会计年度终了时编制财务会计报告,并依法经会计师事务所审计。本题答案为选项A。

(二) 会计账簿

公司除法定的会计账簿外,将不另立会计账簿。公司的资产,不以任何个人名义开立账户存储。

典型例题:

【判断题】开立账户公司除法定的会计账簿外,不得另立会计账簿。对公司资产,不得以任何个人名义开立账户存储。

【答案】√

【解析】根据《上市公司章程指引》第一百五十一条规定,公司除法定的会计账簿外,将不另立会计账簿。公司的资产,不以任何个人名义开立账户存储。

二、内部审计

公司内部审计制度和审计人员的职责,应当经董事会批准后实施。审计负责人向董事会负责并报告工作。

典型例题:

【单选题】上司公司内部审计制度和审计人员的职责,应当经( )批准后实施,审计负责人向其负责并报告工作。

A. 股东大会　　B. 董事会　　C. 监事会　　D. 总经理

【答案】B

【解析】根据《上市公司章程指引》第一百五十七条规定,公司内部审计制度和审计人员的职责,应当经董事会批准后实施。审计负责人向董事会负责并报告工作。本题答案为选项 B。

三、会计师事务所的聘任

1. 公司聘用会计师事务所必须由股东大会决定，董事会不得在股东大会决定前委任会计师事务所。公司股东会、股东大会或者董事会就解聘会计师事务所进行表决时，应当允许会计师事务所陈述意见。

典型例题：

【单选题】上市公司聘用会计师事务所必须由（　　）决定。

A. 董事会　　　　B. 监事会　　　　C. 总经理　　　　D. 股东大会

【答案】D

【解析】公司聘用会计师事务所必须由股东大会决定，董事会不得在股东大会决定前委任会计师事务所。本题答案为选项 D。

2. 公司应当向聘用的会计师事务所提供真实、完整的会计凭证、会计账簿、财务会计报告及其他会计资料，不得拒绝、隐匿、谎报。

典型例题：

【判断题】公司应当向聘用的会计师事务所提供真实、完整的会计凭证、会计账簿、财务会计报告及其他会计资料，不得拒绝、隐匿、谎报。

【答案】√

【解析】根据《公司法》第一百七十条规定，公司应当向聘用的会计师事务所提供真实、完整的会计凭证、会计账簿、财务会计报告及其他会计资料，不得拒绝、隐匿、谎报。

第七节　每章练习

一、单选题

1. 上市公司董事与董事会会议决议事项所涉及的企业有关联关系的，不得对该项决议行使表决权，也不得代理其他董事行使表决权。该董事会会议由（　　）的无关联关系的董事出席即可举行。

A. 1/3　　　　B. 过半数　　　　C. 2/3　　　　D. 全体

2. 单独或合并持有公司（　　）%以上股份的股东,可以在股东大会召开（　　）日前提出临时提案。

　　A. 3;5　　　　　　B. 3;10　　　　　　C. 5;5　　　　　　D. 5;10

3. 根据《公司法》,董事会可行使的职权不包括（　　）。

　　A. 制订公司的利润分配方案和弥补亏损方案

　　B. 制订公司的年度财务预算方案、决算方案

　　C. 制订公司合并、分立、解散或者变更公司形式的方案

　　D. 以上都不是

4. 下列关于股份有限公司董事会会议的说法,错误的是（　　）。

　　A. 董事会会议分为定期会议和临时会议两种

　　B. 董事会定期会议,每年度至少召开4次会议

　　C. 董事会召开临时会议,其会议通知方式和通知时限,可由公司章程作出规定

　　D. 董事会会议应有过半数的董事出席方可举行

5. 下列关于上市公司股东大会的主要权利描述不正确的有（　　）。

　　A. 修改公司章程

　　B. 对发行公司债券作出决议

　　C. 审议公司在一年内购买、出售重大资产超过公司最近一期经审计总资产50%的事项

　　D. 审议股权激励计划

6. 下列哪项不属于股份有限公司召开临时股东大会的法定情形（　　）。

　　A. 董事长认为必要时

　　B. 单独或合计持有公司百分之十以上股份的股东请求时

　　C. 公司未弥补的亏损达实收资本总额三分之一时

　　D. 董事人数不足公司章程规定人数的三分之二时

7. 根据《公司法》,召开股东大会会议,应当将会议召开的（　　）于会议召开二十日前通知各股东。

　　A. 时间、地点

　　B. 时间、地点和审议的事项

　　C. 时间、地点和参会的股东

　　D. 时间、地点、审议的事项和参会的股东

8. 上市公司召开股东大会,有权向公司提出提案的是(　　)。

　　A. 连续90日以上单独或者合计持有公司5%以上股份的股东

　　B. 单独或者合计持有公司5%以上股份的股东

　　C. 连续90日以上单独或者合计持有公司3%以上股份的股东

　　D. 单独或者合计持有公司3%以上股份的股东

9. 股份有限公司召开股东大会会议,应当于会议召开(　　)日以前通知全体股东。

　　A. 10　　　　　　B. 15　　　　　　C. 20　　　　　　D. 45

10. 根据《公司法》,股份有限公司有关表决程序错误的是(　　)。

　　A. 股东大会作出决议,必须经出席会议的股东所持表决权过半数通过

　　B. 股东大会作出决议,必须经全部股东所持表决权过半数通过

　　C. 董事会作出决议,必须经全体董事的过半数通过

　　D. 监事会决议应当经半数以上监事通过

11. 根据《上市公司章程指引》,上市公司下列事项中,需要股东大会以特别决议通过的有(　　)。

　　A. 股权激励计划　　　　　　B. 选举和更换董事、监事

　　C. 审议利润分配方案、弥补亏损方案　D. 变更募集资金用途

12. 根据《公司法》,以下关于公司董事会、股东会效力的说法正确的有(　　)。

　　A. 董事会的召集程序、表决方式违反法律、法规的规定,决议无效

　　B. 股东会的召集程序、表决方式违反公司章程的规定,决议无效

　　C. 董事会的决议内容违反法律、法规的规定,决议无效

　　D. 股东会的会议内容违反公司章程的规定,决议无效

13. 公司股东大会、董事会决议内容违反法律、行政法规的,(　　)有权请求人民法院认定无效。

　　A. 监事　　　　B. 高级管理人员　　C. 公司员工　　　D. 股东

14. 担任因违法被吊销营业执照、责令关闭的公司、企业的法定代表人,并负有个人责任的,自该公司、企业被吊销营业执照之日起未逾(　　)年,不得担任公司的董事、监事、高级管理人员。

　　A. 3　　　　　　　B. 4　　　　　　　C. 5　　　　　　　D. 6

15. 下列有关股份有限公司董事的陈述,错误的是( )。

A. 每届任期不得超过三年

B. 任期届满可以连选连任

C. 一个股份有限公司最多可有十九位董事

D. 董事在任期内辞职导致董事会成员低于法定人数,无论何种情况下在改选出的董事就任前,辞职董事也不应再履行其董事职务

16. 董事任期由( )规定,但每届任期不得超过( )年。董事任期届满,连选可以连任。

  A. 董事会;三   B. 公司章程;五

  C. 董事会;五   D. 公司章程;三

17. 根据公司法律制度的规定,下列各项中可以提议召开股份有限公司临时董事会会议的是( )。

  A. 代表5%表决权的股东提议   B. 50%的董事提议

  C. 股东大会提议   D. 经理提议

18. 股份有限公司董事会每年度至少召开( )次会议,每次会议应当于会议召开( )日前通知全体董事和监事。

  A. 2;12   B. 1;10   C. 1;15   D. 2;10

19. 根据《公司法》,股份有限公司董事会做出决议,应由( )。

  A. 出席会议的董事过半数通过   B. 出席会议的董事2/3以上通过

  C. 全体董事的过半数通过   D. 全体董事的2/3以上通过

20. 甲公司是一家上市公司,乙公司是甲公司的关联企业。当甲讨论为乙提供担保事项时,下列说法不符合《公司法》规定的是( )。

  A. 有关联关系的股东不可以参加会议

  B. 董事会会议由过半数的无关联关系董事出席方可举行

  C. 有关联关系的董事不得代理其他董事行使表决权

  D. 出席董事会的无关联关系董事人数不足3人的,应将该事项提交上市公司股东大会

21. 股份有限公司监事会主席的产生方式是( )。

  A. 股东大会选举产生   B. 董事会聘任

  C. 全体监事过半数选举产生   D. 职工民主选举产生

22. 监事会主席不能履行职务或者不履行职务的,由( )监事共同推举一名监事召集和主持监事会会议。

A. 1/3 以上　　　B. 半数以上　　　C. 2/3 以上　　　D. 3/4 以上

23.《公司法》规定监事会的人数不得少于( )。

A. 3 人　　　　B. 5 人　　　　C. 7 人　　　　D. 9 人

24. 下列不属于监事会的职权的是( )。

A. 检查公司财务

B. 提议召开临时股东会会议

C. 向董事会会议提出提案

D. 监督高级管理人员执行公司职务的行为

25. 根据《公司法》规定,股份有限公司的股东所拥有的知情权不包括( )。

A. 查阅公司章程　　　　　　B. 查阅股东名册

C. 查阅股东大会会议记录　　D. 查阅董事会会议记录

二、多选题

1. 上市公司高级管理人员,是指公司( )。

A. 总经理　　　B. 副总经理　　　C. 财务总监　　　D. 董事会秘书

E. 证券事务代表

2. 股份有限公司股东大会行使下列职权( )。

A. 决定公司的经营方针和投资计划

B. 决定公司内部管理机构的设置

C. 审议批准公司的年度财务预算方案、决算方案

D. 审议批准公司的利润分配方案和弥补亏损方案

3. 根据公司法律制度的规定,下列各项中,属于有限责任公司股东会的职权的有( )。

A. 决定公司的经营方针和投资计划

B. 选举和更换由非职工代表担任的董事

C. 审议批准董事会或者执行董事的报告

D. 聘任或者解聘公司财务负责人

4. 在股份有限公司中,( )不得兼任监事。

A. 工会干部　　　B. 董事　　　C. 经理　　　D. 办公室主任

E. 职工代表

5. 下列属于股份有限公司召开临时股东大会的情形是(　　)。

A. 董事长认为必要时

B. 董事会认为必要时

C. 单独或者合计持有公司百分之十以上股份的股东请求时

D. 监事会提议召开时

6. 股份有限公司董事会的职权包括(　　)。

A. 召集股东会会议,并向股东会报告工作

B. 执行股东会的决议

C. 决定公司的经营计划和投资方案

D. 决定公司内部管理机构的设置制定公司的基本管理制度

7. 股份有限公司董事会的职权包括(　　)。

A. 召集股东会会议并向股东会报告工作

B. 修改公司章程

C. 决定公司的经营计划和投资方案

D. 决定公司内部管理机构的设置制定公司的基本管理制度

8. 公司的法定代表人可以由下列哪些人员担任(　　)。

A. 董事长　　　B. 执行董事　　　C. 独立董事　　　D. 总经理

E. 董事会秘书

9. 股东可以用货币出资,也可以用(　　)等可以用货币估价并可以依法转让的非货币财产作价出资。

A. 实物　　　B. 知识产权　　　C. 土地使用权　　　D. 商誉

10. 关于股份公司股东会职权,下列说法正确的有(　　)。

A. 审议批准董事会、监事会或者监事的报告

B. 审议批准公司的年度财务预算方案、决算方案、利润分配方案和弥补亏损方案

C. 对公司增加或者减少注册资本,发行公司债券作出决议

D. 对公司合并、分立、变更公司形式、解散和清算等事项作出决议

11. 股份有限公司股东大会行使下列职权,(　　)。

A. 决定公司的经营方针和投资计划

B. 审议批准董事会、监事会的报告

C. 审议批准公司的年度财务预算方案、决算方案

D. 审议批准公司的利润分配方案和弥补亏损方案

12. 关于有限责任公司股东会职权,下列说法正确的有(　　)。

A. 审议批准董事会、监事会或者监事的报告

B. 审议批准公司的年度财务预算方案、决算方案、利润分配方案和弥补亏损方案

C. 对公司增加或者减少注册资本；发行公司债券作出决议

D. 对公司合并、分立、变更公司形式、解散和清算等事项作出决议

13. 有下列情形之一的,应当在两个月内召开临时股东大会,(　　)。

A. 董事人数不足公司法规定人数或者公司章程所定人数的三分之二时

B. 公司未弥补的亏损达实收股本总额三分之一时

C. 单独或者合计持有公司百分之五以上股份的股东请求时

D. 董事长认为必要时

E. 监事会提议召开时

14. 下列哪些事项由股东大会以特别决议通过,(　　)。

A. 公司增加或者减少注册资本

B. 公司的分立、合并、解散和清算

C. 公司章程的修改

D. 公司在一年内购买、出售重大资产或者担保金额超过公司最近一期经审计总资产30％的

15. 有下列情形之一的,不得担任公司的董事、监事、高级管理人员(　　)。

A. 因贪污、贿赂、侵占财产、挪用财产或者破坏社会主义市场经济秩序被判处刑罚,执行期满未逾五年,或者因犯罪被剥夺政治权利,执行期满未逾五年

B. 担任破产清算的公司、企业的董事或者厂长、经理,对该公司、企业的破产负有个人责任的,自该公司、企业破产清算完结之日起未逾三年

C. 担任因违法被吊销营业执照、责令关闭的公司、企业的法定代表人,并负有个人责任的,自该公司、企业被吊销营业执照之日起未逾三年

D. 个人所负数额较大的债务到期未清偿

16. 上市公司董事会的主要权利有(　　)。

A. 决定公司的经营方针和投资计划

B. 制订公司的利润分配方案和弥补亏损方案

C. 管理公司信息披露事项

D. 拟订公司重大收购、收购本公司股票或者合并、分立、解散及变更公司形式的方案

17. 股份有限公司监事会的职权包括(　　)。

A. 检查公司财务

B. 对董事、高级管理人员执行公司职务的行为进行监督,对违反法律、行政法规、公司章程或者股东会决议的董事、高级管理人员提出罢免的建议

C. 当董事、高级管理人员的行为损害公司的利益时,要求董事、高级管理人员予以纠正

D. 提议召开临时股东会会议在董事会不履行公司法规定的召集和主持股东会会议职责时召集和主持股东会会议

E. 向股东会会议提出提案

18. 根据《上市公司治理准则》,下述关于上市公司董事的义务说法正确的是(　　)。

A. 董事应以认真负责的态度出席董事会,对所议事项表达明确的意见

B. 董事应遵守有关法律、法规及公司章程的规定,严格遵守其公开作出的承诺

C. 董事应积极参加有关培训,以了解作为董事的权利、义务和责任,熟悉有关法律法规,掌握作为董事应具备的相关知识

D. 董事会决议违反法律、法规和公司章程的规定,致使公司遭受损失的,参与决议的董事对公司承担赔偿责任,但经证明在表决时曾表明异议并记载于会议记录的董事除外

19. 上市公司监事会对(　　)的合法合规性进行监督,维护公司及股东的合法权益。

A. 公司财务

B. 公司董事履行职责

C. 股东行使权力

D. 公司经理和其他高级管理人员履行职责

三、判断题

1. 上市公司出席董事会的无关联关系董事人数不足 3 人的，应将该事项提交上市公司股东大会审议。

2. 上市公司董事与董事会会议决议事项所涉及的企业有关联关系的，不得对该项决议行使表决权，也不得代理其他董事行使表决权。

3. 根据《公司法》，公司的实际控制人是指虽不是公司的股东，但通过投资关系、协议或者其他安排，能够实际支配公司行为的人。

4.《公司法》中的公司高级管理人员，是指公司的经理、副经理、财务负责人，上市公司董事会秘书和公司章程规定的其他人员。

5. 决定公司的经营"方针"和投资"计划"属于董事会的职权。

6. 公司法定代表人依照公司章程的规定，由董事长、执行董事或者经理担任。

7. 有限责任公司股东有权按照实缴的出资比例分取红利，并在公司新增资本时有权优先按照实缴的出资比例认缴出资。但是，全体股东约定不按照出资比例分取红利或者不按照出资比例优先认缴出资的除外。

8. 持有公司 5% 以上有表决权股份的股东，将其持有的股份进行质押的，应当自该事实发生当日，向公司作出书面报告。

9. 股份有限公司的权力机构是董事会。

10. 召集人将在年度股东大会召开 15 日前以公告方式通知各股东，临时股东大会将于会议召开 10 日前以公告方式通知各股东。

11. 在股东大会会议上，股份有限公司所持本公司股份没有表决权。

12. 上市公司在 1 年内购买、出售重大资产或者担保金额超过公司资产总额 30% 的，应当的由股东大会作出决议，并经出席会议的股东所持表决权的 2/3 以上通过。

13. 曾经担任破产清算的公司、企业的董事或者厂长、经理，对该公司、企业的破产负有个人责任的，不得担任公司的董事、监事、高级管理人员。

14. 股份有限公司和有限责任公司董事会中的董事（非董事长）都是由股东会议选举产生的。

15. 股份有限公司董事会会议必须有过半数的董事出席才可以举行，且董事会作出决议，必须经出席董事会会议的董事三分之二以上通过。

16. 有限责任公司监事任期可以为两年,但不能超过3年。

17. 甲有限责任公司由2名股东共同投资设立,规模较小,不设监事会,仅设2名监事,均为股东指定。

18. 有限责任公司设立监事会的,其成员不得少于三人。

19. 有限责任公司监事会每年度至少召开一次会议,监事可以提议召开临时监事会会议。

20. 监事会会议记录由出席会议的监事和董事会秘书签名。

21. 上市公司聘用会计师事务所必须由股东大会决定,董事会不得在股东大会决定前委任会计师事务所。

22. 董事人数不足《公司法》规定人数或者本章程所定人数的2/3时,公司在事实发生之日起2个月以内召开临时股东大会。

23. 经股东大会或董事会同意,董事可以将公司资金借贷给他人或者以公司财产为他人提供担保。

四、简答题

1. 如何理解董事、监事和高级管理人员的忠诚和勤勉义务?
2. 根据《公司法》规定,董事、监事和高级管理人员不得有哪些行为?
3. 请简述现行《公司法》中关于董事会、监事会、高级管理人员职权的主要规定,请各回答5项以上,合计不少于15项。

● 答案与解析 ●

一、单选题

1.【答案】B

【解析】根据《公司法》第一百二十四条规定,上市公司董事与董事会会议决议事项所涉及的企业有关联关系的,不得对该项决议行使表决权,也不得代理其他董事行使表决权。该董事会会议由过半数的无关联关系董事出席即可举行,董事会会议所作决议须经无关联关系董事过半数通过。出席董事会的无关联关系董事人数不足三人的,应将该事项提交上市公司股东大会审议。本题答案为选项B。

2.【答案】B

【解析】根据《公司法》第一百零二条规定,单独或者合计持有公司百分之三以上股份的股东,可以在股东大会召开十日前提出临时提案并书面提交董事会;董事会应当在收到提案后二日内通知其他股东,并将该临时提案提交股东大会审议。本题答案为选项B。

3.【答案】D

【解析】根据《公司法》第四十六条规定,董事会对股东会负责,行使下列职权:制订公司的年度财务预算方案、决算方案;选项B的说法正确。制订公司的利润分配方案和弥补亏损方案;选项A的说法正确。制订公司合并、分立、解散或者变更公司形式的方案;选项C的说法正确。所以本题答案为选项D。

4.【答案】B

【解析】根据《公司法》第一百一十条规定,董事会每年度至少召开两次会议,每次会议应当于会议召开十日前通知全体董事和监事。代表十分之一以上表决权的股东、三分之一以上董事或者监事会,可以提议召开董事会临时会议。董事长应当自接到提议后十日内,召集和主持董事会会议。选项A的说法正确,选项B的说法错误。董事会召开临时会议,可以另定召集董事会的通知方式和通知时限。选项C的说法正确。

根据《公司法》第一百一十一条规定,董事会会议应有过半数的董事出席方可举行。选项D的说法正确。

5.【答案】C

【解析】根据《公司法》第四十条规定,股东大会是公司的权力机构,依法行使下列职权:对发行公司债券作出决议;选项B的说法正确。修改公司章程;选项A的说法正确。审议公司在一年内购买、出售重大资产超过公司最近一期经审计总资产30%的事项;选项C的说法错误。审议股权激励计划;选项D的说法正确。

6.【答案】A

【解析】根据《公司法》第一百条,有下列情形之一的,公司在事实发生之日起两个月以内召开临时股东大会:(1)董事人数不足《公司法》规定人数或者公司章程所定人数的2/3时;选项D的说法正确。(2)公司未弥补的亏损达实收股本总额1/3时;选项C的说法正确。(3)单独或者合计持有公司10%以上股份的股东请求时;选项B的说法正确。(4)董事会认为必要时;选项A的说法错误,是董事会认为必要,而非董事长。

7.【答案】B

【解析】根据《公司法》第一百零二条规定,召开股东大会会议,应当将会议召开的时间、地点和审议的事项于会议召开二十日前通知各股东。本题答案为选项B。

8.【答案】D

【解析】根据《公司法》第一百零二条规定,单独或者合计持有公司百分之三以上股份的股东,可以在股东大会召开十日前提出临时提案并书面提交董事会;董事会应当在收到提案后二日内通知其他股东,并将该临时提案提交股东大会审议。本题答案为选项D。

9.【答案】C

【解析】根据《公司法》第一百零二条规定,召开股东大会会议,应当将会议召开的时间、地点和审议的事项于会议召开二十日前通知各股东。本题答案为选项C。

10.【答案】B

【解析】根据《公司法》第一百零三条规定,股东大会作出决议,必须经出席会议的股东所持表决权过半数通过。但是,股东大会作出修改公司章程、增加或者减少注册资本的决议,以及公司合并、分立、解散或者变更公司形式的决议,必须经出席会议的股东所持表决权的三分之二以上通过。本题答案为选项B。

11.【答案】A

【解析】根据《上市公司章程指引》第七十七条规定,下列事项由股东大会以特别决议通过:(1)公司增加或者减少注册资本;(2)公司的分立、合并、解散和清算;(3)本章程的修改;(4)公司在一年内购买、出售重大资产或者担保金额超过公司最近一期经审计总资产30%的;(5)股权激励计划;(6)法律、行政法规或本章程规定的,以及股东大会以普通决议认定会对公司产生重大影响的、需要以特别决议通过的其他事项。本题答案为选项A。

12.【答案】C

【解析】根据《公司法》第二十二条规定,公司股东会或者股东大会、董事会的决议内容违反法律、行政法规的无效。股东会或者股东大会、董事会的会议召集程序、表决方式违反法律、行政法规或者公司章程,或者决议内容违反公司章程的,股东可以自决议作出之日起六十日内,请求人民法院撤销。本题答案为选项C。

13. 【答案】D

【解析】根据《公司法》第二十二条规定,公司股东会或者股东大会、董事会的决议内容违反法律、行政法规的无效。股东会或者股东大会、董事会的会议召集程序、表决方式违反法律、行政法规或者公司章程,或者决议内容违反公司章程的,股东可以自决议作出之日起六十日内,请求人民法院撤销。本题答案为选项D。

14. 【答案】A

【解析】根据《公司法》第一百四十六条规定,有下列情形之一的,不得担任公司的董事、监事、高级管理人员:担任因违法被吊销营业执照、责令关闭的公司、企业的法定代表人,并负有个人责任的,自该公司、企业被吊销营业执照之日起未逾三年。本题答案为选项A。

15. 【答案】D

【解析】根据《公司法》第四十五条规定,董事任期由公司章程规定,但每届任期不得超过三年。董事任期届满,连选可以连任。选项A、B的说法正确。董事任期届满未及时改选,或者董事在任期内辞职导致董事会成员低于法定人数的,在改选出的董事就任前,原董事仍应当依照法律、行政法规和公司章程的规定,履行董事职务。选项D的说法错误。

16. 【答案】D

【解析】根据《公司法》第四十五条规定,董事任期由公司章程规定,但每届任期不得超过三年。董事任期届满,连选可以连任。本题答案为选项D。

17. 【答案】B

【解析】根据《公司法》第一百一十条规定,代表十分之一以上表决权的股东、三分之一以上董事或者监事会,可以提议召开董事会临时会议。本题答案为选项B。

18. 【答案】D

【解析】根据《公司法》第一百一十条规定,董事会每年度至少召开两次会议。每次会议应当于会议召开十日前通知全体董事和监事。本题答案为选项D。

19. 【答案】C

【解析】根据《公司法》第一百一十一条规定,董事会会议应有过半数的董事出席方可举行。董事会作出决议,必须经全体董事的过半数通过。董事会决议的表决,实行一人一票。本题答案为选项C。

20.【答案】A

【解析】根据《公司法》第一百二十四条规定,上市公司董事与董事会会议决议事项所涉及的企业有关联关系的,不得对该项决议行使表决权,也不得代理其他董事行使表决权,所以选项C的说法正确;

该董事会会议由过半数的无关联关系董事出席即可举行,董事会会议所作决议须经无关联关系董事过半数通过,所以选项B的说法正确;会议只需过半数的无关联关系董事出席即可举行,所以选项A的说法错误。

出席董事会的无关联关系董事人数不足3人的,应将该事项提交上市公司股东大会审议,选项D的说法正确。

21.【答案】C

【解析】根据《公司法》第五十一条规定,监事会设主席一人,由全体监事过半数选举产生。本题答案为选项C。

22.【答案】B

【解析】根据《公司法》第五十一条规定,监事会设主席一人,由全体监事过半数选举产生。监事会主席召集和主持监事会会议;监事会主席不能履行职务或者不履行职务的,由半数以上监事共同推举一名监事召集和主持监事会会议。本题答案为选项B。

23.【答案】A

【解析】根据《公司法》第五十一条规定,有限责任公司设监事会,其成员不得少于三人。本题答案为选项A。

24.【答案】C

【解析】根据《上市公司章程指引》第一百四十四条规定,监事会行使下列职权:检查公司财务;选项A的说法正确。对董事、高级管理人员执行公司职务的行为进行监督,对违反法律、行政法规、公司章程或者股东大会决议的董事、高级管理人员提出罢免的建议;选项D的说法正确。提议召开临时股东大会,在董事会不履行《公司法》规定的召集和主持股东大会职责时召集和主持股东大会;选项B的说法正确。向股东大会提出提案;选项C的说法错误。

25.【答案】D

【解析】根据《上市公司章程指引》第三十二条规定,公司股东享有下列权利:查阅本章程、股东名册、公司债券存根、股东大会会议记录、董事会会议决议、监事会会议决议、财务会计报告。所以本题答案为选项D。

二、多选题

1.【答案】ABCD

【解析】根据《公司法》第二百一十六规定,高级管理人员,是指公司的经理、副经理、财务负责人,上市公司董事会秘书和公司章程规定的其他人员。本题答案为选项A、B、C、D。

2.【答案】ACD

【解析】根据《公司法》第三十七条规定,股东大会行使下列职权:决定公司的经营方针和投资计划;选项A的说法正确。审议批准公司的年度财务预算方案、决算方案;选项C的说法正确。审议批准公司的利润分配方案和弥补亏损方案;选项D的说法正确。

根据《公司法》第四十六条规定,董事会行使下列职权:决定公司内部管理机构的设置,选项B为董事会职权。

3.【答案】ABC

【解析】根据《公司法》第三十七条规定,股东会行使下列职权(1)决定公司的经营方针和投资计划;选项A的说法正确。(2)选举和更换非由职工代表担任的董事、监事,决定有关董事、监事的报酬事项;选项B的说法正确。(3)审议批准董事会的报告;选项C的说法正确。聘任或者解聘公司财务负责人属于董事会职权,选项D的说法错误。

4.【答案】BC

【解析】根据《公司法》第五十一条规定,董事、高级管理人员不得兼任监事。经理属于高级管理人员。本题答案为选项B、C。

5.【答案】BCD

【解析】根据《公司法》第一百条规定,有下列情形之一的,公司在事实发生之日起两个月以内召开临时股东大会:单独或者合计持有公司百分之十以上股份的股东请求时;董事会认为必要时;监事会提议召开时。本题答案为选项B、C、D。

6.【答案】ABCD

【解析】根据《公司法》第四十六条规定,董事会对股东会负责,行使下列职权:召集股东会会议,并向股东会报告工作;选项 A 的说法正确。执行股东会的决议;选项 B 的说法正确。决定公司的经营计划和投资方案;选项 C 的说法正确。决定公司内部管理机构的设置;制定公司的基本管理制度;选项 D 的说法正确。

7.**【答案】**ACD

【解析】根据《公司法》第四十六条规定,董事会对股东会负责,行使下列职权:召集股东会会议,并向股东会报告工作;选项 A 的说法正确。决定公司的经营计划和投资方案;选项 C 的说法正确。决定公司内部管理机构的设置;制定公司的基本管理制度;选项 D 的说法正确。

根据《公司法》第三十七条规定,股东会行使下列职权:修改公司章程,选项 B 是股东会职权而非董事会职权。

8.**【答案】**ABD

【解析】根据《公司法》第十三条规定,公司法定代表人依照公司章程的规定,由董事长、执行董事或者经理担任,并依法登记。本题答案为选项 A、B、D。

9.**【答案】**ABC

【解析】根据《公司法》第二十七条规定,股东可以用货币出资,也可以用实物、知识产权、土地使用权等可以用货币估价并可以依法转让的非货币财产作价出资。本题答案为选项 A、B、C。

10.**【答案】**ABCD

【解析】根据《公司法》第三十七条规定,股东会行使下列职权审议批准董事会的报告;审议批准监事会或者监事的报告;选项 A 的说法正确。审议批准公司的年度财务预算方案、决算方案;审议批准公司的利润分配方案和弥补亏损方案;选项 B 的说法正确。对公司增加或者减少注册资本作出决议;选项 C 的说法正确。对公司合并、分立、解散、清算或者变更公司形式作出决议;选项 D 的说法正确。

11.**【答案】**ABCD

【解析】根据《公司法》第三十七条规定,股东大会行使下列职权:决定公司的经营方针和投资计划;选项 A 的说法正确。审议批准董事会的报告;审议批准监事会或者监事的报告;选项 B 的说法正确。审议批准公司的年度财务预算方案、决算方案;选项 C 的说法正确。审议批准公司的利润分配方案和弥补亏损方案;选项 D 的说法正确。

12.【答案】ABCD

【解析】根据《公司法》第三十七条规定,股东会行使下列职权:审议批准董事会的报告;审议批准监事会或者监事的报告;选项 A 的说法正确。审议批准公司的年度财务预算方案、决算方案;审议批准公司的利润分配方案和弥补亏损方案;选项 B 的说法正确。对公司增加或者减少注册资本作出决议;对发行公司债券作出决议;选项 C 的说法正确。对公司合并、分立、解散、清算或者变更公司形式作出决议;选项 D 的说法正确。

13.【答案】ABE

【解析】根据《公司法》第一百条规定,有下列情形之一的,公司在事实发生之日起两个月以内召开临时股东大会:(1)董事人数不足《公司法》规定人数或者公司章程所定人数的三分之二时;选项 A 的说法正确。(2)公司未弥补的亏损达实收股本总额三分之一时;选项 B 的说法正确。(3)单独或者合计持有公司百分之十以上股份的股东请求时;选项 C 的说法错误。(4)董事会认为必要时;选项 D 的说法错误。(5)监事会提议召开时;选项 E 的说法正确。

14.【答案】ABCD

【解析】根据《上市公司章程指引》第七十七条规定,下列事项由股东大会以特别决议通过:(1)公司增加或者减少注册资本;(2)公司的分立、合并、解散和清算;(3)公司章程的修改;(4)公司在一年内购买、出售重大资产或者担保金额超过公司最近一期经审计总资产 30% 的。所以选项 A、B、C、D 的说法均正确。

15.【答案】ABCD

【解析】根据《公司法》第一百四十六条规定,有下列情形之一的,不得担任公司的董事、监事、高级管理人员:(1)因贪污、贿赂、侵占财产、挪用财产或者破坏社会主义市场经济秩序,被判处刑罚,执行期满未逾五年,或者因犯罪被剥夺政治权利,执行期满未逾五年;选项 A 的说法正确。(2)担任破产清算的公司、企业的董事或者厂长、经理,对该公司、企业的破产负有个人责任的,自该公司、企业破产清算完结之日起未逾三年;选项 B 的说法正确。(3)担任因违法被吊销营业执照、责令关闭的公司、企业的法定代表人,并负有个人责任的,自该公司、企业被吊销营业执照之日起未逾三年;选项 C 的说法正确。(4)个人所负数额较大的债务到期未清偿。公司违反上述规定选举、委派董事、监事或者聘任高级管理人员的,该选举、委派或者聘任无效。选项 D 的说法正确。

16.【答案】BCD

【解析】根据《公司法》第四十六条规定,董事会行使下列职权:决定公司的经营计划和投资方案;选项 A 的说法错误。制订公司的利润分配方案和弥补亏损方案;选项 B 的说法正确。拟订公司重大收购、收购本公司股票或者合并、分立、解散及变更公司形式的方案;选项 D 的说法正确。管理公司信息披露事项;选项 C 的说法正确。

17.【答案】ABCDE

【解析】根据《公司法》第五十三条规定,监事会行使下列职权:检查公司财务;对董事、高级管理人员执行公司职务的行为进行监督,对违反法律、行政法规、公司章程或者股东大会决议的董事、高级管理人员提出罢免的建议;当董事、高级管理人员的行为损害公司的利益时,要求董事、高级管理人员予以纠正;提议召开临时股东大会,在董事会不履行《公司法》规定的召集和主持股东大会职责时召集和主持股东大会;向股东大会提出提案。综上,选项 A、B、C、D、E 的说法均正确。

18.【答案】ABCD

【解析】根据《上市公司治理准则》第二十一条、第二十二条第二十三条、第二十五条规定,董事应当保证有足够的时间和精力履行其应尽的职责。董事应当出席董事会会议,对所议事项发表明确意见。选项 A 的说法正确。董事应当遵守法律法规及公司章程有关规定,忠实、勤勉、谨慎履职,并履行其作出的承诺。选项 B 的说法正确。董事会的人数及人员构成应当符合法律法规的要求,专业结构合理。董事会成员应当具备履行职责所必需的知识、技能和素质。选项 C 的说法正确。董事应当对董事会的决议承担责任。董事会的决议违反法律法规或者公司章程、股东大会决议,致使上市公司遭受严重损失的,参与决议的董事对公司负赔偿责任。但经证明在表决时曾表明异议并记载于会议记录的,该董事可以免除责任。选项 D 的说法正确。

19.【答案】ABD

【解析】根据《公司法》第一百四十四条规定,监事会行使下列职权:检查公司财务;对董事、高级管理人员执行公司职务的行为进行监督,对违反法律、行政法规、本章程或者股东大会决议的董事、高级管理人员提出罢免的建议。选项

A、B、D的说法正确。

三、判断题

1.【答案】√

【解析】根据《公司法》第一百二十四条规定,上市公司董事与董事会会议决议事项所涉及的企业有关联关系的,不得对该项决议行使表决权,也不得代理其他董事行使表决权。该董事会会议由过半数的无关联关系董事出席即可举行,董事会会议所作决议须经无关联关系董事过半数通过。出席董事会的无关联关系董事人数不足三人的,应将该事项提交上市公司股东大会审议。

2.【答案】√

【解析】根据《公司法》第一百二十四条规定,上市公司董事与董事会会议决议事项所涉及的企业有关联关系的,不得对该项决议行使表决权,也不得代理其他董事行使表决权。

3.【答案】√

【解析】根据《公司法》第二百一十六条规定,实际控制人,是指虽不是公司的股东,但通过投资关系、协议或者其他安排,能够实际支配公司行为的人。

4.【答案】√

【解析】根据《公司法》第二百一十六条规定,高级管理人员,是指公司的经理、副经理、财务负责人,上市公司董事会秘书和公司章程规定的其他人员。其中,财务部经理、职工代表不属于高管,可以兼任监事。

5.【答案】×

【解析】根据《公司法》第三十七条、第四十六条规定,股东会决定公司的经营方针和投资计划;董事会对股东会负责,决定公司的经营计划和投资方案。

6.【答案】√

【解析】根据《公司法》第十三条规定,公司法定代表人依照公司章程的规定,由董事长、执行董事或者经理担任,并依法登记。

7.【答案】√

【解析】根据《公司法》第三十四条规定,股东按照实缴的出资比例分取红利;公司新增资本时,股东有权优先按照实缴的出资比例认缴出资。但是,全体股东约定不按照出资比例分取红利或者不按照出资比例优先认缴出资的除外。

8.【答案】√

【解析】根据《上市公司章程指引》第三十八条规定,持有公司5%以上有表决权股份的股东,将其持有的股份进行质押的,应当自该事实发生当日,向公司作出书面报告。

9.**【答案】** ×

【解析】根据《公司法》第九十八条规定,股份有限公司股东大会由全体股东组成。股东大会是公司的权力机构,依照本法行使职权。

10.**【答案】** ×

【解析】根据《公司法》第一百零二条规定,召开股东大会会议,应当将会议召开的时间、地点和审议的事项于会议召开二十日前通知各股东;临时股东大会应当于会议召开十五日前通知各股东。

11.**【答案】** √

【解析】根据《公司法》第一百零三条规定,股东出席股东大会会议,所持每一股份有一表决权。但是,公司持有的本公司股份没有表决权。

12.**【答案】** √

【解析】根据《公司法》第一百二十一条规定,上市公司在一年内购买、出售重大资产或者担保金额超过公司资产总额百分之三十的,应当由股东大会作出决议,并经出席会议的股东所持表决权的三分之二以上通过。

13.**【答案】** ×

【解析】根据《公司法》第一百四十六条规定,有下列情形之一的,不得担任公司的董事、监事、高级管理人员:担任破产清算的公司、企业的董事或者厂长、经理,对该公司、企业的破产负有个人责任的,自该公司、企业破产清算完结之日起未逾三年。

14.**【答案】** ×

【解析】根据《公司法》第一百零九条规定,董事会设董事长一人,可以设副董事长。董事长和副董事长由董事会以全体董事的过半数选举产生。

15.**【答案】** ×

【解析】根据《公司法》第一百一十一条规定,董事会会议应有过半数的董事出席方可举行。董事会作出决议,必须经全体董事的过半数通过。董事会决议的表决,实行一人一票。

16.**【答案】** ×

【解析】根据《公司法》第五十二条规定,监事的任期每届为三年,监事任期届满,连选可以连任。所以可以超过三年。

17.【答案】√

【解析】根据《公司法》第五十一条规定,股东人数较少或者规模较小的有限责任公司,可以设一至二名监事,不设监事会。监事一般由股东会选举产生。

18.【答案】√

【解析】根据《公司法》第五十一条规定,有限责任公司设监事会,其成员不得少于三人。

19.【答案】√

【解析】根据《公司法》第五十五条规定,有限责任公司监事会每年度至少召开一次会议,监事可以提议召开临时监事会会议。

20.【答案】×

【解析】根据《上市公司章程指引》第一百四十七条规定,监事会应当将所议事项的决定做成会议记录,出席会议的监事应当在会议记录上签名。

21.【答案】√

【解析】根据《上市公司章程指引》第一百五十九条规定,公司聘用会计师事务所必须由股东大会决定,董事会不得在股东大会决定前委任会计师事务所。

22.【答案】√

【解析】根据《公司法》第一百条规定,董事人数不足《公司法》规定人数或者《章程指引》所定人数的三分之二时。公司在事实发生之日起两个月以内召开临时股东大会。

23.【答案】√

【解析】根据《公司法》第一百四十八条规定,董事应当遵守法律、行政法规和公司章程,对公司负有忠实义务,不得违反公司章程的规定,未经股东大会或董事会同意,将公司资金借贷给他人或者以公司财产为他人提供担保。因此,在经股东大会或董事会同意后,董事可以将公司资金借贷给他人或者以公司财产为他人提供担保。

四、简答题

1.【答案】

(1)董事应保证有足够的时间和精力履行其应尽的职责;

(2) 董事应当以认真负责的态度出席董事会,对所议事项表达明确的意见;

(3) 董事严格遵守其公开作出的承诺;

(4) 董事应积极参加有关培训,掌握作为董事应具备的相关知识;

(5) 董事会决议违反法律、法规和公司章程的规定,致使公司遭受损失的,参与决议的董事对公司承担赔偿责任;

(6) 监事应当对全体股东负责,对公司财务以及公司董事和其他高级管理人员履行职责的合法合规性进行管理,维护公司及股东的合法权益;

(7) 高级管理人员对董事会负责。

2.【答案】

(1) 挪用公司资金;

(2) 将公司资金以其个人名义或者以其他个人名义开立账户存储;

(3) 违反公司章程的规定,未经股东会、股东大会或者董事会同意,将公司资金借贷给他人或者以公司财产为他人提供担保;

(4) 违反公司章程的规定或者未经股东会、股东大会同意,与本公司订立合同或者进行交易;

(5) 未经股东会或者股东大会同意,利用职务便利为自己或者他人谋取属于公司的商业机会,自营或者为他人经营与所任职公司同类的业务;

(6) 接受他人与公司交易的佣金归为己有;

(7) 擅自披露公司秘密;

(8) 违反对公司忠实义务的其他行为。

3.【答案】

(1) 董事会职权。《公司法》第四十六条规定,董事会对股东会负责,行使下列职权:

① 召集股东会会议,并向股东会报告工作;

② 执行股东会的决议;

③ 决定公司的经营计划和投资方案;

④ 制订公司的年度财务预算方案、决算方案;

⑤ 制订公司的利润分配方案和弥补亏损方案;

⑥ 制订公司增加或者减少注册资本以及发行公司债券的方案;

⑦ 制订公司合并、分立、解散或者变更公司形式的方案;

⑧ 决定公司内部管理机构的设置；

⑨ 决定聘任或者解聘公司经理及其报酬事项，并根据经理的提名决定聘任或者解聘公司副经理、财务负责人及其报酬事项；

⑩ 制定公司的基本管理制度；

⑪ 公司章程规定的其他职权。

(2) 监事会职权。《公司法》第五十三条规定，监事会、不设监事会的公司的监事行使下列职权：

① 检查公司财务；

② 对董事、高级管理人员执行公司职务的行为进行监督，对违反法律、行政法规、公司章程或者股东会决议的董事、高级管理人员提出罢免的建议；

③ 当董事、高级管理人员的行为损害公司的利益时，要求董事、高级管理人员予以纠正；

④ 提议召开临时股东会会议，在董事会不履行本法规定的召集和主持股东会会议职责时召集和主持股东会会议；

⑤ 向股东会会议提出提案；

⑥ 依照本法第一百五十一条的规定，对董事、高级管理人员提起诉讼；

⑦ 公司章程规定的其他职权。

(3) 高级管理人员职权。《公司法》第四十九条规定，经理对董事会负责，行使下列职权：

① 主持公司的生产经营管理工作，组织实施董事会决议；

② 组织实施公司年度经营计划和投资方案；

③ 拟订公司内部管理机构设置方案；

④ 拟订公司的基本管理制度；

⑤ 制定公司的具体规章；

⑥ 提请聘任或者解聘公司副经理、财务负责人；

⑦ 决定聘任或者解聘除应由董事会决定聘任或者解聘以外的负责管理人员；

⑧ 董事会授予的其他职权。

公司章程对经理职权另有规定的，从其规定。经理列席董事会会议。

第二章 证券发行与上市

本章涉及的主要法律法规
1. 《中华人民共和国证券法》(2019年修订)
2. 《上市公司信息披露管理办法》(2021年修订)(中国证券监督管理委员会令第182号)

第一节 《证券法》总则

一、《证券法》概述

(一) 立法宗旨

为了规范证券发行和交易行为,保护投资者的合法权益,维护社会经济秩序和社会公共利益,促进社会主义市场经济的发展,制定《证券法》。

典型例题:

【单选题】《证券法》以证券市场各类参与主体为调整对象,其核心旨在(　　)。

A. 保护投资者的合法权益,维护社会经济秩序和社会公共利益

B. 扩大市场规模,为国民经济和国有企业改革服务

C. 打击各种金融犯罪,保证国有资产和公共财产不受损害

D. 为证券市场融资功能和资源配置功能的发挥提供法律保障

【答案】A

【解析】根据《证券法》第一条规定,为了规范证券发行和交易行为,保护投资者的合法权益,维护社会经济秩序和社会公共利益,促进社会主义市场经济的发展,制定《证券法》。选项A正确。

【判断题】《证券法》的制定,是为了规范证券发行和交易行为,实现上市公司股东利益,维护社会经济秩序和社会公共利益,实现国有资产保值增值,促进社会主义市场经济的发展。

【答案】×

【解析】根据《证券法》第一条规定,为了规范证券发行和交易行为,保护投资者的合法权益,维护社会经济秩序和社会公共利益,促进社会主义市场经济的发展,制定《证券法》。

(二) 适用范围

在中华人民共和国境内,股票、公司债券、存托凭证和国务院依法认定的其他证券的发行和交易,适用《证券法》;《证券法》未规定的,适用《公司法》和其他法律、行政法规的规定。

政府债券、证券投资基金份额的上市交易,适用《证券法》;其他法律、行政法规另有规定的,适用其规定。资产支持证券、资产管理产品发行、交易的管理办法,由国务院依照《证券法》的原则规定。

在中华人民共和国境外的证券发行和交易活动,扰乱中华人民共和国境内市场秩序,损害境内投资者合法权益的,依照《证券法》有关规定处理并追究法律责任。

典型例题:

【单选题】《证券法》第二条规定了适用《证券法》的证券范围,下列"证券"中,其发行与交易应由国务院另行规定的是( )。

A. 政府债券　　　　　　　　B. 证券投资基金份额
C. 资产支持证券　　　　　　D. 存托凭证

【答案】C

【解析】根据《证券法》第二条规定,资产支持证券、资产管理产品发行、交易的管理办法,由国务院依照《证券法》的原则规定。本题答案为选项C。

【判断题】在中华人民共和国境外的证券发行和交易活动,我国《证券法》无权管辖。

【答案】×

【解析】根据《证券法》第二条规定,在中华人民共和国境外的证券发行和交易活动,扰乱中华人民共和国境内市场秩序,损害境内投资者合法权益的,依照《证券法》有关规定处理并追究法律责任。

二、证券发行交易的原则

1. 证券的发行、交易活动,必须遵循公开、公平、公正的原则。

2. 证券发行、交易活动的当事人具有平等的法律地位,应当遵守自愿、有偿、诚实信用的原则。

3. 证券的发行、交易活动,必须遵守法律、行政法规;禁止欺诈、内幕交易和操纵证券市场的行为。

典型例题:

【单选题】证券发行和交易的原则不包括(   )。

A. 公开　　　　B. 公平　　　　C. 公正　　　　D. 互利

【答案】D

【解析】根据《证券法》第三条规定,证券的发行、交易活动,必须遵循公开、公平、公正的原则。本题答案为选项 D。

【单选题】下列不属于《证券法》禁止的证券交易的是(   )。

A. 大宗交易　　B. 内幕交易　　C. 操纵市场　　D. 欺诈发行

【答案】A

【解析】根据《证券法》第五条规定,证券的发行、交易活动,必须遵守法律、行政法规;禁止欺诈、内幕交易和操纵证券市场的行为。其中不包括大宗交易。本题答案为选项 A。

【判断题】证券发行、交易活动的当事人具有不同的法律地位,应当遵守自愿、有偿、诚实信用的原则。

【答案】×

【解析】根据《证券法》第四条规定,证券发行、交易活动的当事人具有平等的法律地位,应当遵守自愿、有偿、诚实信用的原则。

第二节 证券发行

一、证券发行的定义

证券发行是指证券发行人以筹集资金为目的,在证券发行市场依法向投资者以同一条件出售证券的行为。

按照证券发行的方式,证券发行可以分为公开发行和非公开发行。

二、公开发行证券

(一) 公开发行证券情形

1. 公开发行证券,必须符合法律、行政法规规定的条件,并依法报经国务院证券监督管理机构或者国务院授权的部门注册。未经依法注册,任何单位和个人不得公开发行证券。证券发行注册制的具体范围、实施步骤,由国务院规定。

2. 有下列情形之一的,为公开发行:

(1) 向不特定对象发行证券;

(2) 向特定对象发行证券累计超过二百人,但依法实施员工持股计划的员工人数不计算在内;

(3) 法律、行政法规规定的其他发行行为。

典型例题:

【单选题】依照《证券法》,以下对证券公开发行的叙述中,说法错误的是(   )。

A. 向累计超过二百人的特定对象发行证券,属于公开发行

B. 发行人非公开发行证券的,应当由证券公司承销

C. 未经依法核准,任何单位和个人不得公开发行证券

D. 向不特定对象发行证券,属于公开发行

【答案】B

【解析】根据《证券法》第二十六条规定,发行人向不特定对象发行的证券,法律、行政法规规定应当由证券公司承销的,发行人应当同证券公司签订承销协议。

向特定对象发行证券,可以不采用承销的方式,另外,向累计超过二百人的特定对象发行证券的,虽然属于公开发行,发行人也可以直接发行,不用采用承销的方式。如《上市公司证券发行管理办法》第四十九条规定:上市公司发行证券,应当由证券公司承销;非公开发行股票,发行对象均属于原前十名股东的,可以由上市公司自行销售。本题答案为选项 B。

【多选题】公开发行证券,必须依法报经国务院证券监督管理机构或者国务院授权的部门注册,未经依法注册,任何单位和个人不得公开发行证券。这里的公开发行是指( )。

A. 面向社会公众发行证券

B. 向某保险公司发行证券,引入其作为战略投资者

C. 向某基金管理公司发行证券,引入其作为战略投资者

D. 面向 300 家指定机构投资者发行证券

E. 赠送股权给公司管理层作为激励

【答案】AD

【解析】根据《证券法》第九条规定,有下列情形之一的,为公开发行:(1)向不特定对象发行证券;(2)向特定对象发行证券累计超过二百人,但依法实施员工持股计划的员工人数不计算在内;(3)法律、行政法规规定的其他发行行为。社会公众属于不特定对象,面向 300 家指定机构投资者属于累计超过二百人的特定对象。本题答案为选项 A、D。

(二) 股票公开发行

首次公开发行新股应符合的条件:

1. 具备健全且运行良好的组织机构;

2. 具有持续经营能力;

3. 最近三年财务会计报告被出具无保留意见审计报告;

4. 发行人及其控股股东、实际控制人最近三年不存在贪污、贿赂、侵占财产、挪用财产或者破坏社会主义市场经济秩序的刑事犯罪;

5. 经国务院批准的国务院证券监督管理机构规定的其他条件。

典型例题:

【单选题】下列关于公司公开发行新股的条件的说法中,错误的是( )。

A. 具备健全且运行良好的组织机构

B. 具有持续经营能力

C. 最近三年财务会计报告被出具无保留意见审计报告

D. 发行人及其控股股东、实际控制人最近两年不存在贪污、贿赂、侵占财产、挪用财产或者破坏社会主义市场经济秩序的刑事犯罪

【答案】D

【解析】根据《证券法》第十二条规定,发行人及其控股股东、实际控制人最近三年不存在贪污、贿赂、侵占财产、挪用财产或者破坏社会主义市场经济秩序的刑事犯罪。本题答案为选项D。

【多选题】公司公开发行新股,应当符合(   )。

A. 具备健全且运行良好的组织机构

B. 具有持续经营能力

C. 最近三年财务会计报告被出具无保留意见审计报告

D. 经国务院批准的国务院证券监督管理机构规定的其他条件

【答案】ABCD

【解析】根据《证券法》第十二条规定,公司首次公开发行新股,应当符合下列条件:(1)具备健全且运行良好的组织机构;(2)具有持续经营能力;(3)最近三年财务会计报告被出具无保留意见审计报告;(4)发行人及其控股股东、实际控制人最近三年不存在贪污、贿赂、侵占财产、挪用财产或者破坏社会主义市场经济秩序的刑事犯罪;(5)经国务院批准的国务院证券监督管理机构规定的其他条件。本题答案为选项A、B、C、D。

【判断题】首次公开发行新股,发行人及其控股股东、实际控制人存在最近三年侵占财产、挪用财产或者破坏社会主义市场经济秩序的刑事犯罪的,不允许其发行。

【答案】√

【解析】根据《证券法》第十二条规定,首次公开发行新股应符合的条件之一:发行人及其控股股东、实际控制人最近三年不存在贪污、贿赂、侵占财产、挪用财产或者破坏社会主义市场经济秩序的刑事犯罪。

(三) 债券公开发行

1. 公开发行债券的条件。

公开发行公司债券,应当符合下列条件:

(1) 具备健全且运行良好的组织机构；

(2) 最近三年平均可分配利润足以支付公司债券一年的利息；

(3) 国务院规定的其他条件。

典型例题：

【多选题】公开发行公司债券，应当符合(　　)。

A. 具备健全且运行良好的组织机构

B. 最近三年平均可分配利润足以支付公司债券一年的利息

C. 国务院规定的其他条件

D. 具有持续经营能力

【答案】ABC

【解析】根据《证券法》第十五条规定，公开发行公司债券，应当符合下列条件：(1) 具备健全且运行良好的组织机构；(2) 最近三年平均可分配利润足以支付公司债券一年的利息；(3) 国务院规定的其他条件。本题答案为选项A、B、C。

2. 不得再次公开发行债券的情形。

有下列情形之一的，不得再次公开发行公司债券：

(1) 对已公开发行的公司债券或者其他债务有违约或者延迟支付本息的事实，仍处于继续状态；

(2) 违反《证券法》规定，改变公开发行公司债券所募资金的用途。

典型例题：

【多选题】根据《证券法》规定，有下列情形之一的，不得再次公开发行公司债券(　　)。

A. 已公开发行的公司债券或者其他债务有违约，但已解决

B. 存在债券延迟支付本息的事实，仍处于继续状态

C. 违反法律规定改变公开发行公司债券所募资金的用途

D. 发行人最近一年利润为负

【答案】BC

【解析】根据《证券法》第十七条规定，有下列情形之一的，不得再次公开发行公司债券：(1) 对已公开发行的公司债券或者其他债务有违约或者延迟支付本息的事实，仍处于继续状态；(2) 违反《证券法》规定，改变公开发行公司债券所募资金的用途。本题答案为选项B、C。

(四) 聘请证券公司担任保荐人的情形

发行人申请公开发行股票、可转换为股票的公司债券,依法采取承销方式的,或者公开发行法律、行政法规规定实行保荐制度的其他证券的,应当聘请证券公司担任保荐人。

典型例题:

【判断题】发行人申请公开发行股票、可转换为股票的公司债券,依法采取承销方式的,应当聘请具有保荐资格的机构担任保荐人。

【答案】√

【解析】根据《证券法》第十条规定,发行人申请公开发行股票、可转换为股票的公司债券,依法采取承销方式的,应当聘请具有保荐资格的机构担任保荐人。

三、证券发行注册

1. 国务院证券监督管理机构或者国务院授权的部门应当自受理证券发行申请文件之日起三个月内,依照法定条件和法定程序作出予以注册或者不予注册的决定,发行人根据要求补充、修改发行申请文件的时间不计算在内。不予注册的,应当说明理由。

典型例题:

【单选题】国务院证券监督管理机构或者国务院授权的部门应当自受理证券发行申请文件之日起(　　)作出决定,不予核准或者审批的,应当作出说明。

A. 一周内　　　　　　　　B. 六十个工作日内
C. 三个月内　　　　　　　D. 半年内

【答案】C

【解析】根据《证券法》第二十二条规定,国务院证券监督管理机构或者国务院授权的部门应当自受理证券发行申请文件之日起三个月内,依照法定条件和法定程序作出予以注册或者不予注册的决定,发行人根据要求补充、修改发行申请文件的时间不计算在内。不予注册的,应当说明理由。本题答案为选项C。

【判断题】国务院证券监督管理机构或者国务院授权的部门应当自受理证券发行申请文件之日起六个月内,依照法定条件和法定程序作出予以核准或者不予核准的决定。

【答案】×

【解析】根据《证券法》第二十二条规定,国务院证券监督管理机构或者国务院授权的部门应当自受理证券发行申请文件之日起三个月内,依照法定条件和法定程序作出予以注册或者不予注册的决定,发行人根据要求补充、修改发行申请文件的时间不计算在内。不予注册的,应当说明理由。

2. 证券发行申请经注册后,发行人应当依照法律、行政法规的规定,在证券公开发行前公告公开发行募集文件,并将该文件置备于指定场所供公众查阅。发行证券的信息依法公开前,任何知情人不得公开或者泄露该信息。发行人不得在公告公开发行募集文件前发行证券。

3. 国务院证券监督管理机构或者国务院授权的部门对已作出的证券发行注册的决定,发现不符合法定条件或者法定程序,尚未发行证券的,应当予以撤销,停止发行。

已经发行尚未上市的,撤销发行注册决定,发行人应当按照发行价并加算银行同期存款利息返还证券持有人;发行人的控股股东、实际控制人以及保荐人,应当与发行人承担连带责任,但是能够证明自己没有过错的除外。

股票的发行人在招股说明书等证券发行文件中隐瞒重要事实或者编造重大虚假内容,已经发行并上市的,国务院证券监督管理机构可以责令发行人回购证券,或者责令负有责任的控股股东、实际控制人买回证券。

典型例题:

【单选题】以下说法错误的是(　　)。

A. 对已作出的证券发行注册的决定,发现不符合法定条件或者法定程序,尚未发行证券的,应当予以撤销,停止发行

B. 对已作出的证券发行注册的决定,发现不符合法定条件或者法定程序,已经发行尚未上市的,应当撤销发行注册决定

C. 对已作出的证券发行注册的决定,发现不符合法定条件或者法定程序,已经发行尚未上市的,发行人应当按照发行价并加算银行同期存款利息返还证券持有人

D. 股票的发行人在招股说明书等证券发行文件中隐瞒重要事实或者编造重大虚假内容,已经发行并上市的,国务院证券监督管理机构可以责令发行人回

购证券,但不得责令控股股东、实际控制人买回证券

【答案】D

【解析】根据《证券法》第二十四条规定,股票的发行人在招股说明书等证券发行文件中隐瞒重要事实或者编造重大虚假内容,已经发行并上市的,国务院证券监督管理机构可以责令发行人回购证券,或者责令负有责任的控股股东、实际控制人买回证券。本题答案为选项D。

【判断题】国务院证券监督管理机构或者国务院授权的部门对已作出的证券发行注册的决定,发现不符合法定条件或者法定程序,尚未发行证券的,应当予以撤销,停止发行。

【答案】√

【解析】根据《证券法》第二十四条规定,国务院证券监督管理机构或者国务院授权的部门对已作出的证券发行注册的决定,发现不符合法定条件或者法定程序,尚未发行证券的,应当予以撤销,停止发行。

4. 发行人向不特定对象发行的证券,法律、行政法规规定应当由证券公司承销的,发行人应当同证券公司签订承销协议。证券承销业务采取代销或者包销方式。

证券代销是指证券公司代发行人发售证券,在承销期结束时,将未售出的证券全部退还给发行人的承销方式。

证券包销是指证券公司将发行人的证券按照协议全部购入或者在承销期结束时将售后剩余证券全部自行购入的承销方式。

典型例题:

【单选题】证券公司将发行人的证券按照协议全部购入或者在承销期结束时将售后剩余证券全部自行购入的承销方式被称为( )。

  A. 证券经销　　　　　　　　B. 证券销售
  C. 证券代销　　　　　　　　D. 证券包销

【答案】D

【解析】根据《证券法》第二十六条规定,证券包销是指证券公司将发行人的证券按照协议全部购入或者在承销期结束时将售后剩余证券全部自行购入的承销方式。本题答案为选项D。

第三节 证券交易

一、证券交易的一般规定

上市公司、股票在国务院批准的其他全国性证券交易场所交易的公司持有百分之五以上股份的股东、董事、监事、高级管理人员,将其持有的该公司的股票或者其他具有股权性质的证券在买入后六个月内卖出,或者在卖出后六个月内又买入,由此所得收益归该公司所有,公司董事会应当收回其所得收益。但是,证券公司因购入包销售后剩余股票而持有百分之五以上股份,以及有国务院证券监督管理机构规定的其他情形的除外。

上述所称董事、监事、高级管理人员、自然人股东持有的股票或者其他具有股权性质的证券,包括其配偶、父母、子女持有的及利用他人账户持有的股票或者其他具有股权性质的证券。

公司董事会不按照上述规定执行的,股东有权要求董事会在三十日内执行。公司董事会未在上述期限内执行的,股东有权为了公司的利益以自己的名义直接向人民法院提起诉讼。

公司董事会不按照上述规定执行的,负有责任的董事依法承担连带责任。

典型例题:

【单选题】上市公司、上市公司持有百分之五以上股份的股东、董事、监事、高级管理人员,将其持有的该公司的股票在买入后( )个月内卖出,或者在卖出后( )个月内又买入,由此所得收益归该公司所有,公司董事会应当收回其所得收益。

A. 3;3   B. 3;6   C. 6;3   D. 6;6

【答案】D

【解析】根据《证券法》第四十四条规定,上市公司、股票在国务院批准的其他全国性证券交易场所交易的公司持有百分之五以上股份的股东、董事、监事、高级管理人员,将其持有的该公司的股票或者其他具有股权性质的证券在买入后六个月内卖出,或者在卖出后六个月内又买入,由此所得收益归该公司所有,公司董事会应当收回其所得收益。本题答案为选项D。

【单选题】上市公司、股票在国务院批准的其他全国性证券交易场所交易的公司持有百分之五以上股份的股东、董事、监事、高级管理人员,将其持有的该公司的股票或者其他具有股权性质的证券在买入后六个月内卖出,或者在卖出后六个月内又买入,由此所得收益归该公司所有,公司应当收回其所得收益。公司董事会不按照上述规定执行的,股东有权要求董事会在(　　)日内执行。

A. 十五　　　　B. 二十　　　　C. 三十　　　　D. 四十

【答案】C

【解析】根据《证券法》第四十四条规定,上市公司、股票在国务院批准的其他全国性证券交易场所交易的公司持有百分之五以上股份的股东、董事、监事、高级管理人员,将其持有的该公司的股票或者其他具有股权性质的证券在买入后六个月内卖出,或者在卖出后六个月内又买入,由此所得收益归该公司所有,公司董事会应当收回其所得收益。公司董事会不按照上述规定执行的,股东有权要求董事会在三十日内执行。本题答案为选项C。

【单选题】上市公司、股票在国务院批准的其他全国性证券交易场所交易的公司持有百分之五以上股份的股东、董事、监事、高级管理人员,将其持有的该公司的股票或者其他具有股权性质的证券在买入后六个月内卖出,或者在卖出后六个月内又买入,由此所得收益归该公司所有,公司董事会应当收回其所得收益。如果公司董事会未在上述期限内执行的,股东可采取的措施是(　　)。

A. 股东必须先向证券交易所报告

B. 股东必须先提起仲裁

C. 股东有权为了公司的利益以自己的名义直接向人民法院提起诉讼

D. 要求监事会收回其所得收益

【答案】C

【解析】根据《证券法》第四十四条规定,上市公司、股票在国务院批准的其他全国性证券交易场所交易的公司持有百分之五以上股份的股东、董事、监事、高级管理人员,将其持有的该公司的股票或者其他具有股权性质的证券在买入后六个月内卖出,或者在卖出后六个月内又买入,由此所得收益归该公司所有,公司董事会应当收回其所得收益。公司董事会未在上述期限内执行的,股东有权为了公司的利益以自己的名义直接向人民法院提起诉讼。本题答案为选项C。

二、证券上市

1. 申请证券上市交易,应当向证券交易所提出申请,由证券交易所依法审核同意,并由双方签订上市协议。

典型例题:

【单选题】申请证券上市交易,应当向(　　)提出申请,由其依法审核同意,并由双方签订上市协议。

A. 国务院证券监督管理机构　　B. 证券交易所
C. 国务院授权的部门　　　　　D. 省级人民政府

【答案】B

【解析】根据《证券法》第四十六条规定,申请证券上市交易,应当向证券交易所提出申请,由证券交易所依法审核同意,并由双方签订上市协议。本题答案为选项 B。

【判断题】申请证券上市交易,应当向证券交易所提出申请,由证券交易所依法审核同意,并由双方签订上市协议。

【答案】√

【解析】根据《证券法》第四十六条规定,申请证券上市交易,应当向证券交易所提出申请,由证券交易所依法审核同意,并由双方签订上市协议。

2. 申请证券上市交易,应当符合证券交易所上市规则规定的上市条件。证券交易所上市规则规定的上市条件,应当对发行人的经营年限、财务状况、最低公开发行比例和公司治理、诚信记录等提出要求。

典型例题:

【多选题】证券交易所上市规则规定的上市条件,对发行人的(　　)等提出要求。

A. 经营年限　　　　　　　　B. 财务状况
C. 最低公开发行比例　　　　D. 诚信记录

【答案】ABCD

【解析】根据《证券法》第四十七条规定,证券交易所上市规则规定的上市条件,应当对发行人的经营年限、财务状况、最低公开发行比例和公司治理、诚信记录等提出要求。本题答案为选项 A、B、C、D。

三、禁止的交易行为

(一) 内幕信息

1. 内幕信息的定义：

证券交易活动中，涉及发行人的经营、财务或者对该发行人证券的市场价格有重大影响的尚未公开的信息，为内幕信息。

在内幕信息依法披露前，内幕信息的知情人和非法获取内幕信息的人不得公开或者泄露该信息，不得利用该信息进行内幕交易。

典型例题：

【单选题】证券交易活动中，涉及（　　）的经营、财务或者对该（　　）证券的市场价格有重大影响的尚未公开的信息，为内幕信息。

A. 控股股东　　　B. 实际控制人　　　C. 发行人　　　D. 关联人

【答案】C

【解析】根据《证券法》第五十二条规定，证券交易活动中，涉及发行人的经营、财务或者对该发行人证券的市场价格有重大影响的尚未公开的信息，为内幕信息。本题答案为选项C。

【判断题】内幕信息是指证券交易活动中，涉及发行人的经营、财务或者对该发行人证券的市场价格有重大影响的尚未公开的信息。

【答案】√

【解析】根据《证券法》第五十二条规定，内幕信息是指证券交易活动中，涉及发行人的经营、财务或者对该发行人证券的市场价格有重大影响的尚未公开的信息。

【判断题】在内幕信息依法披露前，任何知情人不得公开或者泄露该信息，不得利用该信息进行内幕交易。

【答案】√

【解析】根据《上市公司内幕信息披露管理办法》第三条规定，在内幕信息依法披露前，内幕信息的知情人和非法获取内幕信息的人不得公开或者泄露该信息，不得利用该信息进行内幕交易。

2. 属于内幕信息的重大事件：

发生可能对上市公司、股票在国务院批准的其他全国性证券交易场所交易的公司的股票交易价格产生较大影响的重大事件，投资者尚未得知时，公司应当立即将有关该重大事件的情况向国务院证券监督管理机构和证券交易场所报送临时报告,并予公告,说明事件的起因、目前的状态和可能产生的法律后果。

发生可能对上市交易公司债券的交易价格产生较大影响的重大事件,投资者尚未得知时,公司应当立即将有关该重大事件的情况向国务院证券监督管理机构和证券交易场所报送临时报告,并予公告,说明事件的起因、目前的状态和可能产生的法律后果。

（1）可能对上市公司、股票在国务院批准的其他全国性证券交易场所交易的公司的股票交易价格产生较大影响的重大事件：

① 公司的经营方针和经营范围的重大变化；

② 公司的重大投资行为,公司在一年内购买、出售重大资产超过公司资产总额百分之三十,或者公司营业用主要资产的抵押、质押、出售或者报废一次超过该资产的百分之三十；

③ 公司订立重要合同、提供重大担保或者从事关联交易,可能对公司的资产、负债、权益和经营成果产生重要影响；

④ 公司发生重大债务和未能清偿到期重大债务的违约情况；

⑤ 公司发生重大亏损或者重大损失；

⑥ 公司生产经营的外部条件发生的重大变化；

⑦ 公司的董事、三分之一以上监事或者经理发生变动,董事长或者经理无法履行职责；

⑧ 持有公司百分之五以上股份的股东或者实际控制人持有股份或者控制公司的情况发生较大变化,公司的实际控制人及其控制的其他企业从事与公司相同或者相似业务的情况发生较大变化；

⑨ 公司分配股利、增资的计划,公司股权结构的重要变化,公司减资、合并、分立、解散及申请破产的决定,或者依法进入破产程序、被责令关闭；

⑩ 涉及公司的重大诉讼、仲裁,股东大会、董事会决议被依法撤销或者宣告无效；

⑪ 公司涉嫌犯罪被依法立案调查,公司的控股股东、实际控制人、董事、监事、高级管理人员涉嫌犯罪被依法采取强制措施；

⑫ 国务院证券监督管理机构规定的其他事项。

典型例题：

【单选题】根据《证券法》,发生可能对上市公司股票交易价格产生较大影响的重大事件,投资者尚未得知时,上市公司应当立即将有关该重大事件的情况向国务院证券监督管理机构和证券交易所报送临时报告,并予公告,说明事件的起因、目前的状态和可能产生的法律后果。关于上述所称重大事件,下列说法不正确的是(　　)。

A. 公司发生重大亏损或者重大损失

B. 公司发生重大债务和未能清偿到期重大债务的违约情况

C. 公司的经营方针和经营范围的重大变化

D. 持有公司百分之三的股份的股东或者实际控制人,其持有股份或者控制公司的情况发生较大变化

【答案】D

【解析】根据《证券法》第八十条规定,持有公司百分之五以上股份的股东或者实际控制人持有股份或者控制公司的情况发生较大变化为重大事件之一。本题答案为选项D。

【多选题】依照《证券法》,下列属于上市公司临时报告中应披露的"重大事件"的是(　　)。

A. 公司的经营方针和经营范围的重大变化

B. 公司发生重大亏损或者重大损失

C. 公司四分之一以上的董事、监事或者经理发生变动

D. 持有公司百分之三以上股份的股东或者实际控制人,其持有股份或者控制公司的情况发生较大变化

【答案】AB

【解析】根据《证券法》第八十条规定,重大事件包括:(1)公司的经营方针和经营范围的重大变化,选项A的说法正确;(2)公司发生重大亏损或者重大损失,选项B的说法正确;(3)公司的董事、三分之一以上监事或者经理发生变动,董事长或者经理无法履行职责,选项C的说法错误;(4)持有公司百分之五以上股份的股东或者实际控制人,持有股份或者控制公司的情况发生较大变化等,选项D的说法错误。综上,本题答案为选项A、B。

(2) 可能对上市交易公司债券的交易价格产生较大影响的重大事件:

① 公司股权结构或者生产经营状况发生重大变化;

② 公司债券信用评级发生变化;

③ 公司重大资产抵押、质押、出售、转让、报废;

④ 公司发生未能清偿到期债务的情况；

⑤ 公司新增借款或者对外提供担保超过上年末净资产的百分之二十；

⑥ 公司放弃债权或者财产超过上年末净资产的百分之十；

⑦ 公司发生超过上年末净资产百分之十的重大损失；

⑧ 公司分配股利，作出减资、合并、分立、解散及申请破产的决定，或者依法进入破产程序、被责令关闭；

⑨ 涉及公司的重大诉讼、仲裁；

⑩ 公司涉嫌犯罪被依法立案调查，公司的控股股东、实际控制人、董事、监事、高级管理人员涉嫌犯罪被依法采取强制措施；

⑪ 国务院证券监督管理机构规定的其他事项。

3. 内幕信息知情人。

证券交易内幕信息的知情人包括：

（1）发行人及其董事、监事、高级管理人员；

（2）持有公司百分之五以上股份的股东及其董事、监事、高级管理人员，公司的实际控制人及其董事、监事、高级管理人员；

（3）发行人控股或者实际控制的公司及其董事、监事、高级管理人员；

（4）由于所任公司职务或者因与公司业务往来可以获取公司有关内幕信息的人员；

（5）上市公司收购人或者重大资产交易方及其控股股东、实际控制人、董事、监事和高级管理人员；

（6）因职务、工作可以获取内幕信息的证券交易场所、证券公司、证券登记结算机构、证券服务机构的有关人员；

（7）因职责、工作可以获取内幕信息的证券监督管理机构工作人员；

（8）因法定职责对证券的发行、交易或者对上市公司及其收购、重大资产交易进行管理可以获取内幕信息的有关主管部门、监管机构的工作人员；

（9）国务院证券监督管理机构规定的可以获取内幕信息的其他人员。

典型例题：

【单选题】 证券交易内幕信息的知情人不包括（　　）。

A. 发行人的董事、监事、高级管理人员

B. 持有公司百分之三股份的股东及其董事、监事、高级管理人员

C. 公司的实际控制人及其董事、监事、高级管理人员

D. 发行人控股的公司及其董事、监事、高级管理人员

【答案】B

【解析】根据《证券法》第五十一条规定，持有公司百分之五以上股份的股东及其董事、监事、高级管理人员，公司的实际控制人及其董事、监事、高级管理人员属于内幕信息的知情人。本题答案为选项B。

【多选题】根据证券法律制度的规定，下列各项中，属于证券交易内幕信息知情人的有（　　）。

A. 负责发行人重大资产重组方案文印工作的秘书甲

B. 中国证监会负责审核发行人重大资产重组方案的官员乙

C. 为发行人重大资产重组进行审计的注册会计师丙

D. 通过公开发行报刊知悉发行人重大资产重组方案的律师丁

【答案】ABC

【解析】根据《证券法》第五十一条规定，甲属于由于所任公司职务或者因与公司业务往来可以获取公司有关内幕信息的人员，乙属于因法定职责对证券的发行、交易或者对上市公司及其收购、重大资产交易进行管理可以获取内幕信息的有关主管部门、监管机构的工作人员，丙属于因职务、工作可以获取内幕信息的证券交易场所、证券公司、证券登记结算机构、证券服务机构的有关人员，故甲、乙、丙属于内幕信息知情人。公开发行报刊上面的信息属于公开信息，因此丁不属于内幕信息的知情人。综上，本题答案为选项A、B、C。

（二）内幕交易行为

1. 禁止证券交易内幕信息的知情人和非法获取内幕信息的人利用内幕信息从事证券交易活动。

2. 证券交易内幕信息的知情人和非法获取内幕信息的人，在内幕信息公开前，不得买卖该公司的证券，或者泄露该信息，或者建议他人买卖该证券。

3. 内幕交易行为给投资者造成损失的，应当依法承担赔偿责任。

4. 禁止证券交易场所、证券公司、证券登记结算机构、证券服务机构和其他金融机构的从业人员、有关监管部门或者行业协会的工作人员，利用因职务便利获取的内幕信息以外的其他未公开的信息，违反规定，从事与该信息相关的证券交易活动，或者明示、暗示他人从事相关交易活动。利用未公开信息进行交易给

投资者造成损失的,应当依法承担赔偿责任。

5. 任何单位和个人不得非法获取、提供、传播上市公司的内幕信息,不得利用所获取的内幕信息买卖或者建议他人买卖公司证券及其衍生品种,不得在投资价值分析报告、研究报告等文件中使用内幕信息。

6. 媒体应当客观、真实地报道涉及上市公司的情况,发挥舆论监督作用。

典型例题:

【单选题】任何机构和个人不得非法获取、提供、传播上市公司的内幕信息,不得利用所获取的内幕信息买卖或者建议他人买卖公司证券及其衍生品种,(　　)在投资价值分析报告、研究报告等文件中使用内幕信息。

A. 可以　　　　B. 不得　　　　C. 部分　　　　D. 按领导要求

【答案】B

【解析】根据《上市公司信息披露管理办法》第四十八条规定,任何单位和个人不得非法获取、提供、传播上市公司的内幕信息,不得利用所获取的内幕信息买卖或者建议他人买卖公司证券及其衍生品种,不得在投资价值分析报告、研究报告等文件中使用内幕信息。本题答案为选项B。

【单选题】证券交易内幕信息的知情人和非法获取内幕信息的人,在内幕信息公开前,(　　)该公司的证券。

A. 不可以内部买卖　　　　B. 可以公开买卖

C. 不得买卖　　　　D. 可以买卖也可以不买卖

【答案】C

【解析】根据《证券法》第五十三条规定,证券交易内幕信息的知情人和非法获取内幕信息的人,在内幕信息公开前,不得买卖该公司的证券。本题答案为选项C。

(三) 操纵证券市场行为

1. 禁止任何人以下列手段操纵证券市场,影响或者意图影响证券交易价格或者证券交易量:

(1) 单独或者通过合谋,集中资金优势、持股优势或者利用信息优势联合或者连续买卖;

(2) 与他人串通,以事先约定的时间、价格和方式相互进行证券交易;

(3) 在自己实际控制的账户之间进行证券交易;

(4) 不以成交为目的,频繁或者大量申报并撤销申报;

(5) 利用虚假或者不确定的重大信息,诱导投资者进行证券交易;

(6) 对证券、发行人公开作出评价、预测或者投资建议,并进行反向证券交易;

(7) 利用在其他相关市场的活动操纵证券市场;

(8) 操纵证券市场的其他手段。

违反上述规定,操纵证券市场的,责令依法处理其非法持有的证券,没收违法所得,并处以违法所得一倍以上十倍以下的罚款;没有违法所得或者违法所得不足一百万元的,处以一百万元以上一千万元以下的罚款。单位操纵证券市场的,还应当对直接负责的主管人员和其他直接责任人员给予警告,并处以五十万元以上五百万元以下的罚款。

操纵证券市场行为给投资者造成损失的,应当依法承担赔偿责任。

典型例题:

【单选题】下列不属于操纵市场行为的是( )。

A. 利用信息优势联合操纵证券交易价格

B. 与他人串通,以事先约定的时间、价格和方式相互进行证券交易,影响证券交易量

C. 通过企业合并,利用关联企业的资源优势

D. 集中资金优势、持股优势操纵证券交易量

【答案】C

【解析】根据《证券法》第五十五条规定,以下行为属于操纵证券市场的行为:(1) 单独或者通过合谋,集中资金优势、持股优势或者利用信息优势联合或者连续买卖;(2) 与他人串通,以事先约定的时间、价格和方式相互进行证券交易,选项A、B、D属于操纵证券市场行为。通过企业合并,利用关联企业的资源优势不属于操纵证券市场行为,选项C的说法错误。本题答案为选项C。

【多选题】禁止任何人以下列手段操纵证券市场,影响或者意图影响证券交易价格或者证券交易量( )。

A. 单独或者通过合谋,集中资金优势、持股优势或者利用信息优势联合或者连续买卖

B. 频繁或者大量申报

C. 利用虚假或者不确定的重大信息,诱导投资者进行证券交易

D. 对证券、发行人公开作出评价、预测或者投资建议

【答案】 AC

【解析】 根据《证券法》第五十五条规定,"不以成交为目的,频繁或者大量申报并撤销申报"是操纵证券市场行为,选项 B 的说法错误;"对证券、发行人公开作出评价、预测或者投资建议,并进行反向证券交易"是操纵证券市场行为,选项 D 的说法错误;选项 A、C 的说法正确。

2. 禁止任何单位和个人编造、传播虚假信息或者误导性信息,扰乱证券市场。禁止证券交易场所、证券公司、证券登记结算机构、证券服务机构及其从业人员,证券业协会、证券监督管理机构及其工作人员,在证券交易活动中作出虚假陈述或者信息误导。

各种传播媒介传播证券市场信息必须真实、客观,禁止误导。传播媒介及其从事证券市场信息报道的工作人员不得从事与其工作职责发生利益冲突的证券买卖。编造、传播虚假信息或者误导性信息,扰乱证券市场,给投资者造成损失的,应当依法承担赔偿责任。

典型例题:

【单选题】 关于编造、传播虚假信息或者误导性信息,扰乱证券市场,下列说法错误的是( )。

A. 禁止证券公司工作人员,在证券交易活动中作出虚假陈述或者信息误导

B. 传播媒介传播证券市场信息必须真实、客观,禁止误导

C. 禁止对证券、发行人公开作出评价、预测或者投资建议

D. 传播媒介及其从事证券市场信息报道的工作人员不得从事与其工作职责发生利益冲突的证券买卖

【答案】 C

【解析】 根据《证券法》第五十六条规定,禁止任何单位和个人编造、传播虚假信息或者误导性信息,扰乱证券市场;各种传播媒介传播证券市场信息必须真实、客观,禁止误导,传播媒介及其从事证券市场信息报道的工作人员不得从事与其工作职责发生利益冲突的证券买卖。选项 A、B、D 的说法正确。

根据《证券法》第五十五条规定,对证券、发行人公开作出评价、预测或者投资建议,并进行反向证券交易是操纵证券市场行为,选项 C 的说法错误。综上,本题答案为选项 C。

第四节　证券公司、发行人及客户

一、禁止证券公司及其从业人员从事下列损害客户利益的行为：

1. 违背客户的委托为其买卖证券；
2. 不在规定时间内向客户提供交易的确认文件；
3. 未经客户的委托，擅自为客户买卖证券，或者假借客户的名义买卖证券；
4. 为牟取佣金收入，诱使客户进行不必要的证券买卖；
5. 其他违背客户真实意思表示，损害客户利益的行为。

违反上述规定给客户造成损失的，应当依法承担赔偿责任。

二、任何单位和个人不得违反规定，出借自己的证券账户或者借用他人的证券账户从事证券交易。

典型例题：

【判断题】任何单位和个人不得违反规定，出借自己的证券账户或者借用他人的证券账户从事证券交易。

【答案】√

【解析】根据《证券法》第五十八条规定，任何单位和个人不得违反规定，出借自己的证券账户或者借用他人的证券账户从事证券交易。

三、发行人因欺诈发行、虚假陈述或者其他重大违法行为给投资者造成损失的，发行人的控股股东、实际控制人、相关的证券公司可以委托投资者保护机构，就赔偿事宜与受到损失的投资者达成协议，予以先行赔付。先行赔付后，可以依法向发行人以及其他连带责任人追偿。

典型例题：

【判断题】发行人因欺诈发行、虚假陈述或者其他重大违法行为给投资者造成损失的，发行人的控股股东、实际控制人、相关的证券公司可以委托投资者保护机构，就赔偿事宜与受到损失的投资者达成协议，予以先行赔付。

【答案】√

【解析】根据《证券法》第九十三条规定，发行人因欺诈发行、虚假陈述或者其他重大违法行为给投资者造成损失的，发行人的控股股东、实际控制人、相关的证券公司可以委托投资者保护机构,就赔偿事宜与受到损失的投资者达成协议,予以先行赔付。

第五节 每章练习

一、单选题

1.《证券法》的核心宗旨是( )。

A. 保护投资者的合法利益,维护社会经济秩序和社会公共利益

B. 扩大市场规模,为国民经济和国有企业改革服务

C. 打击各种金融犯罪,保证国有资产和公共财产不受损害

D. 为证券市场融资功能和资源配置功能的发挥提供法律保障,提高上市公司估值

2. 在境内,股票、公司债券和国务院依法认定的其他证券的发行和交易,适用( )。

A.《中华人民共和国保险法》　　　　B.《中华人民共和国担保法》

C.《中华人民共和国证券法》　　　　D.《中华人民共和国证券投资基金法》

3. 证券的发行与交易应遵循( )的原则。

A. 诚实、高效　　　　　　　　　　B. 公开、公平、公正

C. 平等互利　　　　　　　　　　　D. 合理合法

4. 下列不属于《证券法》禁止的证券交易的是( )。

A. 大宗交易　　　B. 内幕交易　　　C. 操纵市场　　　D. 欺诈发行

5. 根据《证券法》规定,以下对发行证券说法正确的是( )。

A. 向特定对象发行证券为公开发行证券

B. 非公开发行证券,可以采用广告、公开诱骗和变相公开方式

C. 未经依法核准,部分单位和个人可以公开发行证券

D. 向累计超过二百人的特定对象发行证券为公开发行证券

6. 下列关于证券公开发行的说法,正确的是( )。

A. 单位和个人向证监会报备后,可以公开发行证券

B. 向特定对象发行证券的,为公开发行

C. 向特定对象发行证券累计超过200人的,为公开发行

D. 非公开发行证券,可以采用广告的方式宣传

7. 依照《证券法》,下列选项正确的是( )。

A. 公开发行证券,必须符合法律、行政法规规定的条件,并依法报经国务院证券监督管理机构或者国务院授权的部门注册;未经依法注册,任何单位和个人不得公开发行证券

B. 向不特定对象发行证券,无需报经国务院证券监督管理机构或者国务院授权的部门注册

C. 非公开发行证券可以采用广告的形式宣传

D. 上市公司发行新股,应当符合国务院批准的国务院证券监督管理机构规定的条件,并报国务院证券监督管理机构核准

8. 根据《证券法》规定,下列不属于公开发行的有( )。

A. 向不特定对象发行股票

B. 向累计超过200人的社会公众发行股票

C. 依法实施员工持股计划,向45名员工发行股票,股东人数累计达到230

D. 向累计超过200人的社会公众发行公司债券

9. 公司公开发行新股,要求最近( )财务会计文件财务会计报告被出具无保留意见审计报告。

A. 1年　　　　B. 2年　　　　C. 3年　　　　D. 5年

10. 根据《证券法》,以下关于公司公开发行新股的条件的叙述,正确的是( )。

A. 前一次发行的股份已募足,并间隔一年以上

B. 公司预期利润率可达同期银行存款利率

C. 最近三年连续盈利,并可向股东支付股利

D. 最近三年财务会计报告被出具无保留意见审计报告

11. 根据《证券法》规定,下列选项中,不属于公司公开发行新股应当符合的条件的有( )。

A. 具备健全且运行良好的组织机构

B. 具有持续经营能力

C. 最近三年财务会计报告无虚假记载

D. 发行人及其控股股东、实际控制人最近三年不存在贪污、贿赂、侵占财产、挪用财产或者破坏社会主义市场经济秩序的刑事犯罪

12. 依照《证券法》,下列说法正确的是( )。

A. 公开发行证券,必须符合法律、行政法规规定的条件,并依法报经国务院证券监督管理机构或者国务院授权的部门核准;未经依法核准,任何单位和个人不得公开发行证券

B. 公司对公开发行股票所募集资金,必须按照招股说明书或者其他公开发行募集文件所列资金用途使用;改变资金用途,必须经股东大会作出决议

C. 发行人可以在公告公开发行募集文件前发行证券

D. 证券代销是指证券公司将发行人的证券按照协议全部购入或者在承销期结束时将售后剩余证券全部自行购入的承销方式

13. 依照《证券法》,以下关于公司公开发行公司债券的条件的叙述,正确的是( )。

A. 最近五年平均可分配利润足以支付公司债券一年的利息

B. 具备健全且运行良好的组织机构

C. 最近三年连续盈利

D. 公开发行公司债券筹集的资金,用于弥补亏损和非生产性支出

14. 依照《证券法》,以下关于公司公开发行公司债券的条件的叙述,正确的是( )。

A. 有限责任公司的净资产不低于人民币三千万元

B. 最近三年平均可分配利润足以支付公司债券一年的利息

C. 最近三年连续盈利

D. 公开发行公司债券筹集的资金,用于弥补亏损和非生产性支出

15. 因发行人不符合法定条件或者法定程序,被撤销发行注册决定的,( )应当与发行人承担连带责任,但是能够证明自己没有过错的除外。

A. 保荐人　　　　　　　　B. 会计师事务所
C. 律师事务所　　　　　　D. 资产评估机构

16. 根据《证券法》规定,股票发行人在招股说明书等证券发行文件中隐瞒重要事实或者编造重大虚假内容,已经发行并上市的,国务院证券监督管理机构可以( )。

A. 责令发行人回购证券

B. 撤销发行注册决定

C. 责令发行人按照发行价并加银行同期存款利息返还证券持有人

D. 终止上市

17. 股份有限公司的董事、监事、高级管理人员和持有公司百分之五以上有表决权股份的法人股东，将其持有的公司股票在买入之后六个月内卖出或者在卖出后六个月内买入，由此获得的利润归（　　）。

  A. 个人所有　 B. 公司所有

  C. 没收　 D. 国家所有

18. 持有公司（　　）以上股份的股东或者实际控制人，其持有股份或者控制公司的情况发生较大变化时，属于可能对上市公司股票交易价格产生较大影响的重大事件。

  A. 5%　 B. 10%　 C. 15%　 D. 30%

19. 下列事项中必须以临时报告形式公告的是（　　）。

  A. 董事辞职

  B. 中层干部辞职

  C. 公司经营范围的微小变化

  D. 持有公司百分之四股份的股东，其持有股份情况发生较大变化

20. 下列事项中不需以临时报告形式公告的是（　　）。

  A. 董事辞职

  B. 总经理辞职

  C. 公司经营范围的重大变化

  D. 持有公司百分之四股份的股东，其持有股份情况发生较大变化

21. 依照《证券法》，下列属于上市公司临时报告中应披露的"重大事件"的是（　　）。

  A. 公司的经营方针和经营范围的重大变化

  B. 公司发生轻微亏损或者损失

  C. 公司四分之一以上的董事、监事或者经理发生变动

  D. 持有公司百分之三以上股份的股东或者实际控制人，其持有股份或者控制公司的情况发生较大变化

22. 公司的重大投资行为,公司在一年内购买、出售重大资产超过公司资产总额百分之(　　),或者公司营业用主要资产的抵押、质押、出售或者报废一次超过该资产的百分之(　　)的,属于发生可能对上市公司、股票在国务院批准的其他全国性证券交易场所交易的公司的股票交易价格产生较大影响的重大事件。

　　A. 十;十　　　　　　　　B. 三十;三十
　　C. 五十;五十　　　　　　D. 七十;七十

23. 下列情形,属于可能对上市交易公司债券的交易价格产生较大影响的重大事件的是(　　)。

　　A. 公司债券信用评级发生变化
　　B. 公司新增借款或者对外提供担保超过上年末净资产的百分之十
　　C. 公司放弃债权或者财产超过上年末净资产的百分之一
　　D. 公司发生超过上年末净资产百分之二的重大损失

24. 以下关于《证券法》规定的证券交易内幕信息知情人的类型中,错误的是(　　)。

　　A. 因职务、工作可以获取内幕信息的证券交易场所、证券公司、证券登记结算机构、证券服务机构的有关人员
　　B. 因职责、工作可以获取内幕信息的证券监督管理机构工作人员
　　C. 发行人控股公司的监事
　　D. 持有公司百分之三以上股份的自然人

25. 以下不属于《证券法》所称之内幕信息的是(　　)。

　　A. 已公开的公司分配股利的计划
　　B. 公司股权结构的重大变化
　　C. 公司营业用主要资产的抵押、出售或者报废一次超过该资产的百分之三十
　　D. 公司的董事、监事、高级管理人员的行为可能依法承担重大损害赔偿责任

二、多选题

1. 证券的发行、交易活动,必须实行(　　)原则。

　　A. 公信　　　B. 公平　　　C. 公开　　　D. 公正

2.《证券法》的制定,是为了(　　),维护社会经济秩序和社会公共利益,促

进社会主义市场经济的发展。

A. 规范证券发行行为　　　　　B. 规范证券交易行为

C. 规范证券中介服务　　　　　D. 实现上市公司大股东利益

E. 实现国有资产保值增值

3.《证券法》第二条规定了适用《证券法》的证券范围。下列"证券"中其发行与交易应由国务院另行规定的是(　　)。

A. 资产管理产品　　　　　　　B. 证券投资基金份额

C. 资产支持证券　　　　　　　D. 存托凭证

4. 证券发行、交易活动的当事人具有平等的法律地位，应当遵守(　　)的原则。

A. 自愿　　　B. 有偿　　　C. 诚实信用　　　D. 强制

5. 根据《证券法》规定，下列属于公开发行的有(　　)。

A. 向累计超过100人的本公司股东发行证券

B. 向累计超过100人的社会公众发行证券

C. 向累计超过200人的社会公众发行证券

D. 向累计超过200人的本公司股东发行证券

6. 公司公开发行新股，应当符合(　　)。

A. 具备健全且运行良好的组织机构

B. 有持续盈利能力

C. 持续经营能力

D. 公司高级管理人员无犯罪记录

E. 最近三年财务会计报告被出具无保留意见审计报告

7. 根据《证券法》规定，下列选项中，属于公司首次公开发行新股应当符合的条件的是(　　)。

A. 具备健全且运行良好的组织机构

B. 具有持续经营能力

C. 最近三年无重大违规行为，财务会计报告无虚假记载

D. 发行人及其控股股东、实际控制人最近三年不存在贪污、贿赂、侵占财产、挪用财产或者破坏社会主义市场经济秩序的刑事犯罪

E. 经国务院批准的国务院证券监督管理机构规定的其他条件

8. 依照《证券法》,以下关于公司公开发行公司债券的条件的叙述,正确的是( )。

　　A. 具备健全且运行良好的组织机构

　　B. 最近三年平均可分配利润足以支付公司债券一年的利息

　　C. 改变资金用途,必须经债券持有人会议作出决议

　　D. 公开发行公司债券筹集的资金,不得用于弥补亏损和非生产性支出

9. 以下关于不得再次公开发行公司债券情形的描述,错误的是( )。

　　A. 已公开发行的公司债券有违约或者延迟支付本息的事实仍处于继续状态

　　B. 违反法律规定,改变公开发行公司债券所募资金的用途

　　C. 公司累计债券余额为公司净资产的百分之三十

　　D. 前一次公开发行的公司债券尚未募足

10. 以下关于不得再次公开发行公司债券情形的描述,正确的是( )。

　　A. 前一次公开发行的公司债券尚未募足

　　B. 对已公开发行公司债券有违约或延迟支付本息的事实,仍处于继续状态

　　C. 违反法律规定,改变公开发行公司债券所募资金的用途

　　D. 公司累计债券余额为公司净资产的百分之三十

11. 根据《证券法》的规定,国务院证券监督管理机构或者国务院授权的部门对已作出的核准证券发行的决定,发现不符合法定条件或者法定程序( )。

　　A. 尚未发行证券的,应当予以撤销,停止发行

　　B. 已经发行尚未上市的,撤销发行注册决定,发行人应当按照发行价并加算银行同期存款利息返还证券持有人

　　C. 保荐人应当与发行人承担连带责任,但是能够证明自己没有过错的除外

　　D. 发行人的控股股东、实际控制人有过错的,应当与发行人承担连带责任

12. 持有一个股份有限公司已发行的股份的5%的股东,如果将其持有的股票在买入后的六个月内卖出,引起的法律后果有( )。

　　A. 将获得差价收益

　　B. 所得收益归该公司所有

　　C. 公司董事会有权收回该股东所得收益

　　D. 该收益归国家所有

13. 根据《证券法》的规定,某些特定主体持有的上市公司的股票在买入后六个月内卖出,或者在卖出后六个月内又买入,由此所得收益归该公司所有,该规定适用的主体包括(　　)。

A. 上市公司董事、监事

B. 上市公司高级管理人员

C. 持有上市公司股份百分之五以上的股东

D. 因包销购入售后剩余股票而持有百分之五以上股份的证券公司

14. 下列人员中,属于证券交易内幕信息的知情人包括(　　)。

A. 持有公司百分之一以上股份的股东及其董事、监事、高级管理人员,公司的实际控制人及其董事、监事、高级管理人员

B. 发行人控股或者实际控制的公司及其董事、监事、高级管理人员

C. 上市公司收购人或者重大资产交易方及其控股股东、实际控制人、董事、监事和高级管理人员

D. 因职责、工作可以获取内幕信息的证券监督管理机构工作人员

15. 发生可能对上市公司、股票在国务院批准的其他全国性证券交易场所交易的公司的股票交易价格产生较大影响的重大事件,上市公司应当予以公告。下列属于《证券法》规定的重大事件的是(　　)。

A. 公司的经营方针和经营范围的重大变化

B. 公司发生重大债务和未能清偿到期重大债务的违约情况

C. 涉及公司的重大诉讼、仲裁,股东大会、董事会决议被依法撤销或者宣告无效

D. 公司发生重大亏损或者重大损失

16. 根据《证券法》规定,公司发生的下列情况属于重大事件的有(　　)。

A. 公司的董事发生变动

B. 公司的三分之一以上监事发生变动

C. 公司经理发生变动

D. 公司董事、监事、高级管理人员涉嫌犯罪被司法机关采取强制措施

17. 上市公司可能发生以下(　　)对股票交易价格产生较大影响的重大事件,投资者尚未得知时,上市公司应当立即将有关该重大事件的情况向国务院证券监督管理机构和证券交易所报送临时报告,并予以公告,说明事件的起因、目

前的状态和可能产生的法律后果。

A. 公司订立重要合同,可能对公司的资产、负债、权益和经营成果产生重要影响

B. 公司发生重大债务和未能清偿到期重大债务的违约情况、公司涉嫌犯罪被司法机关立案调查

C. 公司职工人员变动情况

D. 公司的重大投资行为和重大的购置财产的决定

18. 根据《证券法》规定,上市公司发生的下列事件中,应当立即公告的有(　　)。

A. 公司经理发生变化　　　　B. 公司百分之四十的监事发生变化

C. 公司财务负责人发生变化　　D. 人民法院依法撤销董事会决议

19. 《证券法》禁止证券交易内幕信息的知情人和非法获取内幕信息的人利用内幕信息从事证券交易活动。这里的"知情人"是指(　　)。

A. 上市公司董事、监事、高级管理人员

B. 上市公司董事、监事、高级管理人员及其直系亲属

C. 持有公司百分之五以上股份的自然人股东

D. 公司的实际控制人及其董事、监事、高级管理人员

E. 上市公司控股子公司的董事、监事、高级管理人员

20. 根据《证券法》规定,禁止证券交易内幕人员利用内幕信息进行交易。下列属于内幕人员的是(　　)。

A. 发行股票的公司董事、监事和高管人员

B. 持有公司百分之二以上股份的股东

C. 股份公司控股公司的高管人员

D. 由于法定职责参与公司发行与上市的中介机构

21. 根据《证券法》的规定,以下属于证券交易内幕信息的知情人的是(　　)。

A. 上市公司董事、监事、高级管理人员

B. 持有公司百分之五以上股份的股东及其董事、监事、高级管理人员,公司的实际控制人及其董事、监事、高级管理人员

C. 发行人控股的公司及其董事、监事、高级管理人员

D. 由于所任公司职务可以获取公司有关内幕信息的人员

E. 因职务、工作可以获取内幕信息的证券交易场所、证券公司、证券登记结算机构、证券服务机构的有关人员

22. 下列信息属于内幕信息的有（　　）。

A. 公司分配股利计划　　　　　　B. 公司股权结构的重大变化

C. 上市公司收购的有关方案　　　D. 公司债务担保的重大变化

23. 下列行为属于内幕交易行为的有（　　）。

A. 内幕人员利用内幕信息买卖证券

B. 内幕人员根据内幕信息建议他人买卖证券

C. 内幕人员向他人泄露内幕信息，使他人利用该信息进行内幕交易

D. 非内幕人员根据其获得的内幕信息买卖证券或建议他人买卖证券

24. 下列手段属于操纵证券市场的行为有（　　）。

A. 单独或者通过合谋，集中资金优势、持股优势或者利用信息优势联合或者连续买卖

B. 与他人串通，以事先约定的时间、价格和方式相互进行证券交易

C. 在自己实际控制的账户之间进行证券交易

D. 不以成交为目的，频繁或者大量申报并撤销申报

25. 根据《证券法》的规定，操纵市场的手段包括（　　）。

A. 不以成交为目的，频繁或者大量申报并撤销申报

B. 利用虚假或者不确定的重大信息、诱导投资者进行证券交易

C. 对证券、发行人公开做出评价、预测或者投资建议，并进行反向证券交易

D. 利用在其他相关市场的活动操纵证券市场

三、判断题

1. 在中华人民共和国境外的证券发行和交易活动，我国《证券法》无权管辖。

2. 证券的发行、交易活动，必须遵循公开、公平、公正的原则。

3. 根据《证券法》规定，非公开发行证券，不得采用广告、公开劝诱和变相公开方式。

4. 上市公司发行证券，可以向不特定对象公开发行，也可以向特定对象非公开发行。

5. 发行人应当遵守业务规则和行业规范，诚实守信，勤勉尽责，对保荐人的

申请文件和信息披露资料进行审慎核查,督导保荐人规范运作。

6. 公司首次公开发行新股,必须具备持续盈利能力。

7. 公开发行存托凭证的,应当符合首次公开发行新股的条件以及国务院证券监督管理机构规定的其他条件。

8. 公开发行公司债券筹集的资金,不得用于弥补亏损和非生产性支出。

9. 公司违反《证券法》规定擅自改变公开发行公司债券所募资金的用途,可以再次公开发行公司债券。

10. 国务院证券监督管理机构或者国务院授权的部门应当自受理证券发行申请文件之日起六个月内,依照法定条件和法定程序作出予以核准或者不予核准的决定。

11. 国务院证券监督管理机构发现股票发行不符合法定条件或者法定程序的,无论股票发行、上市与否,均应当撤销发行核准决定,发行人应当按照发行价并加算银行同期存款利息返还股票持有人,保荐人应当承担连带责任。

12. 股票的发行人在招股说明书等证券发行文件中隐瞒重要事实或者编造重大虚假内容,已经发行并上市的,国务院证券监督管理机构可以责令发行人回购证券,或者责令负有责任的控股股东、实际控制人买回证券。

13. 证券包销是指证券公司将发行人的证券按照协议全部购入或者在承销期结束时将售后剩余证券全部自行购入的承销方式。

14. 董事、监事及高管六个月内买入又卖出、卖出又买入本公司股票的收益归公司所有。

15. 根据《证券法》第四十四条规定,董事、监事、高级管理人员、自然人股东持有的股票或者其他具有股权性质的证券,不包括其子女持有的及利用他人账户持有的股票或者其他具有股权性质的证券。

16. 某上市公司董事将其持有的公司股票在买入后三个月内即卖出,公司的一名小股东得知公司董事会没有收回该董事买卖所得收益,则可以为了公司的利益以自己的名义直接向人民法院提起诉讼。

17. 申请证券上市交易,应当符合国务院证券监督管理机构规定的上市条件。

18. 证券交易所上市规则规定的上市条件,应当对发行人的收入规模、盈利状况、最低公开发行比例和公司治理、诚信记录等提出要求。

19. 持有公司百分之五以上股份的股东或者实际控制人持有股份或者控制公司的情况发生较大变化,公司的实际控制人及其控制的其他企业从事与公司相同或者相似业务的情况发生较大变化的,属于公司应予以披露的重大事件。

20. 证券交易内幕信息的知情人包括发行人的董事、监事、高级管理人员,以及持有公司百分之五以上股份的股东及其董事、监事、高级管理人员。

21. 持有公司百分之五以上股份的股东或者实际控制人,其持有股份或者控制公司的情况发生较大变化属于《证券法》所称之内幕信息。

22. 公司营业用主要资产的抵押、出售或者报废一次超过该资产的百分之三十,属于《证券法》所称之重大事件。

23. 某上市公司董事会秘书甲将公司收购计划告知同学乙,乙据此买卖该公司股票并获利5万元。该行为属于内幕交易行为。

24. 根据《证券法》规定,上市公司董事长发生变动必须公告。

25. 内幕信息知情人员自己未买卖证券,也未建议他人买卖证券,但将内幕信息泄露给他人,他人依此买卖证券的,也属内幕交易行为。

四、简答题

1. 证券交易活动中,何为内幕信息?内幕信息的知情人包括哪些?

2. 《证券法》明确规定禁止通过哪些手段操纵证券市场,影响或者意图影响证券交易价格或者证券交易量?违反规定操纵市场有何法律责任?

答案与解析

一、单选题

1.【答案】 A

【解析】根据《证券法》第一条规定,为了规范证券发行和交易行为,保护投资者的合法权益,维护社会经济秩序和社会公共利益,促进社会主义市场经济的发展,制定《证券法》。本题答案为选项A。

2.【答案】 C

【解析】根据《证券法》第二条规定,在中华人民共和国境内,股票、公司债券、存托凭证和国务院依法认定的其他证券的发行和交易,适用《证券法》。本题答案为选项C。

3.【答案】B

【解析】根据《证券法》第三条规定,证券的发行、交易活动,必须遵循公开、公平、公正的原则。本题答案为选项 B。

4.【答案】A

【解析】根据《证券法》第五条规定,证券的发行、交易活动,必须遵守法律、行政法规;禁止欺诈、内幕交易和操纵证券市场的行为,其中不包括大宗交易。本题答案为选项 A。

5.【答案】D

【解析】根据《证券法》第九条规定,有下列情形之一的,为公开发行:(1)向不特定对象发行证券;(2)向特定对象发行证券累计超过二百人,但依法实施员工持股计划的员工人数不计算在内;(3)法律、行政法规规定的其他发行行为,选项 A 的说法错误,选项 D 的说法正确。

非公开发行证券,不得采用广告、公开劝诱和变相公开方式,选项 B 的说法错误;

未经依法注册,任何单位和个人不得公开发行证券,选项 C 的说法错误。综上,本题答案为选项 D。

6.【答案】C

【解析】根据《证券法》第九条规定,有下列情形之一的,为公开发行:(1)向不特定对象发行证券;(2)向特定对象发行证券累计超过二百人,但依法实施员工持股计划的员工人数不计算在内;(3)法律、行政法规规定的其他发行行为,非公开发行证券,不得采用广告、公开劝诱和变相公开方式。选项 B、D 的说法错误,选项 C 的说法正确。

未经依法注册,任何单位和个人不得公开发行证券,选项 A 的说法错误。综上,本题答案为选项 C。

7.【答案】A

【解析】根据《证券法》第九条规定,公开发行证券,必须符合法律、行政法规规定的条件,并依法报经国务院证券监督管理机构或者国务院授权的部门注册。未经依法注册,任何单位和个人不得公开发行证券,选项 A 的说法正确,选项 B、D 的说法错误;非公开发行证券,不得采用广告、公开劝诱和变相公开方式,选项 C 的说法错误。综上,本题答案为选项 A。

8.【答案】C

【解析】根据《证券法》第九条规定,有下列情形之一的,为证券公开发行:(1)向不特定对象发行证券;(2)向特定对象发行证券累计超过二百人,但依法实施员工持股计划的员工人数不计算在内;(3)法律、行政法规规定的其他发行行为,选项A、B、D属于公开发行;

选项C为员工持股计划,不属于公开发行。综上,本题答案为选项C。

9.【答案】C

【解析】根据《证券法》第十二条规定,公司首次公开发行新股,应当符合最近三年财务会计报告被出具无保留意见审计报告的条件。本题答案为选项C。

10.【答案】D

【解析】根据《证券法》第十三条规定,公司首次公开发行新股,应当符合下列条件:(1)具备健全且运行良好的组织机构;(2)具有持续经营能力;(3)最近三年财务会计报告被出具无保留意见审计报告;(4)发行人及其控股股东、实际控制人最近三年不存在贪污、贿赂、侵占财产、挪用财产或者破坏社会主义市场经济秩序的刑事犯罪;(5)经国务院批准的国务院证券监督管理机构规定的其他条件。本题答案为选项D。

11.【答案】C

【解析】根据《证券法》第十三条规定,公司首次公开发行新股,应当符合下列条件:(1)具备健全且运行良好的组织机构;(2)具有持续经营能力;(3)最近三年财务会计报告被出具无保留意见审计报告;(4)发行人及其控股股东、实际控制人最近三年不存在贪污、贿赂、侵占财产、挪用财产或者破坏社会主义市场经济秩序的刑事犯罪;(5)经国务院批准的国务院证券监督管理机构规定的其他条件。本题答案为选项C。

12.【答案】B

【解析】根据《证券法》第九条规定,公开发行证券,必须符合法律、行政法规规定的条件,并依法报经国务院证券监督管理机构或者国务院授权的部门注册。未经依法注册,任何单位和个人不得公开发行证券。证券发行注册制的具体范围、实施步骤,由国务院规定,选项A的说法错误。

根据《证券法》第十四条规定,公司对公开发行股票所募集资金,必须按照招股说明书或者其他公开发行募集文件所列资金用途使用;改变资金用途,必须经股东大会作出决议,选项 B 的说法正确。

根据《证券法》第二十三条规定,发行人不得在公告公开发行募集文件前发行证券,选项 C 的说法错误。

根据《证券法》第二十六条规定,证券代销是指证券公司代发行人发售证券,在承销期结束时,将未售出的证券全部退还给发行人的承销方式,选项 D 的说法错误。综上,本题答案为选项 B。

13.【答案】B

【解析】根据《证券法》第十五条规定,公开发行公司债券,应当符合下列条件:(1)具备健全且运行良好的组织机构;(2)最近三年平均可分配利润足以支付公司债券一年的利息;(3)国务院规定的其他条件。公开发行公司债券筹集的资金,不得用于弥补亏损和非生产性支出。本题答案为选项 B。

14.【答案】B

【解析】根据《证券法》第十五条规定,公开发行公司债券,应当符合下列条件:(1)具备健全且运行良好的组织机构;(2)最近三年平均可分配利润足以支付公司债券一年的利息;(3)国务院规定的其他条件。本题答案为选项 B。

15.【答案】A

【解析】根据《证券法》第二十四条规定,国务院证券监督管理机构或者国务院授权的部门对已作出的证券发行注册的决定,发现不符合法定条件或者法定程序,已经发行尚未上市的,撤销发行注册决定,发行人应当按照发行价并加算银行同期存款利息返还证券持有人;发行人的控股股东、实际控制人以及保荐人,应当与发行人承担连带责任,但是能够证明自己没有过错的除外。本题答案为选项 A。

16.【答案】A

【解析】根据《证券法》第二十四条规定,股票的发行人在招股说明书等证券发行文件中隐瞒重要事实或者编造重大虚假内容,已经发行并上市的,国务院证券监督管理机构可以责令发行人回购证券,或者责令负有责任的控股股东、实际控制人买回证券。本题答案为选项 A。

17.【答案】B

【解析】根据《证券法》第四十四条规定,上市公司、股票在国务院批准的其他全国性证券交易场所交易的公司持有百分之五以上股份的股东、董事、监事、高级管理人员,将其持有的该公司的股票或者其他具有股权性质的证券在买入后六个月内卖出,或者在卖出后六个月内又买入,由此所得收益归该公司所有。本题答案为选项 B。

18.【答案】A

【解析】根据《证券法》第八十条规定,持有公司百分之五以上股份的股东或者实际控制人持有股份或者控制公司的情况发生较大变化,公司的实际控制人及其控制的其他企业从事与公司相同或者相似业务的情况发生较大变化。本题答案为选项 A。

19.【答案】A

【解析】根据《证券法》第八十条规定,发生可能对上市公司股票交易价格产生较大影响的重大事件,投资者尚未得知时,上市公司应当立即将有关该重大事件的情况向国务院证券监督管理机构和证券交易所报送临时报告,并予公告,说明事件的起因、目前的状态和可能产生的法律后果,公司的董事、三分之一以上监事或者经理发生变动为重大事件之一,因此需要报送临时报告。本题答案为选项 A。

20.【答案】D

【解析】根据《证券法》第八十条规定,发生可能对上市公司股票交易价格产生较大影响的重大事件,投资者尚未得知时,上市公司应当立即将有关该重大事件的情况向国务院证券监督管理机构和证券交易所报送临时报告,并予公告,说明事件的起因、目前的状态和可能产生的法律后果。其中包括:(1)公司的经营方针和经营范围的重大变化;(2)公司的董事、三分之一以上监事或者经理发生变动;(3)持有公司百分之五以上股份的股东或者实际控制人,其持有股份或者控制公司的情况发生较大变化。本题答案为选项 D。

21.【答案】A

【解析】根据《证券法》第八十条规定,上市公司临时报告中应披露的重大事件包括:(1)公司的经营方针和经营范围的重大变化,选项 A 的说法正确;(2)公司发生重大亏损或者重大损失,选项 B 的说法错误;(3)公司的董事、三分之一以上监事或者经理发生变动,董事长或者经理无法履行职责,选项 C 的说法错误;(4)持有公司百分之五以上股份的股东或者实际控制人持有股份或控制公司的情况发生较大变化,选项 D 的说法错误。综上,本题答案为选项 A。

22.【答案】B

【解析】根据《证券法》第八十条规定,公司的重大投资行为,公司在一年内购买、出售重大资产超过公司资产总额百分之三十,或者公司营业用主要资产的抵押、质押、出售或者报废一次超过该资产的百分之三十。本题答案为选项B。

23.【答案】A

【解析】根据《证券法》第八十条规定,发生可能对上市交易公司债券的交易价格产生较大影响的重大事件包括:(1)公司债券信用评级发生变化,选项A的说法正确;(2)公司新增借款或者对外提供担保超过上年末净资产的百分之二十,选项B的说法错误;(3)公司放弃债权或者财产超过上年末净资产的百分之十,选项C的说法错误;(4)公司发生超过上年末净资产百分之十的重大损失等,选项D的说法错误。综上,本题答案为选项A。

24.【答案】D

【解析】根据《证券法》第五十一条规定,持有公司百分之五以上股份的股东及其董事、监事、高级管理人员,公司的实际控制人及其董事、监事、高级管理人员为内幕信息知情人。本题答案为选项D。

25.【答案】A

【解析】根据《证券法》第五十二条规定,证券交易活动中,涉及发行人的经营、财务或者对该发行人证券的市场价格有重大影响的尚未公开的信息,为内幕信息。已公开的公司分配股利的计划不属于内幕信息,本题答案为选项A。

二、多选题

1.【答案】BCD

【解析】根据《证券法》第三条规定,证券的发行、交易活动,必须遵循公开、公平、公正的原则。本题答案为选项B、C、D。

2.【答案】AB

【解析】根据《证券法》第一条规定,为了规范证券发行和交易行为,保护投资者的合法权益,维护社会经济秩序和社会公共利益,促进社会主义市场经济的发展,制定《证券法》。本题答案为选项A、B。

3.【答案】AC

【解析】根据《证券法》第二条规定,在中华人民共和国境内,股票、公司债券、存托凭证和国务院依法认定的其他证券的发行和交易,适用《证券法》;《证法》未规定的,适用《中华人民共和国公司法》和其他法律、行政法规的规定。政府债券、证券投资基金份额的上市交易,适用《证券法》;其他法律、行政法规另有规定的,适用其规定。资产支持证券、资产管理产品发行、交易的管理办法,由国务院依照《证券法》的原则规定。本题答案为选项A、C。

4.【答案】ABC

【解析】根据《证券法》第四条规定,证券发行、交易活动的当事人具有平等的法律地位,应当遵守自愿、有偿、诚实信用的原则。本题答案为选项A、B、C。

5.【答案】BCD

【解析】根据《证券法》第九条规定,有下列情形之一的,为公开发行:(1)向不特定对象发行证券;(2)向特定对象发行证券累计超过二百人,但依法实施员工持股计划的员工人数不计算在内;(3)法律、行政法规规定的其他发行行为。非公开发行证券,不得采用广告、公开劝诱和变相公开方式。

社会公众属于不特定对象,选项B、C的说法正确,本公司股东属于特定对象,选项D的说法正确,选项A的说法错误。综上,本题答案为选项B、C、D。

6.【答案】ACE

【解析】根据《证券法》第十二条规定,公司首次公开发行新股,应当符合下列条件:(1)具备健全且运行良好的组织机构;(2)具有持续经营能力;(3)最近三年财务会计报告被出具无保留意见审计报告;(4)发行人及其控股股东、实际控制人最近三年不存在贪污、贿赂、侵占财产、挪用财产或者破坏社会主义市场经济秩序的刑事犯罪;(5)经国务院批准的国务院证券监督管理机构规定的其他条件。本题答案为选项A、C、E。

7.【答案】ABDE

【解析】根据《证券法》第十二条规定,公司首次公开发行新股,应当符合下列条件:(1)具备健全且运行良好的组织机构;(2)具有持续经营能力;(3)最近三年财务会计报告被出具无保留意见审计报告;(4)发行人及其控股股东、实际控制人最近三年不存在贪污、贿赂、侵占财产、挪用财产或者破坏社会主义市场经济秩序的刑事犯罪;(5)经国务院批准的国务院证券监督管理机构规定的其他条件。本题答案为选项A、B、D、E。

8.【答案】ABCD

【解析】根据《证券法》第十五条规定,公开发行公司债券,应当符合下列条件：(1)具备健全且运行良好的组织机构；(2)最近三年平均可分配利润足以支付公司债券一年的利息；(3)国务院规定的其他条件,选项A、B的说法正确。

公开发行公司债券筹集的资金,必须按照公司债券募集办法所列资金用途使用；改变资金用途,必须经债券持有人会议作出决议。公开发行公司债券筹集的资金,不得用于弥补亏损和非生产性支出,选项C、D的说法正确。综上,本题答案为选项A、B、C、D。

9.【答案】CD

【解析】根据《证券法》第十七条规定,有下列情形之一的,不得再次公开发行公司债券：(1)对已公开发行的公司债券或者其他债务有违约或者延迟支付本息的事实,仍处于继续状态；(2)违反《证券法》规定,改变公开发行公司债券所募资金的用途。本题答案为选项C、D。

10.【答案】BC

【解析】根据《证券法》第十七条规定,有下列情形之一的,不得再次公开发行公司债券：(1)对已公开发行的公司债券或者其他债务有违约或者延迟支付本息的事实,仍处于继续状态；(2)违反《证券法》规定,改变公开发行公司债券所募资金的用途。本题答案为选项B、C。

11.【答案】ABCD

【解析】根据《证券法》第二十四条规定,国务院证券监督管理机构或者国务院授权的部门对已作出的证券发行注册的决定,发现不符合法定条件或者法定程序,尚未发行证券的,应当予以撤销,停止发行。已经发行尚未上市的,撤销发行注册决定,发行人应当按照发行价并加算银行同期存款利息返还证券持有人；发行人的控股股东、实际控制人以及保荐人,应当与发行人承担连带责任,但是能够证明自己没有过错的除外。本题答案为选项A、B、C、D。

12.【答案】BC

【解析】根据《证券法》第四十四条规定,上市公司、股票在国务院批准的其他全国性证券交易场所交易的公司持有百分之五以上股份的股东、董事、监事、高级管理人员,将其持有的该公司的股票或者其他具有股权性质的证券在买入后六个月内卖出,或者在卖出后六个月内又买入,由此所得收益归该公司所有,公司董事会应当收回其所得收益。本题答案为选项B、C。

13.【答案】ABC

【解析】根据《证券法》第四十四条规定,上市公司、股票在国务院批准的其他全国性证券交易场所交易的公司持有百分之五以上股份的股东、董事、监事、高级管理人员,将其持有的该公司的股票或者其他具有股权性质的证券在买入后六个月内卖出,或者在卖出后六个月内又买入,由此所得收益归该公司所有。本题答案为选项A、B、C。

14.【答案】BCD

【解析】根据《证券法》第五十一条规定,证券交易内幕信息的知情人包括:(1)持有公司百分之五以上股份的股东及其董事、监事、高级管理人员,公司的实际控制人及其董事、监事、高级管理人员;(2)发行人控股或者实际控制的公司及其董事、监事、高级管理人员;(3)上市公司收购人或者重大资产交易方及其控股股东、实际控制人、董事、监事和高级管理人员;(4)因职务、工作可以获取内幕信息的证券交易场所、证券公司、证券登记结算机构、证券服务机构的有关人员等。选项A的说法错误,选项B、C、D的说法正确。

15.【答案】ABCD

【解析】根据《证券法》第八十条规定,重大事件包括:(1)公司的经营方针和经营范围的重大变化;(2)公司发生重大债务和未能清偿到期重大债务的违约情况;(3)公司发生重大亏损或者重大损失;(4)涉及公司的重大诉讼、仲裁,股东大会、董事会决议被依法撤销或者宣告无效等。本题答案为选项A、B、C、D。

16.【答案】ABCD

【解析】根据《证券法》第八十条规定,重大事件包括:(1)公司的董事、三分之一以上监事或者经理发生变动,董事长或者经理无法履行职责;(2)公司涉嫌犯罪被依法立案调查,公司的控股股东、实际控制人、董事、监事、高级管理人员涉嫌犯罪被依法采取强制措施等。本题答案为选项A、B、C、D。

17.【答案】ABD

【解析】根据《证券法》第八十条规定,重大事件包括:(1)公司订立重要合同、提供重大担保或者从事关联交易,可能对公司的资产、负债、权益和经营成果产生重要影响,选项A的说法正确;(2)公司发生重大债务和未能清偿到期重大债务的违约情况,公司涉嫌犯罪被依法立案调查,选项B的说法正确;(3)公司的董事、三分之一以上监事或者经理发生变动,董事长或者经理无法履行职责,

<<< 第二章 证券发行与上市 127

而非所有职工员的变动,选项 C 的说法错误;(4) 公司的重大投资行为,公司在一年内购买、出售重大资产超过公司资产总额百分之三十,或者公司营业用主要资产的抵押、质押、出售或者报废一次超过该资产的百分之三十等,选项 D 的说法正确。综上,本题答案为选项 A、B、D。

18.【答案】ABD

【解析】根据《证券法》第八十条规定,发生可能对上市公司、股票在国务院批准的其他全国性证券交易场所交易的公司的股票交易价格产生较大影响的重大事件,投资者尚未得知时,公司应当立即将有关该重大事件的情况向国务院证券监督管理机构和证券交易场所报送临时报告,并予公告,说明事件的起因、目前的状态和可能产生的法律后果,其中公司的董事、三分之一以上监事或者经理发生变动,董事长或者经理无法履行职责属于上述所称重大事件。涉及公司的重大诉讼、仲裁,股东大会、董事会决议被依法撤销或宣告无效也属于重大事件。本题答案为选项 A、B、D。

19.【答案】ACDE

【解析】根据《证券法》第五十一条规定,证券交易内幕信息的知情人包括:(1) 发行人及其董事、监事、高级管理人员;(2) 持有公司百分之五以上股份的股东及其董事、监事、高级管理人员,公司的实际控制人及其董事、监事、高级管理人员;(3) 发行人控股或者实际控制的公司及其董事、监事、高级管理人员等;选项 A、C、D、E 的说法正确,上市公司董事、监事、高级管理人员的直系亲属不属于内幕信息的知情人,选项 B 的说法错误。综上,本题答案为选项 A、C、D、E。

20.【答案】ACD

【解析】根据《证券法》第五十一条规定,证券交易内幕信息的知情人包括:(1) 发行人及其董事、监事、高级管理人员;(2) 持有公司百分之五以上股份的股东及其董事、监事、高级管理人员,公司的实际控制人及其董事、监事、高级管理人员;(3) 发行人控股或者实际控制的公司及其董事、监事、高级管理人员;(4) 因职务、工作可以获取内幕信息的证券交易场所、证券公司、证券登记结算机构、证券服务机构的有关人员等。选项 B 的说法错误,选项 A、C、D 的说法正确。

21.【答案】ABCDE

【解析】根据《证券法》第五十一条规定,证券交易内幕信息的知情人包括:(1) 发行人及其董事、监事、高级管理人员;(2) 持有公司百分之五以上股份的股东及其董事、监事、高级管理人员,公司的实际控制人及其董事、监事、高级管理人员;(3)发行人控股或者实际控制的公司及其董事、监事、高级管理人员;(4)由于所任公司职务或者因与公司业务往来可以获取公司有关内幕信息的人员;(5)因职务、工作可以获取内幕信息的证券交易场所、证券公司、证券登记结算机构、证券服务机构的有关人员等。本题答案为选项A、B、C、D、E。

22.【答案】ABCD

【解析】根据《证券法》第五十二条规定,证券交易活动中,涉及发行人的经营、财务或者对该发行人证券的市场价格有重大影响的尚未公开的信息,为内幕信息,本题全部选项均为"涉及发行人的经营、财务或者对该发行人证券的市场价格有重大影响的尚未公开的信息"。本题答案为选项A、B、C、D。

23.【答案】ABCD

【解析】根据《证券法》第五十三条规定,证券交易内幕信息的知情人和非法获取内幕信息的人,在内幕信息公开前,不得买卖该公司的证券,或者泄露该信息,或者建议他人买卖该证券。本题答案为选项A、B、C、D。

24.【答案】ABCD

【解析】根据《证券法》第五十五条规定,禁止任何人以下列手段操纵证券市场,影响或者意图影响证券交易价格或者证券交易量:(1)单独或者通过合谋,集中资金优势、持股优势或者利用信息优势联合或者连续买卖;(2)与他人串通,以事先约定的时间、价格和方式相互进行证券交易;(3)在自己实际控制的账户之间进行证券交易;(4)不以成交为目的,频繁或者大量申报并撤销申报等,本题四个选项均属于操纵证券市场的行为。本题答案为选项A、B、C、D。

25.【答案】ABCD

【解析】根据《证券法》第五十五条规定,禁止任何人以下列手段操纵证券市场,影响或者意图影响证券交易价格或者证券交易量:(1)不以成交为目的,频繁或者大量申报并撤销申报;(2)利用虚假或者不确定的重大信息,诱导投资者进行证券交易;(3)对证券、发行人公开作出评价、预测或者投资建议,并进行反向证券交易;(4)利用在其他相关市场的活动操纵证券市场等。本题答案为选项A、B、C、D。

三、判断题

1.【答案】×

【解析】根据《证券法》第二条规定,在中华人民共和国境外的证券发行和交易活动,扰乱中华人民共和国境内市场秩序,损害境内投资者合法权益的,依照《证券法》有关规定处理并追究法律责任,我国《证券法》有权对其进行管辖。

2.【答案】√

【解析】根据《证券法》第三条规定,证券的发行、交易活动,必须遵循公开、公平、公正的原则。

3.【答案】√

【解析】根据《证券法》第九条规定,非公开发行证券,不得采用广告、公开劝诱和变相公开方式。

4.【答案】√

【解析】根据《证券法》第九条规定,有下列情形之一的,为证券公开发行:(1)向不特定对象发行证券;(2)向特定对象发行证券累计超过二百人,但依法实施员工持股计划的员工人数不计算在内;(3)法律、行政法规规定的其他发行行为,因此上市公司发行证券,可以向不特定对象公开发行,也可以向特定对象非公开发行。

5.【答案】×

【解析】根据《证券法》第十条规定,保荐人应当遵守业务规则和行业规范,诚实守信,勤勉尽责,对发行人的申请文件和信息披露资料进行审慎核查,督导发行人规范运作。

6.【答案】×

【解析】根据《证券法》第十二条规定,公司首次公开发行新股,应当符合具有持续经营能力的条件。

7.【答案】√

【解析】根据《证券法》第十二条的规定,公开发行存托凭证的,应当符合首次公开发行新股的条件以及国务院证券监督管理机构规定的其他条件。

8.【答案】√

【解析】根据《证券法》第十五条的规定,公开发行公司债券筹集的资金,不得用于弥补亏损和非生产性支出。

9.【答案】×

【解析】根据《证券法》第十七条的规定,有下列情形之一的,不得再次公开发行公司债券：(1) 对已公开发行的公司债券或者其他债务有违约或者延迟支付本息的事实，仍处于继续状态；(2) 违反《证券法》规定，改变公开发行公司债券所募资金的用途。

10.【答案】×

【解析】根据《证券法》第二十二条的规定，国务院证券监督管理机构或者国务院授权的部门应当自受理证券发行申请文件之日起三个月内，依照法定条件和法定程序作出予以注册或者不予注册的决定。

11.【答案】×

【解析】根据《证券法》第二十四条的规定，国务院证券监督管理机构或者国务院授权的部门对已作出的证券发行注册的决定，发现不符合法定条件或者法定程序，尚未发行证券的，应当予以撤销，停止发行。已经发行尚未上市的，撤销发行注册决定，发行人应当按照发行价并加算银行同期存款利息返还证券持有人；发行人的控股股东、实际控制人以及保荐人，应当与发行人承担连带责任，但是能够证明自己没有过错的除外。

12.【答案】√

【解析】根据《证券法》第二十四条规定，股票的发行人在招股说明书等证券发行文件中隐瞒重要事实或者编造重大虚假内容，已经发行并上市的，国务院证券监督管理机构可以责令发行人回购证券，或者责令负有责任的控股股东、实际控制人买回证券。

13.【答案】√

【解析】根据《证券法》第二十六条规定，证券包销是指证券公司将发行人的证券按照协议全部购入或者在承销期结束时将售后剩余证券全部自行购入的承销方式。

14.【答案】√

【解析】根据《证券法》第四十四条规定，上市公司、股票在国务院批准的其他全国性证券交易场所交易的公司持有百分之五以上股份的股东、董事、监事、高级管理人员，将其持有的该公司的股票或者其他具有股权性质的证券在买入后六个月内卖出，或者在卖出后六个月内又买入，由此所得收益归该公司所有，公司董事会应当收回其所得收益。

15.【答案】×

【解析】根据《证券法》第四十四条规定,董事、监事、高级管理人员、自然人股东持有的股票或者其他具有股权性质的证券,包括其配偶、父母、子女持有的及利用他人账户持有的股票或者其他具有股权性质的证券。

16.【答案】×

【解析】根据《证券法》第四十四条规定,上市公司、股票在国务院批准的其他全国性证券交易场所交易的公司持有百分之五以上股份的股东、董事、监事、高级管理人员,将其持有的该公司的股票或者其他具有股权性质的证券在买入后六个月内卖出,或者在卖出后六个月内又买入,由此所得收益归该公司所有,公司董事会应当收回其所得收益。公司董事会不按照规定收回该收益的,股东有权要求董事会在三十日内执行。公司董事会未在上述期限内执行的,股东才有权为了公司的利益以自己的名义直接向人民法院提起诉讼,因此该小股东不可以为了公司的利益以自己的名义直接向人民法院提起诉讼。

17.【答案】×

【解析】根据《证券法》第四十七条规定,申请证券上市交易,应当符合证券交易所上市规则规定的上市条件。

18.【答案】×

【解析】根据《证券法》第四十七条规定,证券交易所上市规则规定的上市条件,应当对发行人的经营年限、财务状况、最低公开发行比例和公司治理、诚信记录等提出要求。

19.【答案】√

【解析】根据《证券法》第七十九条规定,持有公司百分之五以上股份的股东或者实际控制人持有股份或者控制公司的情况发生较大变化,公司的实际控制人及其控制的其他企业从事与公司相同或者相似业务的情况发生较大变化的,属于公司应予以披露的重大事件。

20.【答案】√

【解析】根据《证券法》第五十一条规定,证券交易内幕信息的知情人包括发行人的董事、监事、高级管理人员,以及持有公司百分之五以上股份的股东及其董事、监事、高级管理人员。

21.【答案】√

【解析】根据《证券法》第五十二条规定,证券交易活动中,涉及发行人的经营、财务或者对该发行人证券的市场价格有重大影响的尚未公开的信息,为内幕信息。该题中持有公司百分之五以上股份的股东或者实际控制人,其持有股份或者控制公司的情况发生较大变化属于《证券法》所称之内幕信息。

22.【答案】√

【解析】根据《证券法》第八十条规定,公司营业用主要资产的抵押、质押、出售或者报废一次超过该资产的百分之三十的情形属于重大事件。

23.【答案】√

【解析】该题中的收购计划属于《证券法》所规定的内幕信息,根据《证券法》第五十三条规定,在内幕信息公开前,不得买卖或建议他人买卖该公司的证券,否则属于内幕交易行为。

24.【答案】√

【解析】根据《证券法》第八十条规定,对上市公司股票交易价格产生较大影响的重大事件作出了说明,其中第七项为"公司的董事、三分之一以上监事或者经理发生变动,董事长或者经理无法履行职责",故上市公司应当立即将有关该重大事件的情况向国务院证券监督管理机构和证券交易场所报送临时报告,并予公告,说明事件的起因、目前的状态和可能产生的法律后果。

25.【答案】√

【解析】《证券法》第五十三条规定,证券内幕信息的知情人和非法获取内幕信息的人,在内幕信息公开前,不得买卖该公司的证券,或者泄露该信息,或者建议他人买卖该证券。题中所属行为是内幕交易行为。

四、简答题

1.【答案】

证券交易活动中,涉及发行人的经营、财务或者对该发行人证券的市场价格有重大影响的尚未公开的信息,为内幕信息。

证券交易内幕信息的知情人包括:(1)发行人的董事、监事、高级管理人员;(2)持有公司百分之五以上股份的股东及其董事、监事、高级管理人员,公司的实际控制人及其董事、监事、高级管理人员;(3)发行人控股的公司及其董事、监事、高级管理人员;(4)由于所任公司职务可以获取公司有关内幕信息的人员;(5)证券监督管理机构工作人员以及由于法定职责对证券的发行、交易进行管理的其他人员;(6)保荐人、承销的证券公司、证券交易所、证券登记结算机构、证券服务机构的有关人员;(7)国务院证券监督管理机构规定的其他人。

2.【答案】

《证券法》明确规定禁止通过以下手段操纵证券市场,影响或者意图影响证券交易价格或者证券交易量:

(1)单独或者通过合谋,集中资金优势、持股优势或者利用信息优势联合或者连续买卖;(2)与他人串通,以事先约定的时间、价格和方式相互进行证券交易;(3)在自己实际控制的账户之间进行证券交易;(4)不以成交为目的,频繁或者大量申报并撤销申报;(5)利用虚假或者不确定的重大信息,诱导投资者进行证券交易;(6)对证券、发行人公开作出评价、预测或者投资建议,并进行反向证券交易;(7)利用在其他相关市场的活动操纵证券市场;(8)操纵证券市场的其他手段。

违反规定操纵市场有以下法律责任:

操纵证券市场,责令依法处理其非法持有的证券,没收违法所得,并处以违法所得一倍以上十倍以下罚款;没有违法所得或者违法所得不足一百万元的,处以一百万元以上一千万元以下的罚款。单位操纵证券市场的,还应当对直接负责的主管人员和其他责任人员给予警告,并处以五十万元以上五百万元以下的罚款。

第三章

首次公开发行

本章涉及的主要法律法规

1. 《中华人民共和国公司法》(2018年修正)
2. 《中华人民共和国证券法》(2019年修订)
3. 《首次公开发行股票并上市管理办法》(2020年07月10日 证监会令第173号)
4. 《创业板首次公开发行股票注册管理办法(试行)》(2020年6月12日 中国证券监督管理委员会令第167号)
5. 《深圳证券交易所创业板股票发行上市审核规则》(2020年6月12日 深交所 深证上〔2020〕501号)
6. 《深圳证券交易所创业板股票上市规则》(深证上〔2020〕1292号)
7. 《科创板首次公开发行股票注册管理办法(试行)》(2020年7月7日证监会第174号令)
8. 《上海证券交易所科创板股票发行上市审核规则》(2020年12月4日 上证发〔2020〕89号)
9. 《上海证券交易所科创板企业发行上市申报及推荐暂行规定》(2021年4月16日 上证发〔2021〕23号)
10. 《北京证券交易所股票上市规则(试行)》(2021年10月30日 北证公告〔2021〕13号)
11. 《北京证券交易所向不特定合格投资者公开发行股票并上市审核规则(试行)》(2021年10月30日 北证公告〔2021〕5号)

首次公开发行股票,简称首发,即我们平常所说的 IPO(Initial Public Offering)。首次公开发行并上市的股票俗称"新股",即相对于目前沪深交易所已经上市交易的存量股票而言由新的发行主体首次发行并上市的股票。

目前国内 A 股市场中,股票上市交易的场所包括上海证券交易所、深圳证券交易所、北京证券交易所。上海证券交易所包括主板和科创板两个板块,深圳证券交易所包括主板和创业板两个板块。首次公开发行上市应当遵守《公司法》《证券法》总体规定,其中包含两个阶段,第一阶段为公开发行,第二阶段为上市。目前主板首次公开发行应经过中国证监会核准,上市则需经证券交易所批准。首次公开发行股票并在创业板、科创板上市则需经交易所审核并经证监会注册。对于申请首次公开发行股票并在上交所、深交所主板上市的,适用《首次公开发行股票并上市管理办法》的具体规定,申请在深交所创业板上市的,适用《创业板首次公开发行股票注册管理办法(试行)》的具体规定,申请上交所科创板的,适用《科创板首次公开发行股票注册管理办法(试行)》的具体规定。

本章主要介绍首次公开发行并在主板、创业板、科创板和北交所上市的条件和程序。为了方便学习,主板、创业板、科创板和北交所分为四节内容介绍。

第一节 主 板

一、概述

本节内容均来自《中华人民共和国公司法》《中华人民共和国证券法》《首次公开发行股票并上市管理办法》。

《首次公开发行股票并上市管理办法》(以下简称《首发办法》)是为了规范公司首次公开发行股票并上市的行为,保护投资者的合法权益和社会公共利益,根据《证券法》《公司法》制定。对于申请首次公开发行股票并在上交所、深交所主板上市的公司,适用《首发办法》的具体规定。但是本办法只适用在中华人民共和国境内首次公开发行股票并上市的公司,境内公司股票以外币认购和交易的,不适用本办法。

二、发行条件

(一) 主体资格

1. 发行人应当是依法设立且合法存续的股份有限公司。经国务院批准,有限责任公司在依法变更为股份有限公司时,可以采取募集设立方式公开发行股票。

2. 发行人自股份有限公司成立后,持续经营时间应当在3年以上,但经国务院批准的除外。

但是有限责任公司按原账面净资产值折股整体变更为股份有限公司的,持续经营时间可以从有限责任公司成立之日起计算。

3. 发行人的注册资本已足额缴纳,发起人或者股东用作出资的资产的财产权转移手续已办理完毕,发行人的主要资产不存在重大权属纠纷。

4. 发行人的生产经营符合法律、行政法规和公司章程的规定,符合国家产业政策。

5. 发行人最近3年[①]内主营业务和董事、高级管理人员没有发生重大变化,实际控制人没有发生变更。

6. 发行人的股权清晰,控股股东和受控股股东、实际控制人支配的股东持有的发行人股份不存在重大权属纠纷。

典型例题:

【单选题】首次公开发行股票并上市的,要求发行人自股份有限公司成立后,持续经营时间应当在( )以上,但经国务院批准的除外。

A. 6年　　　　B. 3年　　　　C. 2年　　　　D. 1年

【答案】B

【解析】根据《首发办法》第九条规定,发行人自股份有限公司成立后,持续经营时间应当在3年以上,但经国务院批准的除外。本题答案为选项B。

【多选题】对于发行人注册资本的要求,下列说法正确的是( )。

A. 发行人的注册资本已足额缴纳

B. 发起人或者股东用作出资的资产的财产权转移手续已办理完毕

---

① 最近3年指的是最近36个月,而不是最近3个会计年度。

C. 发行人的主要资产不存在重大权属纠纷

D. 发行人注册资本可以认缴,无需足额缴纳

【答案】ABC

【解析】根据《首发办法》第十条规定,发行人的注册资本已足额缴纳,发起人或者股东用作出资的资产的财产权转移手续已办理完毕,发行人的主要资产不存在重大权属纠纷。本题答案为选项 A、B、C。

【判断题】首次公开发行股票并上市的发行人,除了可以是依法设立且合法存续的股份有限公司以外,还可以是依法设立且合法存续的有限责任公司。

【答案】×

【解析】根据《首发办法》第八条规定,发行人应当是依法设立且合法存续的股份有限公司,有限责任公司需依法变更未股份有限公司。

【判断题】根据《首发办法》,发行人最近 3 年内主营业务和董事、高级管理人员可以发生重大变化,实际控制人可以发生变更。

【答案】×

【解析】根据《首发办法》第十二条规定,发行人最近 3 年内主营业务和董事、高级管理人员没有发生重大变化,实际控制人没有发生变更。

(二) 规范运行

1. 发行人已经依法建立健全股东大会、董事会、监事会、独立董事、董事会秘书制度,相关机构和人员能够依法履行职责。

2. 发行人的董事、监事和高级管理人员已经了解与股票发行上市有关的法律法规,知悉上市公司及其董事、监事和高级管理人员的法定义务和责任。

3. 发行人的董事、监事和高级管理人员符合法律、行政法规和规章规定的任职资格,且不得有下列情形:

(1) 被中国证监会采取证券市场禁入措施尚在禁入期的;

(2) 最近 36 个月内受到中国证监会行政处罚,或者最近 12 个月内受到证券交易所公开谴责;

(3) 因涉嫌犯罪被司法机关立案侦查或者涉嫌违法违规被中国证监会立案调查,尚未有明确结论意见。

4. 发行人的内部控制制度健全且被有效执行,能够合理保证财务报告的可靠性、生产经营的合法性、营运的效率与效果。

5. 发行人不得有下列情形：

（1）最近36个月内未经法定机关核准，擅自公开或者变相公开发行过证券；或者有关违法行为虽然发生在36个月前，但目前仍处于持续状态；

（2）最近36个月内违反工商、税收、土地、环保、海关以及其他法律、行政法规，受到行政处罚，且情节严重；

（3）最近36个月内曾向中国证监会提出发行申请，但报送的发行申请文件有虚假记载、误导性陈述或重大遗漏；或者不符合发行条件以欺骗手段骗取发行核准；或者以不正当手段干扰中国证监会及其发行审核委员会审核工作；或者伪造、变造发行人或其董事、监事、高级管理人员的签字、盖章；

（4）本次报送的发行申请文件有虚假记载、误导性陈述或者重大遗漏；

（5）涉嫌犯罪被司法机关立案侦查，尚未有明确结论意见；

（6）严重损害投资者合法权益和社会公共利益的其他情形。

6. 发行人的公司章程中已明确对外担保的审批权限和审议程序，不存在为控股股东、实际控制人及其控制的其他企业进行违规担保的情形。

7. 发行人有严格的资金管理制度，不得有资金被控股股东、实际控制人及其控制的其他企业以借款、代偿债务、代垫款项或者其他方式占用的情形。

典型例题：

【单选题】发行人的（　　）已经了解与股票发行上市有关的法律法规，知悉上市公司及其（　　）的法定义务和责任。

　　A. 股东大会、董事、监事、高级管理人员和独立董事

　　B. 董事、监事、高级管理人员和独立董事

　　C. 董事、监事和高级管理人员

　　D. 董事、监事

【答案】C

【解析】根据《首发办法》第十五条规定，发行人的董事、监事和高级管理人员已经了解与股票发行上市有关的法律法规，知悉上市公司及其董事、监事和高级管理人员的法定义务和责任。本题答案为选项C。

【单选题】发行人不得有在最近（　　）个月未经法定机关核准，擅自公开或者变相公开发行过证券。

　　A. 6　　　　　　B. 12　　　　　　C. 18　　　　　　D. 36

【答案】D

【解析】根据《首发办法》第十八条规定,发行人不得在最近36个月内未经法定机关核准,擅自公开或者变相公开发行过证券;或者有关违法行为虽然发生在36个月前,但目前仍处于持续状态。本题答案为选项D。

【多选题】发行人的董事、监事和高级管理人员应当忠实、勤勉,符合法律、行政法规和规章规定的任职资格,不得有以下情形(　　)。

A. 被中国证监会采取证券市场禁入措施尚在禁入期的

B. 最近36个月内受到中国证监会行政处罚

C. 最近12个月内受到证券交易所公开谴责的

D. 因涉嫌犯罪被司法机关立案侦查或者涉嫌违法违规被中国证监会立案调查,尚未有明确结论意见

【答案】ABCD

【解析】根据《首发办法》第十六条规定,发行人的董事、监事和高级管理人员符合法律、行政法规和规章规定的任职资格,且不得有下列情形:(1)被中国证监会采取证券市场禁入措施尚在禁入期的;(2)最近36个月内受到中国证监会行政处罚,或者最近12个月内受到证券交易所公开谴责;(3)因涉嫌犯罪被司法机关立案侦查或者涉嫌违法违规被中国证监会立案调查,尚未有明确结论意见。本题答案为选项A、B、C、D。

【多选题】发行人应依法建立健全(　　),相关机构和人员能够依法履行职责。

A. 股东大会制度　　　　　　B. 董事会制度

C. 监事会制度　　　　　　　D. 独立董事制度

E. 董事会秘书制度

【答案】ABCDE

【解析】根据《首发办法》第十四条规定,发行人已经依法建立健全股东大会、董事会、监事会、独立董事、董事会秘书制度,相关机构和人员能够依法履行职责。本题答案为选项A、B、C、D、E。

【判断题】发行人的董事、监事和高级管理人员已经了解与股票发行上市有关的法律法规,知悉上市公司及其董事、监事和高级管理人员的法定义务和责任。

【答案】√

【解析】根据《首发办法》第十五条规定,发行人的董事、监事和高级管理人员已经了解与股票发行上市有关的法律法规,知悉上市公司及其董事、监事和高级管理人员的法定义务和责任。

(三) 财务会计

1. 对于发行人财务会计的基本要求:

(1) 发行人的内部控制在所有重大方面是有效的,并由注册会计师出具了无保留结论的内部控制鉴证报告。

(2) 发行人会计基础工作规范,财务报表的编制符合企业会计准则和相关会计制度的规定,在所有重大方面公允地反映了发行人的财务状况、经营成果和现金流量,并由注册会计师出具了无保留意见的审计报告。

(3) 发行人编制财务报表应以实际发生的交易或者事项为依据;在进行会计确认、计量和报告时应当保持应有的谨慎;对相同或者相似的经济业务,应选用一致的会计政策,不得随意变更。

(4) 发行人应完整披露关联方关系并按重要性原则恰当披露关联交易。关联交易价格公允,不存在通过关联交易操纵利润的情形。

2. 对于发行人的财务数据的要求。发行人资产质量良好,资产负债结构合理,盈利能力较强,现金流量正常,且应当符合下列条件:

(1) 最近3个会计年度净利润[①]均为正数且累计超过人民币3 000万元,净利润以扣除非经常性损益前后较低者为计算依据;

(2) 最近3个会计年度经营活动产生的现金流量净额累计超过人民币5 000万元,或者最近3个会计年度营业收入累计超过人民币3亿元;

(3) 发行前股本总额不少于人民币3 000万元;

(4) 最近一期末[②]无形资产(扣除土地使用权、水面养殖权和采矿权等后)占净资产的比例不高于20%;

(5) 最近一期末不存在未弥补亏损。

---

① 净利润是指合并报表中归属于母公司普通股股东的净利润,要求"最近3年均为正数",而且是扣除非经常性损益前后的最低者,即连续3年盈利。

② "最近一期末"而不是"最近一年末",申报时提供财务报表为3年1期的,只要最近一期末的无形资产不高于20%就可以了。其中"不高于"是指无形资产占比小于或等于20%。

中国证监会根据《关于开展创新企业境内发行股票或存托凭证试点的若干意见》等规定认定的试点企业(以下简称试点企业),可不适用上述第(1)项、第(5)项规定。

典型例题:

【单选题】发行人申请首次公开发行股票并上市,最近3个会计年度净利润均为正数且累计超过人民币( )万元,净利润以扣除非经常性损益前后较低者为计算依据。

A. 3 000   B. 5 000   C. 2 000   D. 1 000

【答案】A

【解析】根据《首发办法》第二十六条规定,发行人的最近3个会计年度净利润均为正数且累计超过人民币3 000万元,净利润以扣除非经常性损益前后较低者为计算依据。本题答案为选项A。

【单选题】发行人申请首次公开发行股票并上市,最近3个会计年度经营活动产生的现金流量净额累计超过人民币( )万元;或者最近3个会计年度营业收入累计超过人民币( )亿元。

A. 5 000;2   B. 3 000;3   C. 5 000;3   D. 3 000;2

【答案】C

【解析】根据《首发办法》第二十六条规定,发行人的最近3个会计年度经营活动产生的现金流量净额累计超过人民币5 000万元;或者最近3个会计年度营业收入累计超过人民币3亿元。本题答案为选项C。

【单选题】首次公开发行股票并在创业板上市的发行人,应具备一定的资产规模,即最近3期末累计净利润不少于( )万元,发行后股本总额不少于( )万元。

A. 3 000;3 000   B. 3 000;5 000
C. 1 000;5 000   D. 5 000;8 000

【答案】A

【解析】根据《首发办法》第二十六条规定,最近3个会计年度净利润均为正数且累计超过人民币3 000万元,净利润以扣除非经常性损益前后较低者为计算依据;发行前股本总额不少于人民币3 000万元。本题答案为选项A。

【单选题】发行人申请首次公开发行股票并上市,最近一期末无形资产(扣除土地使用权、水面养殖权和采矿权等后)占净资产的比例不高于(　　)。

A. 15%　　　　B. 25%　　　　C. 20%　　　　D. 30%

【答案】C

【解析】根据《首发办法》第二十六条规定,最近一期末无形资产(扣除土地使用权、水面养殖权和采矿权等后)占净资产的比例不高于20%。本题答案为选项C。

(四)持续盈利能力要求

1. 发行人依法纳税,各项税收优惠符合相关法律法规的规定。发行人的经营成果对税收优惠不存在严重依赖。

2. 发行人不存在重大偿债风险,不存在影响持续经营的担保、诉讼以及仲裁等重大或有事项。

3. 发行人申报文件中不得有下列情形:

(1) 故意遗漏或虚构交易、事项或者其他重要信息;

(2) 滥用会计政策或者会计估计;

(3) 操纵、伪造或篡改编制财务报表所依据的会计记录或者相关凭证。

4. 发行人不得有下列影响持续盈利能力的情形:

(1) 发行人的经营模式、产品或服务的品种结构已经或者将发生重大变化,并对发行人的持续盈利能力构成重大不利影响;

(2) 发行人的行业地位或发行人所处行业的经营环境已经或者将发生重大变化,并对发行人的持续盈利能力构成重大不利影响;

(3) 发行人最近1个会计年度的营业收入或净利润对关联方或者存在重大不确定性的客户存在重大依赖;

(4) 发行人最近1个会计年度的净利润主要来自合并财务报表范围以外的投资收益;

(5) 发行人在用的商标、专利、专有技术以及特许经营权等重要资产或技术的取得或者使用存在重大不利变化的风险;

(6) 其他可能对发行人持续盈利能力构成重大不利影响的情形。

典型例题:

【多选题】发行人申报文件中不得有下列哪些情形(　　)。

A. 故意遗漏或虚构交易、事项或者其他重要信息

B. 滥用会计政策或者会计估计

C. 操纵、伪造或篡改编制财务报表所依据的会计记录或者相关凭证

D. 更换审计中介机构

【答案】ABC

【解析】根据《首发办法》第二十九条规定,发行人申报文件中不得有下列情形:(1)故意遗漏或虚构交易、事项或者其他重要信息;(2)滥用会计政策或者会计估计;(3)操纵、伪造或篡改编制财务报表所依据的会计记录或者相关凭证。本题答案为选项A、B、C。

【多选题】发行人不得有下列哪些影响持续盈利能力的情形(　　)。

A. 发行人的经营模式、产品或服务的品种结构已经或者将发生重大变化,并对发行人的持续盈利能力构成重大不利影响

B. 发行人的行业地位或发行人所处行业的经营环境已经或者将发生重大变化,并对发行人的持续盈利能力构成重大不利影响

C. 发行人最近1个会计年度的营业收入或净利润对关联方或者存在重大不确定性的客户存在重大依赖

D. 发行人最近1个会计年度的净利润主要来自合并财务报表范围以外的投资收益

E. 发行人在用的商标、专利、专有技术以及特许经营权等重要资产或技术的取得或者使用存在重大不利变化的风险

【答案】ABCDE

【解析】根据《首发办法》第三十条规定,发行人不得有下列影响持续盈利能力的情形:(1)发行人的经营模式、产品或服务的品种结构已经或者将发生重大变化,并对发行人的持续盈利能力构成重大不利影响;(2)发行人的行业地位或发行人所处行业的经营环境已经或者将发生重大变化,并对发行人的持续盈利能力构成重大不利影响;(3)发行人最近1个会计年度的营业收入或净利润对关联方或者存在重大不确定性的客户存在重大依赖;(4)发行人最近1个会计年度的净利润主要来自合并财务报表范围以外的投资收益;(5)发行人在用的商标、专利、专有技术以及特许经营权等重要资产或技术的取得或者使用存在重大不利变化的风险;(6)其他可能对发行人持续盈利能力构成重大不利影响的情形。本题答案为选项A、B、C、D、E。

【判断题】如果发行人存在重大偿债风险,或存在影响持续经营的担保、诉讼以及仲裁等重大或有事项,并不影响发行人的主体资格。

【答案】×

【解析】根据《首发办法》第二十八条规定,发行人不存在重大偿债风险,不存在影响持续经营的担保、诉讼以及仲裁等重大或有事项。

三、发行审核程序

(一) 股票发行的具体方案

1. 发行人董事会应当依法就本次股票发行的具体方案、本次募集资金使用的可行性及其他必须明确的事项作出决议,并提请股东大会批准。

2. 发行人股东大会就本次发行股票作出的决议,至少应当包括下列事项:

(1) 本次发行股票的种类和数量;

(2) 发行对象;

(3) 价格区间或者定价方式;

(4) 募集资金用途;

(5) 发行前滚存利润的分配方案;

(6) 决议的有效期;

(7) 对董事会办理本次发行具体事宜的授权;

(8) 其他必须明确的事项。

3. 发行人应当按照中国证监会的有关规定制作申请文件,由保荐人保荐并向中国证监会申报。特定行业的发行人应当提供管理部门的相关意见。

典型例题:

【单选题】发行人申请首次公开发行股票并上市,董事会应当依法就股票发行的具体方案、本次募集资金使用的可行性及其他必须明确的事项作出决议,并提请( )批准。

A. 董事长　　　　B. 股东大会　　　　C. 监事会　　　　D. 总经理

【答案】B

【解析】根据《首发办法》第三十一条规定,发行人董事会应当依法就本次股票发行的具体方案、本次募集资金使用的可行性及其他必须明确的事项作出决议,并提请股东大会批准。本题答案为选项B。

【单选题】根据《首发办法》,( )应当按照中国证监会的有关规定制作申请文件,由保荐人保荐,报( )审核。

A. 发行人;中国证监会
B. 保荐机构;中国证监会
C. 发行人;地方证监局
D. 保荐机构;地方证监局

【答案】A

【解析】根据《首发办法》第三十三条规定,发行人应当按照中国证监会的有关规定制作申请文件,由保荐人保荐并向中国证监会申报。特定行业的发行人应当提供管理部门的相关意见。本题答案为选项A。

【多选题】发行人股东大会就本次发行股票作出的决议,至少应当包括下列事项( )。

A. 本次发行股票的种类和数量
B. 价格区间或者定价方式
C. 决议的有效期
D. 对董事会办理本次发行具体事宜的授权

【答案】ABCD

【解析】根据《首发办法》第三十二条规定,发行人股东大会就本次发行股票作出的决议,至少应当包括下列事项:(1)本次发行股票的种类和数量;(2)发行对象;(3)价格区间或者定价方式;(4)募集资金用途;(5)发行前滚存利润的分配方案;(6)决议的有效期;(7)对董事会办理本次发行具体事宜的授权;(8)其他必须明确的事项。本题答案为选项A、B、C、D。

(二)证监会审核程序

1. 中国证监会收到申请文件后,在5个工作日内作出是否受理的决定。

2. 中国证监会受理申请文件后,由相关职能部门对发行人的申请文件进行初审,并由发行审核委员会审核。

3. 中国证监会在初审过程中,将征求发行人注册地省级人民政府是否同意发行人发行股票的意见。

4. 中国证监会依照法定条件对发行人的发行申请作出予以核准或者不予核准的决定,并出具相关文件。自中国证监会核准发行之日起,发行人应在6个月内发行股票;超过6个月未发行的,核准文件失效,须重新经中国证监会核准后方可发行。

5. 发行申请核准后、股票发行结束前,发行人发生重大事项的,应当暂缓或者暂停发行,并及时报告中国证监会,同时履行信息披露义务。影响发行条件的,应当重新履行核准程序。

6. 股票发行申请未获核准的,自中国证监会作出不予核准决定之日起6个月后,发行人可再次提出股票发行申请。

典型例题:

【单选题】中国证监会收到申请文件后,在( )个工作日内作出是否受理的决定。

A. 5　　　　B. 10　　　　C. 15　　　　D. 20

【答案】A

【解析】根据《首发办法》第三十四条规定,中国证监会收到申请文件后,在5个工作日内作出是否受理的决定。本题答案为选项A。

【单选题】中国证监会在初审过程中,将征求( )是否同意发行人发行股票的意见。

A. 人民代表大会　　　　B. 发行人注册地省级人民政府
C. 国务院　　　　D. 证监会

【答案】B

【解析】根据《首发办法》第三十六条规定,中国证监会在初审过程中,将征求发行人注册地省级人民政府是否同意发行人发行股票的意见。本题答案为选项B。

【单选题】自中国证监会核准发行之日起,发行人应在( )内发行股票;超过( )个月未发行的,核准文件失效,须重新经中国证监会核准后方可发行。

A. 3;3　　　　B. 3;6　　　　C. 6;3　　　　D. 6;6

【答案】D

【解析】根据《首发办法》第三十七条规定,中国证监会依照法定条件对发行人的发行申请作出予以核准或者不予核准的决定,并出具相关文件。自中国证监会核准发行之日起,发行人应在6个月内发行股票;超过6个月未发行的,核准文件失效,须重新经中国证监会核准后方可发行。本题答案为选项D。

四、申报文件的相关规定

（一）申请文件签字人员

发行人及其全体董事、监事和高级管理人员应当在招股说明书上签字、盖章，保证招股说明书的内容真实、准确、完整。保荐人及其保荐代表人应当对招股说明书的真实性、准确性、完整性进行核查，并在核查意见上签字、盖章。

典型例题：

【单选题】（　　）应当在招股说明书上签名、盖章，保证招股说明书内容真实、准确、完整、及时。

A. 发行人及其全体董事、高级管理人员

B. 发行人及其全体董事、监事和高级管理人员

C. 全体董事、监事和高级管理人员

D. 发行人及其全体董事

【答案】B

【解析】根据《首发办法》第四十三条规定，发行人及其全体董事、监事和高级管理人员应当在招股说明书上签字、盖章，保证招股说明书的内容真实、准确、完整。本题答案为选项 B。

【多选题】（　　）应当在招股说明书上签字、盖章，保证披露信息的真实、准确、完整、及时、公平。

A. 发行人　　　　　　　　　B. 上市公司的董事

C. 上市公司的监事　　　　　D. 上市公司的高级管理人员

E. 上市公司的职工代表

【答案】ABCD

【解析】根据《首发办法》第四十三条规定，发行人及其全体董事、监事和高级管理人员应当在招股说明书上签字、盖章，保证招股说明书的内容真实、准确、完整。本题答案为选项 A、B、C、D。

（二）招股说明书及其财务报表有效期

1. 招股说明书的有效期为 6 个月，自中国证监会核准发行申请前招股说明书最后一次签署之日起计算。

2. 招股说明书中引用的财务报表在其最近一期截止日后 6 个月内有效，特

殊情况下发行人可申请适当延长,但至多不超过 3 个月。财务报表应当以年度末、半年度末或者季度末为截止日。

典型例题：

【单选题】招股说明书中引用的财务报表在其最近一期截止日后(　　)内有效。

A. 24 个月　　　B. 12 个月　　　C. 6 个月　　　D. 3 个月

【答案】C

【解析】根据《首发办法》第四十五条规定,招股说明书的有效期为 6 个月,自中国证监会核准发行申请前招股说明书最后一次签署之日起计算。本题答案为选项 C。

【单选题】招股说明书中引用的财务报表在其最近一期截止日后 6 个月内有效。特别情况下发行人可申请适当延长,但至多不超过(　　)。

A. 3 个月　　　B. 6 个月　　　C. 1 个月　　　D. 2 个月

【答案】A

【解析】根据《首发办法》第四十四条规定,招股说明书中引用的财务报表在其最近一期截止日后 6 个月内有效,特殊情况下发行人可申请适当延长,但至多不超过 3 个月。本题答案为选项 A。

(三) 申请文件预先披露与刊登

1. 申请文件受理后、发行审核委员会审核前,发行人应当将招股说明书(申报稿)在中国证监会网站(www.csrc.gov.cn)预先披露。发行人可以将招股说明书(申报稿)刊登于其企业网站,但披露内容应当完全一致,且不得早于在中国证监会网站的披露时间。

典型例题：

【单选题】发行人申请首次公开发行股票,当(　　)后,发行审核委员会审核前,发行人应当将招股说明书申报稿在中国证监会网站预先披露。

A. 中国证监会首次反馈意见　　　B. 中国证监会受理申请文件

C. 证监局辅导验收　　　D. 中国证监会见面会

【答案】B

【解析】根据《首发办法》第四十六条规定,申请文件受理后、发行审核委员会审核前,发行人应当将招股说明书(申报稿)在中国证监会网站预先披露。本题答案为选项 B。

2. 发行人股票发行前只需在一种中国证监会指定报刊刊登提示性公告,告知投资者网上刊登的地址。同时将招股说明书全文和摘要刊登于中国证监会指定的网站并将招股说明书全文置于发行人住所、拟上市证券交易所、保荐人、主承销商和其他承销机构的住所,以备公众查。

典型例题:

【单选题】根据《首发办法》,发行人股票发行前应当在( )全文刊登招股说明书,同时在中国证监会指定报刊刊登提示性公告,告知投资者网上刊登的地址及获取文件的途径。

A. 人民日报
B. 当地政府网站
C. 中国证监会指定网站
D. 保荐机构网站

【答案】C

【解析】根据《首发办法》第四十九条规定,发行人股票发行前只需在一种中国证监会指定报刊刊登提示性公告,告知投资者网上刊登的地址。同时将招股说明书全文和摘要刊登于中国证监会指定的网站并将招股说明书全文置于发行人住所、拟上市证券交易所、保荐人、主承销商和其他承销机构的住所,以备公众查。本题答案为选项 C。

3. 发行人可以将招股说明书摘要、招股说明书全文、有关备查文件刊登于其他报刊和网站,但披露内容应当完全一致,且不得早于在中国证监会指定报刊和网站的披露时间。

典型例题:

【单选题】根据《首发办法》,发行人申请首次公开发行股票的,( )发行人应当将招股说明书申报稿在中国证监会网站预先披露。

A. 中国证监会受理申请文件后,发行审核委员会审核前
B. 中国证监会受理申请文件前,发行审核委员会审核后
C. 发行审核委员会受理申请文件后,中国证监会审核前
D. 发行审核委员会受理申请文件前,中国证监会审核后

【答案】A

【解析】根据《首发办法》第四十六条规定,申请文件受理后、发行审核委员会审核前,发行人应当将招股说明书(申报稿)在中国证监会网站预先披露。本

题答案为选项 A。

【单选题】根据《首发办法》，发行人申请首次公开发行股票的，中国证监会受理申请文件后、发行审核委员会审核前，发行人应当将（　　）在中国证监会网站预先披露。

A. 审计报告　　　　　　　　B. 律师工作报告
C. 招股说明书摘要　　　　　D. 招股说明书申报稿

【答案】D

【解析】根据《首发办法》第四十六条规定，申请文件受理后、发行审核委员会审核前，发行人应当将招股说明书（申报稿）在中国证监会网站预先披露。本题答案为选项 D。

五、责任与监管

（一）相关人员及机构责任与监管

1. 发行人依法披露的信息，必须真实、准确、完整，不得有虚假记载、误导性陈述或者重大遗漏。

典型例题：

【多选题】信息披露义务人应当真实、准确、完整、及时地披露信息，不得有（　　）。

A. 虚假记载　　B. 提示性陈述　　C. 误导性陈述　　D. 重大遗漏

【答案】ACD

【解析】根据《首发办法》第四条规定，发行人依法披露的信息，必须真实、准确、完整，不得有虚假记载、误导性陈述或者重大遗漏。本题答案为选项 A、C、D。

2. 发行人向中国证监会报送的发行申请文件有虚假记载、误导性陈述或者重大遗漏的，发行人不符合发行条件以欺骗手段骗取发行核准的，发行人以不正当手段干扰中国证监会及其发行审核委员会审核工作的，发行人或其董事、监事、高级管理人员的签字、盖章系伪造或者变造的，除依照《证券法》的有关规定处罚外，中国证监会将采取终止审核并在 36 个月内不受理发行人的股票发行申请的监管措施。

典型例题：

【单选题】发行人向中国证监会报送的发行申请文件有虚假记载、误导性陈述或者重大遗漏的,中国证监会将终止审核并自确认之日起( )个月内不受理发行人的发行申请,并依照《证券法》的有关规定进行处罚。

A. 12　　　　　B. 24　　　　　C. 36　　　　　D. 6

【答案】C

【解析】根据《首发办法》第五十二条规定,发行人向中国证监会报送的发行申请文件有虚假记载、误导性陈述或者重大遗漏的,中国证监会将采取终止审核并在36个月内不受理发行人的股票发行申请的监管措施。本题答案为选项C。

【单选题】发行人向中国证监会报送的发行申请文件有虚假记载、误导性陈述或者重大遗漏的,发行人不符合发行条件以欺骗手段骗取发行核准的,发行人以不正当手段干扰中国证监会及其发行审核委员会审核工作的,发行人或其董事、监事、高级管理人员的签字、盖章系伪造或者变造的,除根据《证券法》的有关规定处罚外,中国证监会将采取( )不受理发行人的股票发行申请的监管措施。

A. 终止审核并在36个月内　　　　B. 终止审核并在24个月内
C. 终止审核并在12个月内　　　　D. 终止审核

【答案】A

【解析】根据《首发办法》第五十二条规定,发行人向中国证监会报送的发行申请文件有虚假记载、误导性陈述或者重大遗漏的,发行人不符合发行条件以欺骗手段骗取发行核准的,发行人以不正当手段干扰中国证监会及其发行审核委员会审核工作的,发行人或其董事、监事、高级管理人员的签字、盖章系伪造或者变造的,除依照《证券法》的有关规定处罚外,中国证监会将采取终止审核并在36个月内不受理发行人的股票发行申请的监管措施。本题答案为选项A。

3. 中国证监会对发行人首次公开发行股票的核准,不表明其对该股票的投资价值或者投资者的收益作出实质性判断或者保证。股票依法发行后,因发行人经营与收益的变化引致的投资风险,由投资者自行负责。

典型例题:

【单选题】根据《首发办法》,中国证监会根据发行人提供的申请文件核准发行人首次公开发行股票申请,不对发行人的盈利能力、投资价值或者投资者的收益作出( )或者保证。

A. 确认　　　　B. 实质性判断　　　　C. 限制　　　　D. 信息披露

【答案】B

【解析】根据《首发办法》第七条规定,即中国证券监督管理委员会(以下简称中国证监会)对发行人首次公开发行股票的核准,不表明其对该股票的投资价值或者投资者的收益作出实质性判断或者保证。股票依法发行后,因发行人经营与收益的变化引致的投资风险,由投资者自行负责。本题答案为选项B。

【判断题】股票依法发行后,因发行人经营与收益的变化引致的投资风险,由发行人负责。

【答案】×

【解析】根据《首发办法》第七条规定,即中国证券监督管理委员会(以下简称中国证监会)对发行人首次公开发行股票的核准,不表明其对该股票的投资价值或者投资者的收益作出实质性判断或者保证。股票依法发行后,因发行人经营与收益的变化引致的投资风险,由投资者自行负责。

(二) 与发行人经营业绩相关的责任与监管

1. 发行人公开发行证券上市当年即亏损的,中国证监会自确认之日起暂停保荐机构的保荐机构资格3个月,撤销相关人员的保荐代表人资格,尚未盈利的试点企业除外。

2. 发行人披露盈利预测的,利润实现数如未达到盈利预测的80%,除因不可抗力外,其法定代表人、盈利预测审核报告签字注册会计师应当在股东大会及中国证监会指定报刊上公开作出解释并道歉;中国证监会可以对法定代表人处以警告。

利润实现数未达到盈利预测的50%的,除因不可抗力外,中国证监会在36个月内不受理该公司的公开发行证券申请。

典型例题:

【单选题】利润实现数未达到盈利预测的50%的,除因不可抗力外,中国证监会还可以自确认之日起( )个月内不受理该公司的公开发行证券申请。

A. 12　　　　B. 24　　　　C. 36　　　　D. 6

【答案】C

【解析】根据《首发办法》第五十七条规定,利润实现数未达到盈利预测的50%的,除因不可抗力外,中国证监会在36个月内不受理该公司的公开发行证券申请。本题答案为选项C。

【单选题】发行人披露盈利预测,利润实现数如未达到盈利预测的( ),除因不可抗力外,其法定代表人、财务负责人应当在股东大会及中国证监会指定网站、报刊上公开作出解释并道歉;情节严重的,中国证监会给予警告等行政处罚。

A. 80%　　　　B. 60%　　　　C. 100%　　　　D. 90%

【答案】A

【解析】根据《首发办法》第五十七条规定,发行人披露盈利预测的,利润实现数如未达到盈利预测的80%,除因不可抗力外,其法定代表人、盈利预测审核报告签字注册会计师应当在股东大会及中国证监会指定报刊上公开作出解释并道歉;中国证监会可以对法定代表人处以警告。本题答案为选项A。

【单选题】发行人披露盈利预测的,利润实现数如未达到盈利预测的( ),除因不可抗力外,其法定代表人、盈利预测审核报告签字注册会计师应当在股东大会及中国证监会指定报刊上公开作出解释并道歉;中国证监会可以对法定代表人处以警告。利润实现数未达到盈利预测的( )的,除因不可抗力外,中国证监会在36个月内不受理该公司的公开发行证券申请。

A. 80%;60%　　B. 60%;50%　　C. 80%;50%　　D. 50%;30%

【答案】C

【解析】根据《首发办法》第五十七条规定,发行人披露盈利预测的,利润实现数如未达到盈利预测的80%,除因不可抗力外,其法定代表人、盈利预测审核报告签字注册会计师应当在股东大会及中国证监会指定报刊上公开作出解释并道歉;中国证监会可以对法定代表人处以警告。利润实现数未达到盈利预测的50%的,除因不可抗力外,中国证监会在36个月内不受理该公司的公开发行证券申请。本题答案为选项C。

第二节　创 业 板

一、概述

对于在中华人民共和国境内首次公开发行并在深圳证券交易所创业板(以

下简称创业板)上市的股票的发行注册,适用《创业板首次公开发行股票注册管理办法(试行)》《深圳证券交易所创业板股票发行上市审核规则》。

发行人申请首次公开发行股票并在创业板上市(以下简称股票首次发行上市)的审核,符合《国务院办公厅转发证监会关于开展创新企业境内发行股票或存托凭证试点若干意见的通知》(以下简称《若干意见》)及中国证券监督管理委员会(以下简称中国证监会)和深圳证券交易所(以下简称深交所)相关规定的红筹企业,申请发行股票或者存托凭证并在创业板上市的审核,适用《深圳证券交易所创业板股票发行上市审核规则》。

二、发行条件

(一) 主体资格

1. 发行人是依法设立且持续经营三年以上的股份有限公司,具备健全且运行良好的组织机构,相关机构和人员能够依法履行职责。

有限责任公司按原账面净资产值折股整体变更为股份有限公司的,持续经营时间可以从有限责任公司成立之日起计算。

2. 发行人生产经营符合法律、行政法规的规定,符合国家产业政策。

3. 主营业务、控制权和管理团队稳定,最近两年内主营业务和董事、高级管理人员均没有发生重大不利变化。

4. 控股股东和受控股股东、实际控制人支配的股东所持发行人的股份权属清晰,最近两年实际控制人没有发生变更,不存在导致控制权可能变更的重大权属纠纷。

【注】最近两年指的是最近 24 个月,而不是最近两个会计年度。

典型例题:

【单选题】首次公开发行股票并在创业板上市,要求发行人自股份有限公司成立后,持续经营时间应当在( )以上,但经国务院批准的除外。

A. 6 年　　　　B. 3 年　　　　C. 2 年　　　　D. 1 年

【答案】B

【解析】根据《创业板首次公开发行股票注册管理办法(试行)》第十条规定,发行人是依法设立且持续经营 3 年以上的股份有限公司,具备健全且运行良好的组织机构,相关机构和人员能够依法履行职责。本题答案为选项 B。

【单选题】根据《创业板首次公开发行股票上市管理办法(试行)》,以下属于创业板首次公开发行的条件要求的有(　　)。

A. 发行人只能经营一种业务

B. 发行人最近三年主营业务没有发生变更

C. 发行人最近两年董事、监事、高级管理人员没有发生重大变化

D. 发行人最近两年实际控制人没有发生变更

【答案】D

【解析】根据《创业板首次公开发行股票注册管理办法(试行)》第十二条规定,发行人并不是只能经营一种业务,只是要求主营业务稳定,选项A的说法错误;最近二年内主营业务和董事、高级管理人员均没有发生重大不利变化,而不是不能产生变化或重大变化,选项B、C的说法错误,选项D的说法正确。本题答案为选项D。

【判断题】首次公开发行股票并在创业板上市的发行人,除了可以是依法设立且合法存续的股份有限公司以外,还可以是依法设立且合法存续的有限责任公司。

【答案】×

【解析】根据《创业板首次公开发行股票注册管理办法(试行)》第十条规定,发行人是依法设立且持续经营三年以上的股份有限公司,具备健全且运行良好的组织机构,相关机构和人员能够依法履行职责。有限责任公司需依法变更为股份有限公司。

(二)规范运行

1. 发行人及其控股股东、实际控制人:

最近三年内,发行人及其控股股东、实际控制人不存在贪污、贿赂、侵占财产、挪用财产或者破坏社会主义市场经济秩序的刑事犯罪,不存在欺诈发行、重大信息披露违法或者其他涉及国家安全、公共安全、生态安全、生产安全、公众健康安全等领域的重大违法行为。

2. 董事、监事和高级管理人员:

董事、监事和高级管理人员不存在最近三年内受到中国证监会行政处罚,或者因涉嫌犯罪正在被司法机关立案侦查或者涉嫌违法违规正在被中国证监会立案调查且尚未有明确结论意见等情形。

3. 资产完整,业务及人员、财务、机构独立,与控股股东、实际控制人及其控制的其他企业间不存在对发行人构成重大不利影响的同业竞争,不存在严重影响独立性或者显失公平的关联交易。

典型例题:

【**单选题**】根据《创业板首次公开发行股票注册管理办法(试行)》,下列关于创业板发行条件说法错误的是(　　)。

A. 最近3年内,发行人及其控股股东、实际控制人不存在贪污、贿赂、侵占财产、挪用财产或者破坏社会主义经济秩序的刑事犯罪

B. 最近3年内,发行人及其控股股东、实际控制人不存在欺诈发行、重大信息披露违法行为

C. 发行人董事、监事和高级管理人员不存在最近12个月内受到证券交易所公开谴责的情形

D. 发行人的董事监事和高管不存在最近3年内受到中国证监会行政处罚的情形

【**答案**】C

【**解析**】根据《创业板首次公开发行股票并上市管理办法(试行)》第十三条规定,最近三年内,发行人及其控股股东、实际控制人不存在贪污、贿赂、侵占财产、挪用财产或者破坏社会主义市场经济秩序的刑事犯罪,不存在欺诈发行、重大信息披露违法或者其他涉及国家安全、公共安全、生态安全、生产安全、公众健康安全等领域的重大违法行为。董事、监事和高级管理人员不存在最近三年内受到中国证监会行政处罚,或者因涉嫌犯罪被司法机关立案侦查或者涉嫌违法违规被中国证监会立案调查,尚未有明确结论意见等情形。科创板对董监高未作出"不存在最近12个月内受到证券交易所公开谴责的情形"的禁止性规定。本题答案为选项C。

(三) 财务会计

1. 发行人会计基础工作规范,财务报表的编制和披露符合企业会计准则和相关信息披露规则的规定,在所有重大方面公允地反映了发行人的财务状况、经营成果和现金流量,最近三年财务会计报告由注册会计师出具无保留意见的审计报告。

2. 发行人内部控制制度健全且被有效执行,能够合理保证公司运行效率、合法合规和财务报告的可靠性,并由注册会计师出具无保留结论的内部控制鉴

证报告。

3. 发行人申请在深交所创业板上市,应当符合下列条件:

(1) 符合中国证监会规定的创业板发行条件;

(2) 发行后股本总额不低于3 000万元;

(3) 公开发行的股份达到公司股份总数的25%以上;公司股本总额超过4亿元的,公开发行股份的比例为10%以上;

(4) 市值及财务指标符合规定的标准;

(5) 本所要求的其他上市条件。

4. 发行人申请股票首次发行上市的,应当至少符合下列上市标准中的一项,发行人的招股说明书和保荐人的上市保荐书应当明确说明所选择的具体上市标准:

(1) 最近两年净利润[①]均为正,且累计净利润不低于人民币5 000万元;

(2) 预计市值[②]不低于人民币10亿元,最近一年净利润为正且营业收入[③]不低于人民币1亿元;

(3) 预计市值不低于人民币50亿元,且最近一年营业收入不低于人民币3亿元。

本款所称净利润以扣除非经常性损益前后的孰低者为准,其中净利润、营业收入均指经审计的数值。

典型例题:

【单选题】根据《创业板首次公开发行股票注册管理办法(试行)》,以下不属于首次公开发行股票并在创业板上市的发行条件的有( )。

A. 发行人内部控制制度健全有效,并由注册会计师出具无保留结论的内部控制鉴证报告

B. 发行人会计基础工作规范,并由注册会计师出具无保留结论的审计报告

C. 发行人最近一期末不存在未弥补亏损

D. 发行人资产完整,业务及人员、财务、机构独立,与控股股东、实际控制人

[①] 净利润:指公司利润表列报的净利润;公司编制合并财务报表的为合并利润表列报的归属于母公司所有者的净利润,不包括少数股东损益。

[②] 预计市值:指股票公开发行后按照总股本乘以发行价格计算出来的发行人股票名义总价值。

[③] 营业收入:指公司利润表列报的营业收入,公司编制合并财务报表的为合并利润表列报的营业总收入。

及其控制的其他企业间不存在对发行人构成重大不利影响的同业竞争

【答案】C

【解析】根据《创业板首次公开发行股票并上市管理办法(试行)》第十一条、第十二条规定,发行人会计基础工作规范,最近三年财务会计报告由注册会计师出具无保留意见的审计报告。发行人内部控制制度健全且被有效执行,并由注册会计师出具无保留结论的内部控制鉴证报告,选项A、B的说法正确。资产完整,业务及人员、财务、机构独立,与控股股东、实际控制人及其控制的其他企业间不存在对发行人构成重大不利影响的同业竞争,选项D的说法正确。创业板中没有要求申请首发并在科创板上市的企业最近一期末不存在未弥补亏损,尚未盈利或最近一期末存在未弥补亏损的企业可以申请首发并科创板上市。本题答案为选项C。

三、发行注册程序

(一) 股票发行的具体方案

1. 发行人董事会应当依法就本次发行股票的具体方案、本次募集资金使用的可行性及其他必须明确的事项作出决议,并提请股东大会批准。

2. 发行人股东大会应当就本次发行股票作出决议,决议至少应当包括下列事项:

(1) 本次公开发行股票的种类和数量;

(2) 发行对象;

(3) 定价方式;

(4) 募集资金用途;

(5) 发行前滚存利润的分配方案;

(6) 决议的有效期;

(7) 对董事会办理本次发行具体事宜的授权;

(8) 其他必须明确的事项。

3. 发行人申请首次公开发行股票并在创业板上市,应当按照中国证监会有关规定制作注册申请文件,依法由保荐人保荐并向交易所申报。

典型例题:

【单选题】发行人申请首次公开发行股票并在创业板上市,董事会应当依法就股票发行的具体方案、本次募集资金使用的可行性及其他必须明确的事项作出决议,并提请(　　)批准。

A. 董事长　　　B. 股东大会　　　C. 监事会　　　D. 总经理

【答案】B

【解析】根据《创业板首次公开发行股票注册管理办法(试行)》第十四条规定,发行人董事会应当依法就本次股票发行的具体方案、本次募集资金使用的可行性及其他必须明确的事项作出决议,并提请股东大会批准。本题答案为选项B。

【单选题】根据《创业板首次公开发行股票注册管理办法(试行)》,发行人股东大会就本次发行股票作出的决议,至少应当包括的是(　　)。

A. 本次发行股票的具体价格

B. 发行后的现金分红方案

C. 募集资金用途

D. 对总经理办公室办理本次发行具体事宜的授权

【答案】C

【解析】根据《创业板首次公开发行股票注册管理办法(试行)》第十五条规定,发行人股东大会就本次发行股票作出的决议,至少应当包括下列事项:(1)本次发行股票的种类和数量;(2)发行对象;(3)价格区间或者定价方式;(4)募集资金用途;(5)发行前滚存利润的分配方案;(6)决议的有效期;(7)对董事会办理本次发行具体事宜的授权;(8)其他必须明确的事项。A选项应当是本次发行股票的价格区间,B选项不包括在内,D选项应当是对董事会办理本次发行具体事宜的授权,所以本题答案为选项C。

【多选题】发行人股东大会就本次发行股票作出的决议,至少应当包括下列事项(　　)。

A. 本次发行股票的种类和数量

B. 价格区间或者定价方式

C. 决议的有效期

D. 对董事会办理本次发行具体事宜的授权

【答案】ABCD

【解析】根据《创业板首次公开发行股票注册管理办法(试行)》第十五条规

定,发行人股东大会就本次发行股票作出的决议,至少应当包括下列事项:(1)本次发行股票的种类和数量;(2)发行对象;(3)价格区间或者定价方式;(4)募集资金用途;(5)发行前滚存利润的分配方案;(6)决议的有效期;(7)对董事会办理本次发行具体事宜的授权;(8)其他必须明确的事项。本题答案为选项A、B、C、D。

(二) 交易所审批流程

1. 申请文件报送与受理:

交易所收到注册申请文件后,5个工作日内作出是否受理的决定。

典型例题:

【单选题】交易所收到申请文件后,在(　　)个工作日内作出是否受理的决定。

A. 5　　　　B. 10　　　　C. 15　　　　D. 20

【答案】A

【解析】根据《创业板首次公开发行股票注册管理办法(试行)》第十六条规定,交易所收到申请文件后,在5个工作日内作出是否受理的决定。本题答案为选项A。

2. 审核与审议上市申请:

(1) 交易所设立独立的审核部门,负责审核发行人公开发行并上市申请;设立行业咨询专家库,负责为创业板建设和发行上市审核提供专业咨询和政策建议;设立创业板上市委员会,负责对审核部门出具的审核报告和发行人的申请文件提出审议意见。

(2) 交易所主要通过向发行人提出审核问询、发行人回答问题方式开展审核工作,判断发行人是否符合发行条件、上市条件和信息披露要求。

典型例题:

【单选题】下列关于交易所审核创业板发行申请的表述,错误的是(　　)。

A. 设立独立的审核部门,负责审核发行人公开发行并上市申请

B. 设立行业咨询专家库,负责为创业板建设和发行上市审核提供专业咨询和政策建议

C. 设立创业板上市委员会,负责对审核部门出具的审核报告和发行人的申请文件提出审议意见

D. 主要通过提出审核问询、保荐机构回答问题方式开展审核工作

【答案】D

【解析】根据《创业板首次公开发行股票注册管理办法(试行)》第十九条规定,交易所主要通过向发行人提出审核问询、发行人回答问题方式开展审核工作,基于创业板定位,判断发行人是否符合发行条件、上市条件和信息披露要求。本题答案为选项D。

3. 交易所向证监会报送审核意见:

(1)交易所按照规定的条件和程序,形成发行人是否符合发行条件和信息披露要求的审核意见。认为发行人符合发行条件和信息披露要求的,将审核意见、发行人注册申请文件及相关审核资料报中国证监会注册;认为发行人不符合发行条件或者信息披露要求的,作出终止发行上市审核决定。

(2)交易所应当自受理注册申请文件之日起在规定的时限内形成审核意见。发行人根据要求补充、修改注册申请文件,或者交易所按照规定对发行人实施现场检查,要求保荐人、证券服务机构对有关事项进行专项核查,并要求发行人补充、修改申请文件的时间不计算在内。

4. 证监会注册申请决定:

(1)中国证监会依法履行发行注册程序,发行注册主要关注交易所发行上市审核内容有无遗漏,审核程序是否符合规定,以及发行人在发行条件和信息披露要求的重大方面是否符合相关规定。中国证监会认为存在需要进一步说明或者落实事项的,可以要求交易所进一步问询。

(2)中国证监会认为交易所对影响发行条件的重大事项未予关注或者交易所的审核意见依据明显不充分的,可以退回交易所补充审核。交易所补充审核后,认为发行人符合发行条件和信息披露要求的,重新向中国证监会报送审核意见及相关资料,中国证监会规定的注册期限(下述(3)中所说注册期限)重新计算。

(3)中国证监会在二十个工作日内对发行人的注册申请作出予以注册或者不予注册的决定。发行人根据要求补充、修改注册申请文件,或者中国证监会要求交易所进一步问询,要求保荐人、证券服务机构等对有关事项进行核查,对发行人现场检查,并要求发行人补充、修改申请文件的时间不计算在内。

(4)中国证监会的予以注册决定,自作出之日起一年内有效,发行人应当在

注册决定有效期内发行股票,发行时点由发行人自主选择。

典型例题:

【单选题】中国证监会在( )对发行人的注册申请作出予以注册或者不予注册的决定。发行人根据要求补充、修改注册申请文件,或者中国证监会要求交易所进一步问询、要求保荐人、证券服务机构等对有关事项进行核查,对发行人现场检查,并要求发行人补充、修改申请文件的时间不计算在内。

A. 10 天内
B. 10 个工作日内
C. 20 天内
D. 20 个工作日内

【答案】D

【解析】根据《创业板首次公开发行股票注册管理办法(试行)》第二十三条规定,中国证监会依照法定条件,在二十个工作日内对发行人的注册申请作出同意注册或者不予注册的决定。本题答案为选项D。

【单选题】中国证监会的予以注册决定,自作出之日起( )有效,发行人应当在注册决定有效期内发行股票,发行时点由发行人自主选择。

A. 一年内
B. 六个月内
C. 两年内
D. 三个月内

【答案】A

【解析】根据《创业板首次公开发行股票注册管理办法(试行)》第二十四条规定,中国证监会的予以注册决定,自作出之日起一年内有效。本题答案为选项A。

5. 注册后重大事项处理

(1)中国证监会作出予以注册决定后、发行人股票上市交易前,发行人应当及时更新信息披露文件内容,财务报表已过有效期的,发行人应当补充财务会计报告等文件;保荐人以及证券服务机构应当持续履行尽职调查职责;发生重大事项的,发行人、保荐人应当及时向交易所报告。

(2)交易所应当对上述事项及时处理,发现发行人存在重大事项影响发行条件、上市条件的,应当出具明确意见并及时向中国证监会报告。

(3)中国证监会作出予以注册决定后、发行人股票上市交易前,发现可能影响本次发行的重大事项的,中国证监会可以要求发行人暂缓发行、上市;相关重大事项导致发行人不符合发行条件的,应当撤销注册。中国证监会撤销注册后,股票尚未发行的,发行人应当停止发行;股票已经发行尚未上市的,发行人应当按照发行价并加算银行同期存款利息返还股票持有人。

(4) 交易所认为发行人不符合发行条件或者信息披露要求,作出终止发行上市审核决定,或者中国证监会作出不予注册决定的,自决定作出之日起六个月后,发行人可以再次提出公开发行股票并上市申请。

典型例题:

【单选题】交易所认为发行人不符合发行条件或者信息披露要求,作出终止发行上市审核决定,或者中国证监会作出不予注册决定的,自决定作出之日起( ),发行人可以再次提出公开发行股票并上市申请。

A. 三个月后　　B. 六个月后　　C. 一年后　　D. 两年后

【答案】B

【解析】根据《创业板首次公开发行股票注册管理办法(试行)》第二十七条规定,交易所认为发行人不符合发行条件或者信息披露要求,作出终止发行上市审核决定,或者中国证监会作出不予注册决定的,自决定作出之日起六个月后,发行人可以再次提出公开发行股票并上市申请。本题答案为选项B。

四、申报文件的相关规定

申请股票首次发行上市的,发行人及其控股股东、实际控制人、董事、监事和高级管理人员应当依法履行信息披露义务,保荐人、证券服务机构应当依法对发行人的信息披露进行核查把关。

(一) 信息披露一般要求

1. 发行人申请首次公开发行股票并在创业板上市,应当按照中国证监会制定的信息披露规则,编制并披露招股说明书,保证相关信息真实、准确、完整。信息披露内容应当简明清晰,通俗易懂,不得有虚假记载、误导性陈述或者重大遗漏。

2. 发行人应当综合考虑执业能力、诚信记录、市场形象等情况,审慎选择保荐人和证券服务机构。

3. 发行人应当按保荐人、证券服务机构要求,依法向其提供真实、准确、完整的业务运营、财务会计及其他资料,配合相关机构开展尽职调查和其他相关工作。

4. 发行人的控股股东、实际控制人、董事、监事、高级管理人员等相关主体应当诚实守信,保证发行上市申请文件和信息披露的真实、准确、完整,依法作出并履行相关承诺,不得损害投资者合法权益。

典型例题:

【多选题】发行人申请首次公开发行股票并在创业板上市,应当按照中国证监会制定的信息披露规则,编制并披露招股说明书,保证相关信息(   )。

A. 真实性　　　　B. 准确性　　　　C. 完整性　　　　D. 及时性

【答案】ABC

【解析】根据《创业板首次公开发行股票注册管理办法(试行)》第三十三条规定,发行人申请首次公开发行股票并在创业板上市,应当按照中国证监会制定的信息披露规则,编制并披露招股说明书,保证相关信息真实、准确、完整。本题答案为选项 A、B、C。

(二) 申请文件签字人员

1. 发行人及其董事、监事、高级管理人员应当在招股说明书上签字、盖章,保证招股说明书的内容真实、准确、完整,不存在虚假记载、误导性陈述或者重大遗漏,按照诚信原则履行承诺,并声明承担相应法律责任。

2. 发行人控股股东、实际控制人应当在招股说明书上签字、盖章,确认招股说明书的内容真实、准确、完整,不存在虚假记载、误导性陈述或者重大遗漏,按照诚信原则履行承诺,并声明承担相应法律责任。

典型例题:

【单选题】(   )应当在招股说明书上签名、盖章,保证招股说明书内容真实、准确、完整、及时。

A. 发行人及其全体董事、高级管理人员

B. 发行人及其全体董事、监事和高级管理人员

C. 全体董事、监事和高级管理人员

D. 发行人及其全体董事

【答案】B

【解析】根据《创业板首次公开发行股票注册管理办法(试行)》第三十五条规定,发行人及其董事、监事、高级管理人员应当在招股说明书上签字、盖章,保证招股说明书的内容真实、准确、完整,不存在虚假记载、误导性陈述或者重大遗漏,按照诚信原则履行承诺,并声明承担相应法律责任。本题答案为选项 B。

【多选题】(　　)应当在招股说明书上签字、盖章,保证披露信息的真实、准确、完整、及时、公平。

A. 发行人　　　　　　　　　　B. 上市公司的董事
C. 上市公司的监事　　　　　　D. 上市公司的高级管理人员
E. 上市公司的职工代表

【答案】ABCD

【解析】根据《创业板首次公开发行股票注册管理办法(试行)》第三十五条规定,发行人及其董事、监事、高级管理人员应当在招股说明书上签字、盖章,保证招股说明书的内容真实、准确、完整,不存在虚假记载、误导性陈述或者重大遗漏,按照诚信原则履行承诺,并声明承担相应法律责任。本题答案为选项A、B、C、D。

(三) 招股说明书及其财务报表有效期

1. 招股说明书的有效期为六个月,自公开发行前最后一次签署之日起算。

2. 招股说明书引用经审计的财务报表在其最近一期截止日后六个月内有效,特殊情况下发行人可申请适当延长,但至多不超过三个月。财务报表应当以年度末、半年度末或者季度末为截止日。

典型例题:

【单选题】根据《创业板首次公开发行股票注册管理办法(试行)》,招股说明书中引用的财务报表在其最近一期截止日后(　　)内有效。

A. 二十四个月　　B. 十二个月　　C. 六个月　　D. 三个月

【答案】C

【解析】根据《创业板首次公开发行股票注册管理办法(试行)》第四十四条规定,招股说明书的有效期为六个月,自公开发行前最后一次签署之日起算,招股说明书引用经审计的财务报表在其最近一期截止日后六个月内有效,特殊情况下发行人可申请适当延长,但至多不超过三个月。财务报表应当以年度末、半年度末或者季度末为截止日。本题答案为选项C。

【单选题】根据《创业板首次公开发行股票注册管理办法(试行)》,招股说明书中引用的财务报表在其最近一期截止日后六个月内有效。特别情况下发行人可申请适当延长,但至多不超过(　　)个月。

A. 三　　　　　　B. 六　　　　　　C. 一　　　　　　D. 两

【答案】 A

【解析】 根据《创业板首次公开发行股票注册管理办法（试行）》第四十四条规定，招股说明书引用经审计的财务报表在其最近一期截止日后六个月内有效，特殊情况下发行人可申请适当延长，但至多不超过三个月。财务报表应当以年度末、半年度末或者季度末为截止日。本题答案为选项A。

（四）申请文件预先披露与刊登

1. 交易所受理注册申请文件后，发行人应当按规定，将招股说明书、发行保荐书、上市保荐书、审计报告和法律意见书等文件在交易所网站预先披露。

2. 发行人在发行股票前应当在交易所网站和符合中国证监会规定条件的网站全文刊登招股说明书，同时在符合中国证监会规定条件的报刊刊登提示性公告，告知投资者网上刊登的地址及获取文件的途径。

3. 发行人可以将招股说明书以及有关附件刊登于其他网站，但披露内容应当完全一致，且不得早于在交易所网站、符合中国证监会规定条件的网站的披露时间。

典型例题：

【单选题】 交易所受理注册申请文件后，（　　）应当按规定，将招股说明书、发行保荐书、上市保荐书、审计报告和法律意见书等文件在交易所网站预先披露。

A. 发行人　　　B. 保荐人　　　C. 保荐人代表人　　D. 交易所

【答案】 A

【解析】 根据《创业板首次公开发行股票注册管理办法（试行）》第四十五条规定，交易所受理注册申请文件后，发行人应当按规定，将招股说明书、发行保荐书、上市保荐书、审计报告和法律意见书等文件在交易所网站预先披露。本题答案为选项A。

第三节　科创板

一、概述

对于在中华人民共和国境内首次公开发行并在上海证券交易所科创板（以下简称科创板）上市的股票的发行注册，适用于《科创板首次公开发行股票注册管理办法(试行)》《上海证券交易所科创板股票发行上市审核规则》《上海证券交易所科创板企业发行上市申报及推荐暂行规定》。

符合《国务院办公厅转发证监会关于开展创新企业境内发行股票或存托凭证试点若干意见的通知》(国办发〔2018〕21号)等规定的红筹企业,申请首次公开发行股票并在科创板上市,还应当符合相关规定,但公司形式可适用其注册地法律规定;申请发行存托凭证并在科创板上市的,适用关于发行上市审核注册程序的规定。

二、发行条件

(一) 主体资格

1. 发行人是依法设立且持续经营3年以上的股份有限公司,具备健全且运行良好的组织机构,相关机构和人员能够依法履行职责。

有限责任公司按原账面净资产值折股整体变更为股份有限公司的,持续经营时间可以从有限责任公司成立之日起计算。

2. 发行人生产经营符合法律、行政法规的规定,符合国家产业政策。

3. 发行人主营业务、控制权、管理团队和核心技术人员稳定,最近2年[①]内主营业务和董事、高级管理人员及核心技术人员均没有发生重大不利变化。

4. 控股股东和受控股股东、实际控制人支配的股东所持发行人的股份权属清晰,最近2年实际控制人没有发生变更,不存在导致控制权可能变更的重大权属纠纷。

典型例题:

【单选题】有限责任公司按原账面净资产值折股整体变更为股份有限公司的,持续经营时间的计算起点通常可以是(   )。

A. 有限责任公司成立之日起

B. 整体变更为股份有限公司之日起

C. 有限责任公司按原账面净资产值折股之日起

D. 取有限责任公司成立之日与整体变更为股份有限公司之日的

【答案】A

---

① 最近2年指的是最近24个月,而不是最近2个会计年度。

【解析】根据《科创板首次公开发行股票并上市管理办法（试行）》第十条规定，有限责任公司按原账面净资产值折股整体变更为股份有限公司的，持续经营时间可以从有限责任公司成立之日起计算。本题答案为选项 A。

【单选题】首次公开发行股票并在科创板上市的主体资格中，要求发行人自股份有限公司成立后，持续经营时间应当在（　　）以上。

A. 3 年　　　　B. 2 年　　　　C. 1 年　　　　D. 6 年

【答案】A

【解析】根据《科创板首次公开发行股票并上市管理办法（试行）》第十条规定，发行人是依法设立且持续经营 3 年以上的股份有限公司，具备健全且运行良好的组织机构，相关机构和人员能够依法履行职责。本题答案为选项 A。

【单选题】发行人主营业务、控制权、管理团队和核心技术人员稳定，最近 2 年内（　　）均没有发生重大不利变化。

A. 主营业务、董事、监事及高级管理人员

B. 主营业务、董事、高级管理人员及核心技术人员

C. 董事、监事、高级管理人员及核心技术人员

D. 主营业务、董事、监事、高级管理人员及核心技术人员

【答案】B

【解析】根据《科创板首次公开发行股票并上市管理办法（试行）》第十二条规定，最近 2 年内主营业务和董事、高级管理人员及核心技术人员均没有发生重大不利变化。本题答案为选项 B。

(二) 规范运行

1. 发行人及其控股股东、实际控制人：

最近 3 年内，发行人及其控股股东、实际控制人不存在贪污、贿赂、侵占财产、挪用财产或者破坏社会主义市场经济秩序的刑事犯罪，不存在欺诈发行、重大信息披露违法或者其他涉及国家安全、公共安全、生态安全、生产安全、公众健康安全等领域的重大违法行为。

2. 董事、监事和高级管理人员：

董事、监事和高级管理人员不存在最近 3 年内受到中国证监会行政处罚，或者因涉嫌犯罪被司法机关立案侦查或者涉嫌违法违规被中国证监会立案调查，尚未有明确结论意见等情形。

典型例题：

【单选题】根据《科创板首次公开发行股票注册管理办法（试行）》，下列关于科创板发行条件说法错误的是(　　)。

A. 最近3年内，发行人及其控股股东、实际控制人不存在贪污、贿赂、侵占财产、挪用财产或者破坏社会主义经济秩序的刑事犯罪

B. 最近3年内，发行人及其控股股东、实际控制人不存在欺诈发行、重大信息披露违法行为

C. 发行人董事、监事和高级管理人员不存在最近12个月内收到证券交易所公开谴责的情形

D. 发行人的董事监事和高管不存在最近3年内受到中国证监会行政处罚的情形

【答案】C

【解析】根据《科创板首次公开发行股票并上市管理办法（试行）》第十三条规定，最近3年内，发行人及其控股股东、实际控制人不存在贪污、贿赂、侵占财产、挪用财产或者破坏社会主义市场经济秩序的刑事犯罪，不存在欺诈发行、重大信息披露违法或者其他涉及国家安全、公共安全、生态安全、生产安全、公众健康安全等领域的重大违法行为。董事、监事和高级管理人员不存在最近3年内受到中国证监会行政处罚，或者因涉嫌犯罪被司法机关立案侦查或者涉嫌违法违规被中国证监会立案调查，尚未有明确结论意见等情形。科创板对董监高未作出"不存在最近12个月内受到证券交易所公开谴责情形"的禁止性规定，所以本题答案为选项C。

(三) 财务会计

1. 发行人会计基础工作规范，财务报表的编制和披露符合企业会计准则和相关信息披露规则的规定，在所有重大方面公允地反映了发行人的财务状况、经营成果和现金流量，并由注册会计师出具无保留意见的审计报告。

2. 发行人内部控制制度健全且被有效执行，能够合理保证公司运行效率、合法合规和财务报告的可靠性，并由注册会计师出具无保留结论的内部控制鉴证报告。

典型例题：

【单选题】根据《科创板首次公开发行股票注册管理办法（试行）》，以下不属

于首次公开发行股票并在科创板上市的发行条件的有（　　）。

A. 发行人内部控制制度健全有效,并由注册会计师出具无保留结论的内部控制鉴证报告

B. 发行人会计基础工作规范,并由注册会计师出具无保留结论的审计报告

C. 发行人最近一期末不存在未弥补亏损

D. 发行人资产完整,业务及人员、财务、机构独立,与控股股东、实际控制人及其控制的其他企业间不存在对发行人构成重大不利影响的同业竞争

【答案】C

【解析】根据《科创板首次公开发行股票并上市管理办法(试行)》第十一条、第十二条规定,发行人会计基础工作规范,财务报表的编制和披露符合企业会计准则和相关信息披露规则的规定,在所有重大方面公允地反映了发行人的财务状况、经营成果和现金流量,最近三年财务会计报告由注册会计师出具无保留意见的审计报告。发行人内部控制制度健全且被有效执行,能够合理保证公司运行效率、合法合规和财务报告的可靠性,并由注册会计师出具无保留结论的内部控制鉴证报告。选项A、B的说法正确。

资产完整,业务及人员、财务、机构独立,与控股股东、实际控制人及其控制的其他企业间不存在对发行人构成重大不利影响的同业竞争,不存在严重影响独立性或者显失公平的关联交易。选项D的说法正确。

科创板中没有要求申请首发并在科创板上市的企业最近一期末不存在未弥补亏损,尚未盈利或最近一期末存在未弥补亏损的企业可以申请首发并科创板上市。本题答案为选项C。

3. 发行人申请股票首次发行上市的,应当至少符合下列上市标准中的一项,发行人的招股说明书和保荐人的上市保荐书应当明确说明所选择的具体上市标准：

(1) 预计市值不低于人民币10亿元,最近两年净利润均为正且累计净利润不低于人民币5 000万元,或者预计市值不低于人民币10亿元,最近一年净利润为正且营业收入不低于人民币1亿元；

(2) 预计市值不低于人民币15亿元,最近一年营业收入不低于人民币2亿元,且最近三年累计研发投入占最近三年累计营业收入的比例不低于15%；

(3) 预计市值不低于人民币20亿元,最近一年营业收入不低于人民币3亿

元,且最近三年经营活动产生的现金流量净额[①]累计不低于人民币1亿元;

（4）预计市值不低于人民币30亿元,且最近一年营业收入不低于人民币3亿元;

（5）预计市值不低于人民币40亿元,主要业务或产品需经国家有关部门批准,市场空间大,目前已取得阶段性成果。医药行业企业需至少有一项核心产品获准开展二期临床试验,其他符合科创板定位的企业需具备明显的技术优势并满足相应条件。

上述所称净利润以扣除非经常性损益前后的孰低者为准,所称净利润、营业收入、经营活动产生的现金流量净额均指经审计的数值。

（四）科创板行业领域与科创属性

1. 科创板行业领域要求:

申报科创板发行上市的发行人,应当属于下列行业领域的高新技术产业和战略性新兴产业:

（1）新一代信息技术领域,主要包括半导体和集成电路、电子信息、下一代信息网络、人工智能、大数据、云计算、软件、互联网、物联网和智能硬件等;

（2）高端装备领域,主要包括智能制造、航空航天、先进轨道交通、海洋工程装备及相关服务等;

（3）新材料领域,主要包括先进钢铁材料、先进有色金属材料、先进石化化工新材料、先进无机非金属材料、高性能复合材料、前沿新材料及相关服务等;

（4）新能源领域,主要包括先进核电、大型风电、高效光电光热、高效储能及相关服务等;

（5）节能环保领域,主要包括高效节能产品及设备、先进环保技术装备、先进环保产品、资源循环利用、新能源汽车整车、新能源汽车关键零部件、动力电池及相关服务等;

（6）生物医药领域,主要包括生物制品、高端化学药、高端医疗设备与器械及相关服务等;

（7）符合科创板定位的其他领域。

[①] 经营活动产生的现金流量净额:指公司现金流量表列报的经营活动产生的现金流量净额,公司编制合并财务报表的为合并现金流量表列报的经营活动产生的现金流量净额。

说明：限制金融科技、模式创新企业在科创板发行上市。禁止房地产和主要从事金融、投资类业务的企业在科创板发行上市。

2. 科创属性评价：

证监会发布《科创属性评价指引（试行）》以及上海证券交易所（以下简称上交所）发布《上市申报及推荐暂行规定》，评价指标体系采用"4项常规指标＋5项例外条款"的结构，即形成了"4+5"的科创属性指标评价体系。企业同时满足4项常规指标，即可认为具有科创属性；如不同时满足4项常规指标，但是满足5项例外条款的任意1项，也可认为具有科创属性。

（1）支持和鼓励科创板定位规定的相关行业领域中，同时符合下列4项指标的企业申报科创板发行上市：

① 最近3年累计研发投入占最近3年累计营业收入比例5%以上，或者最近3年研发投入金额累计在6 000万元以上；其中，软件企业最近3年累计研发投入占最近3年累计营业收入比例10%以上；

② 研发人员占当年员工总数的比例不低于10%；

③ 形成主营业务收入的发明专利（含国防专利）5项以上，软件企业除外；

④ 最近3年营业收入复合增长率达到20%，或者最近1年营业收入金额达到3亿元。

采用"预计市值不低于人民币40亿元，主要业务或产品需经国家有关部门批准，市场空间大，目前已取得阶段性成果。医药行业企业需至少有一项核心产品获准开展二期临床试验，其他符合科创板定位的企业需具备明显的技术优势并满足相应条件"上市标准申报科创板发行上市的发行人除外。

（2）5项例外条款。支持和鼓励科创板定位规定的相关行业领域中，虽未达到上述五条指标，但符合下列情形之一的企业申报科创板发行上市：

① 拥有的核心技术经国家主管部门认定具有国际领先、引领作用或者对于国家战略具有重大意义；

② 为主要参与单位或者核心技术人员作为主要参与人员，获得国家自然科学奖、国家科技进步奖、国家技术发明奖，并将相关技术运用于主营业务；

③ 独立或者牵头承担与主营业务和核心技术相关的国家重大科技专项项目；

④ 依靠核心技术形成的主要产品（服务），属于国家鼓励、支持和推动的关

键设备、关键产品、关键零部件、关键材料等,并实现了进口替代;

⑤ 形成核心技术和主营业务收入相关的发明专利(含国防专利)合计 50 项以上。

三、发行注册程序

(一) 股票发行的具体方案

1. 发行人董事会应当依法就本次股票发行的具体方案、本次募集资金使用的可行性及其他必须明确的事项作出决议,并提请股东大会批准。

2. 发行人股东大会就本次发行股票作出的决议,至少应当包括下列事项:

(1) 本次公开发行股票的种类和数量;

(2) 发行对象;

(3) 定价方式;

(4) 募集资金用途;

(5) 发行前滚存利润的分配方案;

(6) 决议的有效期;

(7) 对董事会办理本次发行具体事宜的授权;

(8) 其他必须明确的事项。

3. 发行人申请公开发行股票并在科创板上市,应当按照中国证监会有关规定制作注册申请文件,由保荐人保荐并向交易所申报。

典型例题:

【单选题】发行人申请首次公开发行股票并在科创板上市,董事会应当依法就股票发行的具体方案、本次募集资金使用的可行性及其他必须明确的事项作出决议,并提请( )批准。

A. 董事长　　　　B. 股东大会　　　　C. 监事会　　　　D. 总经理

【答案】B

【解析】根据《科创板首次公开发行股票注册管理办法(试行)》第十四条规定,发行人董事会应当依法就本次股票发行的具体方案、本次募集资金使用的可行性及其他必须明确的事项作出决议,并提请股东大会批准。本题答案为选项 B。

【多选题】发行人股东大会就本次发行股票作出的决议,至少应当包括下列事项(   )。

A. 本次发行股票的种类和数量

B. 价格区间或者定价方式

C. 决议的有效期

D. 对董事会办理本次发行具体事宜的授权

【答案】ABCD

【解析】根据《科创板首次公开发行股票注册管理办法(试行)》第十五条规定,发行人股东大会就本次发行股票作出的决议,至少应当包括下列事项:(1)本次发行股票的种类和数量;(2)发行对象;(3)价格区间或者定价方式;(4)募集资金用途;(5)发行前滚存利润的分配方案;(6)决议的有效期;(7)对董事会办理本次发行具体事宜的授权;(8)其他必须明确的事项。本题答案为选项A、B、C、D。

(二)交易所审批流程

1. 申请文件报送与受理:

交易所收到注册申请文件后,5个工作日内作出是否受理的决定。

典型例题:

【单选题】上交所收到发行人科创板上市注册申请文件后,在(   )个工作日内作出是否受理的决定。

A. 5　　　　　B. 10　　　　　C. 15　　　　　D. 20

【答案】A

【解析】根据《科创板首次公开发行股票注册管理办法(试行)》第十六条规定,交易所收到注册申请文件后,5个工作日内作出是否受理的决定。本题答案为选项A。

2. 审核与审议上市申请:

(1)交易所设立独立的审核部门,负责审核发行人公开发行并上市申请;设立科技创新咨询委员会,负责为科创板建设和发行上市审核提供专业咨询和政策建议;设立科创板上市委员会,负责对审核部门出具的审核报告提出审议意见。

(2)交易所主要通过向发行人提出审核问询、发行人回答问题方式开展审核工作,基于科创板定位,判断发行人是否符合发行条件、上市条件和信息披露要求。

典型例题：

【单选题】下列关于交易所审核科创板发行申请的表述，错误的是（　　）。

A. 设立独立的审核部门，负责审核发行人公开发行并上市申请

B. 设立科技创新咨询委员会，负责为科创板建设和发行上市审核提供专业咨询和政策建议

C. 设立科创板上市委员会，负责对审核部门出具的审核报告提出审议意见

D. 主要通过提出审核问询、保荐机构回答问题方式开展审核工作

【答案】D

【解析】根据《科创板首次公开发行股票注册管理办法（试行）》第十九条规定，交易所主要通过向发行人提出审核问询、发行人回答问题方式开展审核工作，基于科创板定位，判断发行人是否符合发行条件、上市条件和信息披露要求。本题答案为选项 D。

3. 交易所向证监会报送审核意见：

（1）交易所按照规定的条件和程序，作出同意或者不同意发行人股票公开发行并上市的审核意见。同意发行人股票公开发行并上市的，将审核意见、发行人注册申请文件及相关审核资料报送中国证监会履行发行注册程序。不同意发行人股票公开发行并上市的，作出终止发行上市审核决定。

（2）交易所应当自受理注册申请文件之日 3 个月内形成审核意见。发行人根据要求补充、修改注册申请文件，以及交易所按照规定对发行人实施现场检查，或者要求保荐人、证券服务机构对有关事项进行专项核查的时间不计算在内。

典型例题：

【单选题】交易所应当自受理注册申请文件之日（　　）形成审核意见。

A. 三个月内　　B. 六个月内　　C. 一年内　　D. 两年内

【答案】A

【解析】根据《科创板首次公开发行股票注册管理办法（试行）》第二十一条规定，交易所应当自受理注册申请文件之日 3 个月内形成审核意见。本题答案为选项 A。

4. 证监会注册申请决定：

（1）中国证监会收到交易所报送的审核意见及发行人注册申请文件后，依

照规定的发行条件和信息披露要求,在交易所发行上市审核工作的基础上,履行发行注册程序。中国证监会认为存在需要进一步说明或者落实事项的,可以提出反馈意见。

(2) 中国证监会认为交易所对影响发行条件的重大事项未予关注或者交易所的审核意见依据明显不充分的,可以退回交易所补充审核。交易所补充审核后,同意发行人股票公开发行并上市的,重新向中国证监会报送审核意见及相关资料,中国证监会规定的注册期限(下述(3)中所说的注册期限)重新计算。

(3) 中国证监会依照法定条件,在 20 个工作日内对发行人的注册申请作出同意注册或者不予注册的决定。发行人根据要求补充、修改注册申请文件,以及中国证监会要求保荐人、证券服务机构等对有关事项进行核查的时间不计算在内。

典型例题:

【单选题】中国证监会依照法定条件,在( )对发行人的注册申请作出同意注册或者不予注册的决定。发行人根据要求补充、修改注册申请文件,以及中国证监会要求保荐人、证券服务机构等对有关事项进行核查的时间不计算在内。

A. 10 天内　　　　　　　　　B. 10 个工作日内
C. 20 天内　　　　　　　　　D. 20 个工作日内

【答案】 D

【解析】 根据《科创板首次公开发行股票注册管理办法(试行)》第二十四条规定,中国证监会依照法定条件,在 20 个工作日内对发行人的注册申请作出同意注册或者不予注册的决定。本题答案为选项 D。

5. 注册后重大事项处理:

(1) 中国证监会作出注册决定后、发行人股票上市交易前,发行人应当及时更新信息披露文件内容,财务报表过期的,发行人应当补充财务会计报告等文件;保荐人及证券服务机构应当持续履行尽职调查职责;发生重大事项的,发行人、保荐人应当及时向交易所报告。

交易所应当对上述事项及时处理,发现发行人存在重大事项影响发行条件、上市条件的,应当出具明确意见并及时向中国证监会报告。

(2) 中国证监会作出注册决定后、发行人股票上市交易前,发现可能影响本次发行的重大事项的,中国证监会可以要求发行人暂缓或者暂停发行、上市;相关重大事项导致发行人不符合发行条件的,可以撤销注册。

(3) 中国证监会撤销注册后，股票尚未发行的，发行人应当停止发行；股票已经发行尚未上市的，发行人应当按照发行价并加算银行同期存款利息返还股票持有人。

(4) 交易所因不同意发行人股票公开发行并上市，作出终止发行上市审核决定，或者中国证监会作出不予注册决定的，自决定作出之日起1年后，发行人可以再次提出公开发行股票并上市申请。

典型例题：

【单选题】交易所认为发行人不符合发行条件或者信息披露要求，作出终止发行上市审核决定，或者中国证监会作出不予注册决定的，自决定作出之日起（　　），发行人可以再次提出公开发行股票并上市申请。

A. 三个月后　　B. 六个月后　　C. 一年后　　D. 两年后

【答案】C

【解析】根据《科创板首次公开发行股票注册管理办法（试行）》第二十八条规定，交易所因不同意发行人股票公开发行并上市，作出终止发行上市审核决定，或者中国证监会作出不予注册决定的，自决定作出之日起1年后，发行人可以再次提出公开发行股票并上市申请。本题答案为选项C。

四、申报文件的相关规定

申请股票首次发行上市的，发行人及其控股股东、实际控制人、董事、监事和高级管理人员应当依法履行信息披露义务，保荐人、证券服务机构应当依法对发行人的信息披露进行核查把关。

（一）信息披露一般要求

1. 发行人申请首次公开发行股票并在科创板上市，应当按照中国证监会制定的信息披露规则，编制并披露招股说明书，保证相关信息真实、准确、完整。信息披露内容应当简明易懂，语言应当浅白平实，以便投资者阅读、理解。

2. 发行人作为信息披露第一责任人，应当诚实守信，依法充分披露投资者作出价值判断和投资决策所必需的信息，保证发行上市申请文件和信息披露的真实、准确、完整，不得有虚假记载、误导性陈述或者重大遗漏。

3. 发行人应当为保荐人、证券服务机构及时提供真实、准确、完整的业务运营、财务会计及其他资料，全面配合相关机构开展尽职调查和其他相关工作。

4. 发行人应当在招股说明书中披露,公开发行股份前已发行股份的锁定期安排,特别是核心技术团队股份的锁定期安排以及尚未盈利情况下发行人控股股东、实际控制人、董事、监事、高级管理人员、核心技术人员股份的锁定期安排。

典型例题：

【多选题】发行人作为信息披露第一责任人,应当诚实守信,依法充分披露投资者作出价值判断和投资决策所必需的信息,保证发行上市申请文件和信息披露的真实、准确、完整,不得有（　　）。

A. 虚假记载　　　B. 提示性陈述　　　C. 误导性陈述　　　D. 重大遗漏

【答案】ACD

【解析】根据《科创板首次公开发行股票注册管理办法（试行）》第五条规定,发行人作为信息披露第一责任人,应当诚实守信,依法充分披露投资者作出价值判断和投资决策所必需的信息,保证发行上市申请文件和信息披露的真实、准确、完整,不得有虚假记载、误导性陈述或者重大遗漏。本题答案为选项 A,C,D。

【判断题】发行人只需要为保荐人、证券服务机构及时提供真实、准确、完整的业务运营、财务会计,全面配合相关机构开展尽职调查。

【答案】×

【解析】根据《上海证券交易所科创板股票发行上市审核规则》第二十八条规定,发行人应当为保荐人、证券服务机构及时提供真实、准确、完整的业务运营、财务会计及其他资料,全面配合相关机构开展尽职调查和其他相关工作。

（二）申请文件签字人员

发行人及其董事、监事、高级管理人员应当在招股说明书上签字、盖章,保证招股说明书的内容真实、准确、完整,不存在虚假记载、误导性陈述或者重大遗漏,并声明承担相应法律责任。

典型例题：

【多选题】根据《科创板首次公开发行股票注册管理办法（试行）》,（　　）应当在招股说明书上签字、盖章,保证披露信息的真实、准确、完整、及时、公平。

A. 发行人　　　　　　　　　　B. 上市公司的董事
C. 上市公司的监事　　　　　　D. 上市公司的高级管理人员
E. 上市公司的职工代表

【答案】ABCD

【解析】根据《科创板首次公开发行股票注册管理办法(试行)》第三十六条规定,发行人及其董事、监事、高级管理人员应当在招股说明书上签字、盖章,保证招股说明书的内容真实、准确、完整,不存在虚假记载、误导性陈述或者重大遗漏,并声明承担相应法律责任。本题答案为选项A、B、C、D。

(三) 招股说明书及其财务报表有效期

1. 招股说明书的有效期为6个月,自公开发行前最后一次签署之日起计算。

2. 招股说明书引用经审计的财务报表在其最近一期截止日后6个月内有效,特殊情况下发行人可申请适当延长,但至多不超过3个月。财务报表应当以年度末、半年度末或者季度末为截止日。

典型例题:

【单选题】根据《科创板首次公开发行股票注册管理办法(试行)》,招股说明书中引用的财务报表在其最近一期截止日后6个月内有效。特别情况下发行人可申请适当延长,但至多不超过(　　)个月。

A. 3　　　　　　B. 6　　　　　　C. 1　　　　　　D. 2

【答案】A

【解析】根据《科创板首次公开发行股票注册管理办法(试行)》第四十三条规定,招股说明书引用经审计的财务报表在其最近一期截止日后6个月内有效,特殊情况下发行人可申请适当延长,但至多不超过3个月。财务报表应当以年度末、半年度末或者季度末为截止日。本题答案为选项A。

【单选题】根据《科创板首次公开发行股票注册管理办法(试行)》,招股说明书中引用的财务报表在其最近一期截止日后(　　)个月内有效。特别情况下发行人可申请适当延长,但至多不超过(　　)个月,财务报表应当以年度末、半年度末或者季度末为截止。

A. 6;1　　　　　B. 6;3　　　　　C. 12;1　　　　　D. 12;3

【答案】B

【解析】根据《科创板首次公开发行股票注册管理办法(试行)》第四十三条规定,招股说明书引用经审计的财务报表在其最近一期截止日后6个月内有效,特殊情况下发行人可申请适当延长,但至多不超过3个月。本题答案为选项B。

(四) 申请文件预先披露与刊登

1. 交易所受理注册申请文件后,发行人应当按交易所规定,将招股说明书、发行保荐书、上市保荐书、审计报告和法律意见书等文件在交易所网站预先披露。

2. 发行人股票发行前应当在交易所网站和中国证监会指定网站全文刊登招股说明书,同时在中国证监会指定报刊刊登提示性公告,告知投资者网上刊登的地址及获取文件的途径。

3. 发行人可以将招股说明书以及有关附件刊登于其他报刊和网站,但披露内容应当完全一致,且不得早于在交易所网站、中国证监会指定报刊和网站的披露时间。

典型例题:
【单选题】交易所受理注册申请文件后,( )应当按规定,将招股说明书、发行保荐书、上市保荐书、审计报告和法律意见书等文件在交易所网站预先披露。

　　A. 发行人　　　　B. 保荐人　　　　C. 保荐人代表人　　D. 交易所

【答案】A

【解析】根据《科创板首次公开发行股票注册管理办法(试行)》第四十六条规定,交易所受理注册申请文件后,发行人应当按规定,将招股说明书、发行保荐书、上市保荐书、审计报告和法律意见书等文件在交易所网站预先披露。本题答案为选项 A。

第四节　北京证券交易所

一、概述

目前国内 A 股市场中,股票上市交易的场所包括上交所、深交所和北京证券交易所(以下简称北交所)。申请在北交所公开发行上市应当遵守《公司法》《证券法》总体规定,发行人应当为在全国中小企业股份转让系统(以下简称全国股转系统)连续挂牌满十二个月的创新层挂牌公司。全国股转系统市场功能,实施差异化制度安排,全国股转系统设置基础层、创新层,符合不同条件的挂牌公司分别纳入不同市场层级管理。

北交所充分发挥对全国股转系统①的示范引领作用,深入贯彻创新驱动发展战略,聚焦实体经济,主要服务创新型中小企业,重点支持先进制造业和现代服务业等领域的企业,推动传统产业转型升级,培育经济发展新动能,促进经济高质量发展。

二、发行条件

(一) 主体资格

1. 发行人应当为在全国股转系统连续挂牌满十二个月的创新层挂牌公司。

2. 发行人申请公开发行股票,应当符合下列规定:

(1) 具备健全且运行良好的组织机构;

(2) 具有持续经营能力,财务状况良好;

(3) 最近三年财务会计报告无虚假记载,被出具无保留意见审计报告;

(4) 依法规范经营。

典型例题:

【单选题】在北交所公开发行股票并上市,要求发行人应当为在全国股转系统连续挂牌满(　　)的(　　)挂牌公司。

A. 24个月;基础层　　　　　　B. 12个月;基础层

C. 24个月;创新层　　　　　　D. 12个月;创新层

【答案】D

【解析】根据《北京证券交易所向不特定合格投资者公开发行股票注册管理办法(试行)》第九条规定,发行人应当为在全国股转系统连续挂牌满十二个月的创新层挂牌公司。本题答案为选项D。

【多选题】发行人申请在北交所公开发行股票,下列说法正确的是(　　)。

A. 具备健全且运行良好的组织机构

B. 具有持续经营能力,财务状况良好

C. 最近三年财务会计报告无虚假记载,被出具无保留意见审计报告

D. 依法规范经营

---

① 全国股转系统市场功能,实施差异化制度安排,全国股转系统设置基础层、创新层,符合不同条件的挂牌公司分别纳入不同市场层级管理。

【答案】 ABCD

【解析】 根据《北京证券交易所向不特定合格投资者公开发行股票注册管理办法(试行)》第十条规定,发行人申请公开发行股票,应当符合下列规定:(1)具备健全且运行良好的组织机构;(2)具有持续经营能力,财务状况良好;(3)最近三年财务会计报告无虚假记载,被出具无保留意见审计报告;(4)依法规范经营。本题答案为选项A、B、C、D。

(二) 规范运行

1. 发行人及其控股股东、实际控制人存在下列情形之一的,发行人不得公开发行股票:

(1) 最近三年内存在贪污、贿赂、侵占财产、挪用财产或者破坏社会主义市场经济秩序的刑事犯罪;

(2) 最近三年内存在欺诈发行、重大信息披露违法或者其他涉及国家安全、公共安全、生态安全、生产安全、公众健康安全等领域的重大违法行为;

(3) 最近一年内受到中国证监会行政处罚。

典型例题:

【单选题】 发行人及其控股股东、实际控制人在北交所公开发行股票,其中不符合条件要求的是( )。

A. 控股股东最近三年内不存在贪污、贿赂、侵占财产、挪用财产或者破坏社会主义市场经济秩序的刑事犯罪

B. 发行人最近三年内不存在欺诈发行的重大违法行为

C. 实际控制人最近一年内受到中国证监会行政处罚

D. 发行人最近三年内不存在重大信息披露违法的重大违法行为

【答案】 C

【解析】 根据《北京证券交易所向不特定合格投资者公开发行股票注册管理办法(试行)》第十一条规定,发行人及其控股股东、实际控制人存在下列情形之一的,发行人不得公开发行股票:(1)最近三年内存在贪污、贿赂、侵占财产、挪用财产或者破坏社会主义市场经济秩序的刑事犯罪;(2)最近三年内存在欺诈发行、重大信息披露违法或者其他涉及国家安全、公共安全、生态安全、生产安全、公众健康安全等领域的重大违法行为;(3)最近一年内受到中国证监会行政处罚。本题答案为选项C。

【判断题】发行人在北交所公开发行新股,发行人及其控股股东、实际控制人最近三年内存在贪污、贿赂、侵占财产、挪用财产或者破坏社会主义市场经济秩序的刑事犯罪的,不允许其发行。

【答案】√

【解析】根据《北京证券交易所向不特定合格投资者公开发行股票注册管理办法(试行)》第十一条规定,发行人及其控股股东、实际控制人最近三年内存在贪污、贿赂、侵占财产、挪用财产或者破坏社会主义市场经济秩序的刑事犯罪,发行人不得公开发行股票。

【判断题】发行人在北交所公开发行新股,发行人及其控股股东、实际控制人最近三年内存在欺诈发行、重大信息披露违法或者其他涉及国家安全、公共安全、生态安全、生产安全、公众健康安全等领域的重大违法行为的,不允许其发行。

【答案】√

【解析】根据《北京证券交易所向不特定合格投资者公开发行股票注册管理办法(试行)》第十一条规定,发行人及其控股股东、实际控制人最近三年内存在欺诈发行、重大信息披露违法或者其他涉及国家安全、公共安全、生态安全、生产安全、公众健康安全等领域的重大违法行为的,发行人不得公开发行股票。

2. 发行人申请公开发行并上市,不得存在下列情形:

(1)最近36个月内,发行人及其控股股东、实际控制人,存在贪污、贿赂、侵占财产、挪用财产或者破坏社会主义市场经济秩序的刑事犯罪,存在欺诈发行、重大信息披露违法或者其他涉及国家安全、公共安全、生态安全、生产安全、公众健康安全等领域的重大违法行为;

(2)最近12个月内,发行人及其控股股东、实际控制人、董事、监事、高级管理人员受到中国证监会及其派出机构行政处罚,或因证券市场违法违规行为受到全国中小企业股份转让系统有限责任公司(以下简称全国股转公司)、证券交易所等自律监管机构公开谴责;

(3)发行人及其控股股东、实际控制人、董事、监事、高级管理人员因涉嫌犯罪正被司法机关立案侦查或涉嫌违法违规正被中国证监会及其派出机构立案调查,尚未有明确结论意见;

(4)发行人及其控股股东、实际控制人被列入失信被执行人名单且情形尚未消除；

(5) 最近36个月内，未按照《证券法》和中国证监会的相关规定在每个会计年度结束之日起4个月内编制并披露年度报告，或者未在每个会计年度的上半年结束之日起2个月内编制并披露中期报告；

(6) 中国证监会和本所规定的，对发行人经营稳定性、直接面向市场独立持续经营的能力具有重大不利影响，或者存在发行人利益受到损害等其他情形。

典型例题：

【多选题】申请在北交所公开发行上市发行人的董事、监事和高级管理人员应当忠实、勤勉，符合法律、行政法规和规章规定的资格，不得有以下情形(　　)。

A. 最近12个月内受到证券交易所公开谴责的

B. 最近12个月内受到中国证监会行政处罚的

C. 最近12个月内受到全国股转公司公开谴责的

D. 因涉嫌犯罪被司法机关立案侦查或者涉嫌违法违规被中国证监会立案调查，尚未有明确结论意见

【答案】ABCD

【解析】根据《北京证券交易所股票上市规则(试行)》2.1.4规定，发行人申请公开发行并上市，不得存在最近12个月内，发行人及其控股股东、实际控制人、董事、监事、高级管理人员受到中国证监会及其派出机构行政处罚，或因证券市场违法违规行为受到全国中小企业股份转让系统有限责任公司(以下简称全国股转公司)、证券交易所等自律监管机构公开谴责；发行人及其控股股东、实际控制人、董事、监事、高级管理人员因涉嫌犯罪正被司法机关立案侦查或涉嫌违法违规正被中国证监会及其派出机构立案调查，尚未有明确结论意见。本题答案为选项A、B、C、D。

(三) 财务会计

1. 发行人申请向不特定合格投资者公开发行股票并在北交所上市的(以下简称公开发行并上市)，适用下列规定：

(1) 最近一年期末净资产不低于5 000万元；

(2) 向不特定合格投资者公开发行(以下简称公开发行)的股份不少于100万股，发行对象不少于100人；

(3) 公开发行后，公司股本总额不少于3 000万元；

(4) 公开发行后，公司股东人数不少于 200 人，公众股东持股比例不低于公司股本总额的 25%；公司股本总额超过 4 亿元的，公众股东持股比例不低于公司股本总额的 10%；

(5) 市值及财务指标符合本规则规定的标准；

(6) 交易所规定的其他上市条件。

交易所可以根据市场情况，经中国证监会批准，对上市条件和具体标准进行调整。

典型例题：

【多选题】发行人申请向不特定合格投资者公开发行股票并在北交所上市，下列关于发行人财务指标要求中，说法正确的是(　　)。

A. 最近一年期末净资产不低于 5 000 万元

B. 向不特定合格投资者公开发行（以下简称公开发行）的股份不少于 100 万股，发行对象不少于 100 人

C. 公开发行后，公司股本总额不少于 3 000 万元

D. 公开发行后，公司股东人数不少于 200 人，公众股东持股比例不低于公司股本总额的 25%；公司股本总额超过 4 亿元的，公众股东持股比例不低于公司股本总额的 10%

【答案】ABCD

【解析】根据《北京证券交易所股票上市规则（试行）》2.1.2 规定，发行人申请向不特定合格投资者公开发行股票并在北交所上市的（以下简称公开发行并上市），适用下列规定：(1) 最近一年期末净资产不低于 5 000 万元；(2) 向不特定合格投资者公开发行（以下简称公开发行）的股份不少于 100 万股，发行对象不少于 100 人；(3) 公开发行后，公司股本总额不少于 3 000 万元；(4) 公开发行后，公司股东人数不少于 200 人，公众股东持股比例不低于公司股本总额的 25%，公司股本总额超过 4 亿元的，公众股东持股比例不低于公司股本总额的 10%；(5) 市值及财务指标符合本规则规定的标准；(6) 交易所规定的其他上市条件。本题答案为选项 A、B、C、D。

2. 发行人申请公开发行并上市，市值及财务指标应当至少符合下列标准中的一项：

(1) 预计市值不低于 2 亿元，最近两年净利润均不低于 1 500 万元且加权平

均净资产收益率平均不低于8%,或者最近一年净利润不低于2 500万元且加权平均净资产收益率不低于8%;

(2) 预计市值不低于4亿元,最近两年营业收入平均不低于1亿元,且最近一年营业收入增长率不低于30%,最近一年经营活动产生的现金流量净额为正;

(3) 预计市值不低于8亿元,最近一年营业收入不低于2亿元,最近两年研发投入合计占最近两年营业收入合计比例不低于8%;

(4) 预计市值不低于15亿元,最近两年研发投入合计不低于5 000万元。

3. 发行人具有表决权差异安排:

发行人具有表决权差异安排的,该安排应当平稳运行至少一个完整会计年度,且相关信息披露和公司治理应当符合中国证监会及全国股转公司相关规定。

第五节 每章练习

一、主板知识练习

(一) 单选题

1. 最近( )个月内违反工商、税收、土地、环保、海关以及其他法律、行政法规,受到行政处罚,且情节严重,将不具有发行人资格。

　　A. 48　　　　B. 36　　　　C. 24　　　　D. 12

2. 根据《首发办法》,下列关于首次公开发行股票的条件,下列错误的是( )。

A. 发行人自股份有限公司成立后,持续经营时间应当在3年以上,但经国务院批准的除外

B. 发行人最近3年内主营业务和董事、高级管理人员没有发生重大变化

C. 发行前股本总额不少于人民币1 000万元

D. 发行前股本总额不少于人民币3 000万元

3. 根据《首发办法》,发行人最近3年内( )均没有发生重大变化,( )没有发生变更。

A. 主营业务和董事、实际控制人;高级管理人员

B. 主营业务和董事、高级管理人员；实际控制人

C. 主营业务和实际控制人、高级管理人员；董事

D. 董事和高级管理人员、实际控制人；主营业务

4. 根据《首发办法》，不属于发行人的董事、监事和高级管理人员不得有的情形的是（　　）。

A. 因涉嫌犯罪被司法机关立案侦查或涉嫌违法违规被中国证监会立案调查，尚未有结果

B. 最近12个月内受到证券交易所公开谴责

C. 最近36个月内受到中国证监会行政处罚

D. 最近12个月内受到中国证券业协会通报批评

5. 股份公司申请首次公开发行股票并上市，其最近3年内主营业务和董事、高级管理人员应没有发生重大变化，（　　）没有发生变更。

A. 第一大股东　　B. 董事长　　C. 实际控制人　　D. 总经理

6. 根据《首发办法》，发行人最近（　　）年内主营业务和董事、高级管理人员没有发生重大变化，实际控制人没有发生变更。

A. 1　　B. 2　　C. 3　　D. 4

7. 根据《首发办法》，招股说明书的有效期为（　　）个月，自公开发行前招股说明书最后一次签署之日起计算。

A. 1　　B. 3　　C. 6　　D. 12

8. 根据《首发办法》，发行人股东大会就本次发行股票作出的决议，至少应当包括的是（　　）。

A. 本次发行股票的具体价格

B. 发行后的现金分红方案

C. 募集资金用途

D. 对总经理办公室办理本次发行具体事宜的授权

9. 发行人申请首次公开发行股票并上市，应当按照中国证监会的有关规定制作申请文件，由（　　）向中国证监会申报。

A. 律师　　B. 保荐人　　C. 会计师　　D. 总经理

10. 上市公司披露盈利预测的，利润实现数如未达到盈利预测的百分之八十，除因不可抗力外，（　　）应当在股东大会及中国证监会指定报刊上公开作出

解释并道歉。

A. 上市公司法定代表人　　　　B. 上市公司董事会

C. 上市公司的控股股东　　　　D. 上市公司监事会

11. 根据《首发办法》，招股说明书中引用的财务报表在其最近一期截止日后（　　）个月内有效。特别情况下发行人可申请适当延长，但至多不超过（　　）个月，财务报表应当以年度末、半年度末或者季度末为截止。

A. 6；1　　　B. 6；3　　　C. 12；1　　　D. 12；3

12. 发行人申请首次公开发行股票并上市，发行前股本总额不少于人民币（　　）万元。

A. 3 000　　　B. 5 000　　　C. 2 000　　　D. 1 000

13. 根据《首发办法》，发行人的董事、监事和高级管理人员不得有最近（　　）个月内受到中国证监会行政处罚，或者最近（　　）个月内受到证券交易所公开谴责的情形。

A. 12；12　　　B. 24；12　　　C. 36；12　　　D. 36；24

14. 根据《首发办法》有关规定，首次公开发行股票的发行条件不包括下列哪一项（　　）。

A. 发行人最近三年内监事没有发生重大变化

B. 发行人最近三年内主营业务没有发生重大变化

C. 发行人最近三年内董事没有发生重大变化

D. 发行人最近三年内实际控制人没有发生变更

15. 发行人具有完善的公司治理结构，依法建立健全（　　），相关机构和人员能够依法履行职责。

A. 股东大会、董事会、监事会以及独立董事、董事会秘书、审计委员会制度

B. 股东大会、董事会、监事会以及独立董事、董事会秘书

C. 股东大会、董事会、监事会以及独立董事

D. 股东大会、董事会、监事会

（二）多选题

1. 下列关于发行人财务指标要求中，正确的是（　　）。

A. 最近3个会计年度净利润均为正数且累计超过人民币3 000万元，净利润以扣除非经常性损益前后较低者为计算依据

B. 最近 3 个会计年度经营活动产生的现金流量净额累计超过人民币 6 000 万元；或者最近 3 个会计年度营业收入累计超过人民币 6 亿元

C. 发行后股本总额不少于人民币 3 000 万元

D. 最近一期末无形资产（扣除土地使用权、水面养殖权和采矿权等后）占净资产的比例高于 20%

E. 最近一期末不存在未弥补亏损

2. 发行人不得有下列哪些情形（　　）。

A. 最近 36 个月内未经法定机关核准，擅自公开或者变相公开发行过证券或者有关违法行为虽然发生在 36 个月前，但目前仍处于持续状态

B. 最近 36 个月内违反工商、税收、土地、环保、海关以及其他法律、行政法规，受到行政处罚，且情节严重

C. 严重损害投资者合法权益和社会公共利益的其他情形

D. 本次报送的发行申请文件有虚假记载、误导性陈述或者重大遗漏

3. 发行人的董事、监事和高级管理人员符合法律、行政法规和规章规定的任职资格，且不得有下列哪些情形（　　）。

A. 被中国证监会采取证券市场禁入措施尚在禁入期的

B. 最近 36 个月内受到中国证监会行政处罚，或者最近 12 个月内受到证券交易所公开谴责

C. 因涉嫌犯罪被司法机关立案侦查或者涉嫌违法违规被中国证监会立案调查，尚未有明确结论意见

D. 最近 12 个月内被证券交易所约见谈话

4. 信息披露义务人应当真实、准确、完整、及时地披露信息，不得有（　　）。

A. 虚假记载　　　B. 提示性陈述　　　C. 误导性陈述　　　D. 重大遗漏

5. 下列人员需在招股说明书上签字的是（　　）。

A. 董事　　　B. 董事会秘书　　　C. 监事　　　D. 保荐代表人

6. 发行人股东大会就本次发行股票作出的决议，至少应当包括下列哪些事项（　　）。

A. 本次发行股票的种类和数量

B. 发行对象、价格区间或者定价方式

C. 募集资金用途

D. 发行前滚存利润的分配方案

E. 对董事会办理本次发行具体事宜的授权

F. 决议的有效期

7. 发行人应当符合下列哪些条件(　　)。

A. 最近 3 个会计年度净利润均为正数且累计超过人民币 3 000 万元,净利润以扣除非经常性损益前后较低者为计算依据

B. 最近 3 个会计年度经营活动产生的现金流量净额累计超过人民币 5 000 万元;或者最近 3 个会计年度营业收入累计超过人民币 3 亿元

C. 发行前股本总额不少于人民币 3 000 万元

D. 最近一期末无形资产(扣除土地使用权、水面养殖权和采矿权等后)占净资产的比例不高于 20%

E. 最近一期末不存在未弥补亏损

8. 中国证监会基于以下(　　)行为将采取终止审核并在 36 个月内不受理发行人的股票发行申请的监管措施。

A. 发行人向中国证监会报送的发行申请文件有虚假记载、误导性陈述或者重大遗漏

B. 发行人不符合发行条件以欺骗手段骗取发行核准

C. 发行人以不正当手段干扰中国证监会及其发行审核委员会审核工作

D. 发行人或其董事、监事、高级管理人员的签字、盖章系伪造或者变造

9. 招股说明书及其摘要所披露的信息应遵循(　　)的原则。

A. 真实性　　　　　　　　B. 完整性

C. 准确性　　　　　　　　D. 及时性

10. 发行人申报文件中不得有下列哪些情形(　　)。

A. 故意遗漏或虚构交易、事项或者其他重要信息

B. 滥用会计政策或者会计估计

C. 操纵、伪造或篡改编制财务报表所依据的会计记录或者相关凭证

D. 更换审计中介机构

(三) 判断题

1. 发行人向中国证监会报送的发行申请文件有虚假记载、误导性陈述或者重大遗漏的,发行人不符合发行条件以欺骗手段骗取发行核准的,发行人以不正

当手段干扰中国证监会及其发行审核委员会审核工作的,发行人或其董事、监事、高级管理人员的签字、盖章系伪造或者变造的,除依照《证券法》的有关规定处罚外,中国证监会将采取终止审核并在24个月内不受理发行人的股票发行申请的监管措施。

2. 发行人、上市公司依法披露的信息,必须真实、准确、完整,不得有虚假记载、误导性陈述或者重大遗漏。

3. 发行人应当按照中国证监会的有关规定制作申请文件,由发行人向中国证监会申报。

4. 根据《首发办法》,发行人不得伪造、变造发行人或其董事、监事、高级管理人员的签字、盖章。

5. 根据《首发办法》,招股说明书的有效期为6个月,自取得中国证监会核准发行批文之日起计算。

6. 根据《首发办法》规定,发行人披露盈利预测的,利润实现数如未达到盈利预测的80%,除因不可抗力外,其法定代表人、保荐机构应当在股东大会及中国证监会指定报刊上公开作出解释并道歉。

7. 根据《首发办法》,发行人及其全体董事、监事和高级管理人员应当在招股说明书上签字、盖章,保证招股说明书的内容真实、准确、完整。

8. 发行人申请首次公开发行股票的条件需满足:发行人的董事、监事和高级管理人员不得因涉嫌犯罪被司法机关立案侦查或者涉嫌违法违规被中国证监会立案调查。

9. 发行人的董事、监事和高级管理人员最近36个月内受到中国证监会行政处罚的,不符合法律、行政法规和规章规定的任职资格。

10. 发行人的董事、监事和高级管理人员最近12个月内受到证券交易所公开谴责的,符合法律、行政法规和规章规定的任职资格。

(四) 简答题

1. 公司首次公开发行新股,应当符合哪些条件?

2. 发行人的董事、监事和高级管理人员应符合法律、行政法规和规章规定的任职资格,根据《首发办法》简要说明,发行人的董事、监事和高级管理人员不得存在哪些情形?

3. 根据《首发办法》说明发行人申请发行上市应依法建立健全什么制度?

二、创业板知识练习

(一) 单选题

1. 根据《创业板首次公开发行股票并上市管理办法(试行)》,不属于发行人的董事、监事和高级管理人员应满足的要求的是(　　)。

   A. 发行人的董事、监事和高级管理人员应诚实守信,全面履行公开承诺事项,不得在发行上市中损害投资者合法权益

   B. 发行人的董事、高级管理人员最近3年内没有发生重大不利变化

   C. 发行人的董事、监事和高级管理人员应当忠实、勤勉,具备法律、行政法规和规章规定的资格

   D. 发行人的高级管理人员不存在最近3年内受到中国证监会行政处罚

2. 招股说明书的有效期为(　　),自公开发行前最后一次签署之日起算。

   A. 三个月　　　B. 六个月　　　C. 一年　　　D. 两年

3. 发行人(　　)应当在交易所网站和符合中国证监会规定条件的网站全文刊登招股说明书,同时在符合中国证监会规定条件的报刊刊登提示性公告,告知投资者网上刊登的地址及获取文件的途径。

   A. 在交易所受理注册申请文件前　　B. 在交易所受理注册申请文件后

   C. 在交易所报送注册申请后　　　　D. 在发行股票前

4. 交易所受理注册申请文件后,发行人应当按规定,将招股说明书、发行保荐书、上市保荐书、审计报告和法律意见书等文件在(　　)预先披露。

   A. 证监会网站　　　　　　　　　B. 交易所网站

   C. 符合中国证监会规定条件的网站　D. 发行人网站

5. 发行人申请首次公开发行股票并上市,(　　)应当依法就股票发行的具体方案、本次募集资金使用的可行性及其他必须明确的事项作出决议,并提请股东大会批准。

   A. 总经理　　　B. 监事会　　　C. 股东大会　　　D. 董事会

6. 有限责任公司按原账面净资产值折股整体变更为股份有限公司的,持续经营时间的计算起点通常可以是(　　)。

   A. 有限责任公司成立之日起

   B. 整体变更为股份有限公司之日起

   C. 有限责任公司按原账面净资产值折股之日起

D. 取有限责任公司成立之日与整体变更为股份有限公司之日的

7. 根据《创业板首次公开发行股票注册管理办法(试行)》,(　　)应当按照中国证监会的有关规定制作申请文件,由保荐人保荐,报(　　)审核。

　　A. 发行人;交易所　　　　　　　B. 保荐机构;中国证监会
　　C. 发行人;地方证监局　　　　　D. 保荐机构;交易所

8. 根据《创业板首次公开发行股票注册管理办法(试行)》,招股说明书中引用的财务报表在其最近一期截止日后(　　)个月内有效。特别情况下发行人可申请适当延长,但至多不超过(　　)个月,财务报表应当以年度末、半年度末或者季度末为截止。

　　A. 6;1　　　　B. 6;3　　　　C. 12;1　　　　D. 12;3

9. (　　),发行人应当按规定,将招股说明书、发行保荐书、上市保荐书、审计报告和法律意见书等文件在交易所网站预先披露。

　　A. 交易所受理注册申请文件前　　B. 交易所受理注册申请文件后
　　C. 交易所报送注册申请后　　　　D. 发行人在发行股票后

10. 下列关于创业板首次公开发行股票的条件,说法错误的是(　　)。

　　A. 发行人自股份有限公司成立后,持续经营时间应当在3年以上
　　B. 发行人最近二年内主营业务和董事、高级管理人员没有发生重大变化
　　C. 董事、监事和高级管理人员不存在最近一年内受到中国证监会行政处罚
　　D. 最近三年内,发行人及其控股股东、实际控制人不存在贪污、贿赂、侵占财产、挪用财产或者破坏社会主义市场经济秩序的刑事犯罪

(二) 多选题

1. 下列人员需在招股说明书上签字的是(　　)。

　　A. 董事　　　　　　　　　　　　B. 董事会秘书
　　C. 经理　　　　　　　　　　　　D. 保荐代表人
　　E. 保荐机构法定代表人

2. 发行人应当按(　　)要求,依法向其提供真实、准确、完整的业务运营、财务会计及其他资料,配合相关机构开展尽职调查和其他相关工作

　　A. 保荐机构　　B. 会计师事务所　　C. 律师事务所　　D. 证监局

3. 发行人申请首次公开发行股票并在创业板上市,应当按照中国证监会制定的信息披露规则,编制并披露招股说明书,保证相关信息真实、准确、完整。信

息披露内容应当简明清晰,通俗易懂,不得有( )。

A. 虚假记载　　　B. 提示性陈述　　　C. 误导性陈述　　　D. 重大遗漏

4. 发行人在发行股票前应当在( )全文刊登招股说明书,同时在符合中国证监会规定条件的报刊刊登提示性公告,告知投资者网上刊登的地址及获取文件的途径。

A. 证监会网站　　　　　　　　B. 交易所网站
C. 符合中国证监会规定条件的网站　　D. 发行人网站

（三）判断题

1. 发行人业务完整,具有直接面向市场独立持续经营的能力,不存在涉及主要资产、核心技术、商标等的重大权属纠纷,重大偿债风险、重大担保、诉讼、仲裁等或有事项,经营环境已经或者将要发生重大变化等对持续经营有重大不利影响的事项。

2. 控股股东和受控股股东、实际控制人支配的股东所持发行人的股份权属清晰,最近二年实际控制人没有发生重大变化,不存在导致控制权可能变更的重大权属纠纷。

3. 发行人准备在2021年下半年首次公开发行股票并在创业板上市,发行人的一名董事2017因涉嫌犯罪被司法机关立案调查,已有明确结论意见,不构成发行障碍。

4. 发行人与控股股东、实际控制人及其控制的其他企业间不得有同业竞争或者显失公平的关联交易。

5. 有限责任公司按原账面净资产值折股整体变更为股份有限公司的,持续经营时间不能从有限责任公司成立之日起计算。

6. 最近三年内,发行人及其控股股东、实际控制人不存在贪污、贿赂、侵占财产、挪用财产或者破坏社会主义市场经济秩序的刑事犯罪。

7. 发行人与控股股东、实际控制人及其控制的其他企业间不得有同业竞争或者显失公平的关联交易。

8. 创业板股票发行注册程序中,中国证监会应当在收到交易所报送的审核意见及发行人注册申请文件后20天内,对发行人的注册申请作出同意注册或者不予注册的决定。

9. 发行人的控股股东、实际控制人、董事、监事、高级管理人员等相关主体应当诚实守信,保证发行上市申请文件和信息披露的真实、准确、完整,依法作出并履行相关承诺,不得损害投资者合法权益。

10. 招股说明书引用经审计的财务报表在其最近一期截止日后六个月内有效,特殊情况下发行人可申请适当延长,但至多不超过六个月。

(四) 简答题

1. 简要论述发行人业务完整,具有直接面向市场独立持续经营要求有哪些。

2. 发行人股东大会应当就本次发行股票作出决议,决议至少应当包括哪些事项?

三、科创板知识练习

(一) 单选题

1. 根据《科创板首次公开发行股票注册管理办法(试行)》,关于科创板发行条件中,董事、监事和高级管理人员不存在最近(　　)受到中国证监会行政处罚。

A. 1年内　　　　B. 两年内　　　　C. 3年内　　　　D. 5年内

2. 根据《科创板首次公开发行股票并上市管理办法(试行)》,不属于发行人的董事、监事和高级管理人员应满足的要求的是(　　)。

A. 发行人的董事、监事和高级管理人员应诚实守信,全面履行公开承诺事项,不得在发行上市中损害投资者合法权益

B. 发行人的董事、高级管理人员最近1年内没有发生重大不利变化

C. 发行人的董事、监事和高级管理人员应当忠实、勤勉,具备法律、行政法规和规章规定的资格

D. 发行人的高级管理人员不存在最近3年内受到中国证监会行政处罚

3. 招股说明书中引用的财务报表在其最近一期截止日后(　　)个月内有效。

A. 24　　　　　　B. 12　　　　　　C. 6　　　　　　D. 3

4. 根据《科创板首次公开发行股票注册管理办法(试行)》,发行人股东大会就本次发行股票作出的决议,至少应当包括的是(　　)。

A. 本次发行股票的具体价格

B. 发行后的现金分红方案

C. 募集资金用途

D. 对总经理办公室办理本次发行具体事宜的授权

5. 股份公司申请首次公开发行股票并上市,其最近2年内主营业务和董事、高级管理人员及核心技术人员应没有发生重大不利变化,(　　)没有发生变更。

　　A. 第一大股东　　B. 董事长　　C. 实际控制人　　D. 总经理

6. 根据《科创板首次公开发行股票并上市管理办法(试行)》,下列关于科创板发行条件的说法,正确的有(　　)。

　　A. 发行人主营业务、控制权、管理团队和核心技术人员稳定,最近3年内主营业务和董事、高级管理人员及核心技术人员没有发生重大不利变化

　　B. 发行人主营业务、控制权、管理团队和核心技术人员稳定,最近2年内主营业务和董事、监事、高级管理人员及核心技术人员没有发生重大不利变化

　　C. 发行人最近3年实际控制人没有发生变更

　　D. 发行人最近2年内主营业务没有发生重大不利变化

7. 中国证监会作出注册决定后、发行人股票上市交易前,(　　)应当及时更新信息披露文件内容,财务报表过期的,发行人应当补充财务会计报告等文件。

　　A. 发行人　　B. 保荐人　　C. 保荐代表人　　D. 交易所

8. (　　),发行人应当按规定,将招股说明书、发行保荐书、上市保荐书、审计报告和法律意见书等文件在交易所网站预先披露。

　　A. 交易所受理注册申请文件前　　B. 交易所受理注册申请文件后

　　C. 交易所报送注册申请后　　D. 发行人在发行股票后

9. 发行人申请公开发行股票并在科创板上市,应当按照中国证监会有关规定制作注册申请文件,由(　　)向中国证监会申报。

　　A. 律师　　B. 保荐人　　C. 会计师　　D. 总经理

10. 根据《科创板首次公开发行股票注册管理办法(试行)》,(　　)应当在招股说明书上签名、盖章,保证招股说明书内容真实、准确、完整、及时。

　　A. 发行人及其全体董事、高级管理人员

　　B. 发行人及其全体董事、监事和高级管理人员

　　C. 全体董事、监事和高级管理人员

　　D. 发行人及其全体董事

(二) 多选题

1. 发行人作为信息披露第一责任人,必须始终恪守诚实守信的行为准则。其基本义务和责任是,为( )等中介机构提供真实、完整的财务会计资料和其他资料。

   A. 保荐机构　　B. 会计师事务所　C. 律师事务所　　D. 证监局

2. 根据《科创板首次公开发行股票并上市管理办法(试行)》,下列关于科创板发行条件的说法,正确的有( )。

   A. 发行人主营业务、控制权、管理团队和核心技术人员稳定,最近3年内主营业务和董事、高级管理人员及核心技术人员没有发生重大不利变化

   B. 控股股东和受控股东,实际控制人支配的股东所持发行人的股份权属清晰,最近3年实际控制人没有发生变更,不存在导致控制权可能发生变更的重大权属纠纷

   C. 最近3年内,发行人及其控股股东、实际控制人不存在贪污、贿赂、侵占财产、挪用财产或者破坏社会主义市场经济秩序的刑事犯罪

   D. 控股股东和受控股东,实际控制人支配的股东所持发行人的股份权属清晰,最近2年实际控制人没有发生变更,不存在导致控制权可能发生变更的重大权属纠纷

3. 发行人股东大会就本次发行股票作出的决议,至少应当包括下列哪些事项( )。

   A. 本次发行股票的种类和数量

   B. 发行对象、价格区间或者定价方式

   C. 募集资金用途

   D. 发行前滚存利润的分配方案

   E. 对董事会办理本次发行具体事宜的授权

   F. 决议的有效期

4. 下列人员需在招股说明书上签字的是( )。

   A. 董事　　　　B. 董事会秘书　　C. 经理　　　　D. 保荐代表人

   E. 保荐机构法定代表人

5. 发行人申请首次公开发行股票并在科创板上市,应当按照中国证监会制定的信息披露规则,编制并披露招股说明书,保证相关信息( )。

A. 真实　　　　B. 准确　　　　C. 完整　　　　D. 及时

（三）判断题

1. 发行人申请公开发行股票并在科创板上市，应当按照中国证监会有关规定制作注册申请文件，由发行人向中国证监会申报。

2. 首次公开发行股票并在科创板上市的发行人，除了可以是依法设立且合法存续的股份有限公司以外，还可以是依法设立且合法存续的有限责任公司。

3. 发行人董事会就本次股票发行的具体方案作出决议，需要提请股东大会批准。但本次募集资金使用的可行性不用提请股东大会批准。

4. 发行人不存在主要资产、核心技术、商标等的重大权属纠纷，重大偿债风险，重大担保、诉讼、仲裁等或有事项，经营环境已经或者将要发生的重大变化等对持续经营有重大不利影响的事项。

5. 有限责任公司按原账面净资产值折股整体变更为股份有限公司的，持续经营时间不能从有限责任公司成立之日起计算。

6. 发行人与控股股东、实际控制人及其控制的其他企业间不得有同业竞争或者显失公平的关联交易。

7. 发行人不存在主要资产、核心技术、商标等的重大权属纠纷，重大偿债风险，重大担保、诉讼、仲裁等或有事项。虽然发行人的经营环境将要发生的重大变化，但不构成发行障碍。

8. 公司对公开发行股票所募集资金，必须按照招股说明书或者其他公开发行募集文件所列资金用途使用；改变资金用途，必须经董事会作出决议。

9. 科创板股票发行注册程序中，中国证监会应当在收到交易所报送的审核意见及发行人注册申请文件后20天内，对发行人的注册申请作出同意注册或者不予注册的决定。

10. 发行人不可以将招股说明书以及有关附件刊登于其他报刊和网站，只在交易所网站、中国证监会指定报刊和网站的披露。

（四）简答题

1. 简要论述发行人业务完整，具有直接面向市场独立持续经营要求有哪些。

2. 发行人股东大会应当就本次发行股票作出决议，决议至少应当包括哪些事项？

四、北交所知识练习

（一）单选题

1. 因涉嫌犯罪正被司法机关立案侦查或涉嫌违法违规正被中国证监会及其派出机构立案调查，尚未有明确结论意见的，不影响公开发行股票的有（　　）。

　　A. 发行人　　　　　　　　　　B. 控股股东、实际控制人
　　C. 董事、监事、高级管理人员　　D. 职工代表

2. 发行人申请在北交所上市，最近（　　）个月内发行人及其控股股东、实际控制人、董事、监事、高级管理人员不得受到全国股转公司、证券交易所等自律监管机构公开谴责。

　　A. 12　　　　　B. 24　　　　　C. 36　　　　　D. 72

3. 发行人及其控股股东、实际控制人最近（　　）内受到中国证监会行政处罚的，不得公开发行股票。

　　A. 6个月　　　B. 1年　　　　C. 2年　　　　D. 3年

4. 发行人及其控股股东、实际控制人最近（　　）内受到全国股转公司、证券交易所等自律监管机构公开谴责的，不得公开发行股票。

　　A. 6个月　　　B. 1年　　　　C. 2年　　　　D. 3年

（二）多选题

1. 发行人申请在北交所上市，最近12个月内，（　　）不得受到中国证监会及其派出机构行政处罚。

　　A. 发行人
　　B. 发行人的控股股东
　　C. 发行人的实际控制人
　　D. 发行人的董事、监事、高级管理人员

2. 发行人及其控股股东、实际控制人存在（　　）情形，发行人不得公开发行股票。

　　A. 最近3年内存在贪污、贿赂、侵占财产、挪用财产或者破坏社会主义市场经济秩序的刑事犯罪
　　B. 最近3年内存在欺诈发行、重大信息披露违法或者其他涉及国家安全、公共安全、生态安全、生产安全、公众健康安全等领域的重大违法行为
　　C. 最近一年内受到中国证监会行政处罚

D. 最近一年内受到证券交易所公开谴责

3. 关于发行人申请在北交所公开发行股票，下列说法正确的是(　　)。

A. 具备健全且运行良好的组织机构

B. 具有持续经营能力，财务状况良好

C. 最近两年财务会计报告无虚假记载，被出具无保留意见审计报告

D. 依法规范经营

(三) 判断题

1. 发行人在北交所公开发行新股，发行人及其控股股东、实际控制人最近三年内存在欺诈发行、重大信息披露违法或者其他涉及国家安全、公共安全、生态安全、生产安全、公众健康安全等领域的重大违法行为的，不允许其发行股票。

2. 发行人及其控股股东、实际控制人最近三年内存在贪污、贿赂、侵占财产、挪用财产或者破坏社会主义市场经济秩序的刑事犯罪的，不得公开发行股票。

3. 申请在北交所上市的，发行人应当为在全国股转系统连续挂牌满十二个月的基础层挂牌公司。

(四) 简答题

关于发行人申请公开发行股票，请简要论述主体资格要求。

答案与解析

一、主板知识练习

(一) 单选题

1.【答案】B

【解析】根据《首发办法》第十八条规定，发行人不得在最近36个月内违反工商、税收、土地、环保、海关以及其他法律、行政法规，受到行政处罚，且情节严重。本题答案为选项B。

2.【答案】C

【解析】根据《首发办法》第九条、第十二条、第二十六条规定，发行人自股份有限公司成立后，持续经营时间应当在3年以上，但经国务院批准的除外。发行

人最近3年内主营业务和董事、高级管理人员没有发生重大变化,实际控制人没有发生变更。发行前股本总额不少于人民币3 000万元。选项A、B、D的说法正确,本题答案为选项C。

3.【答案】B

【解析】根据《首发办法》第十二条规定,发行人最近3年内主营业务和董事、高级管理人员没有发生重大变化,实际控制人没有发生变更。本题答案为选项B。

4.【答案】D

【解析】根据《首发办法》第十六条规定,发行人的董事、监事和高级管理人员应符合法律、行政法规和规章规定的任职资格,不得有下列情形:(1)被中国证监会采取证券市场禁入措施尚在禁入期的;(2)最近36个月内受到中国证监会行政处罚,或者最近12个月内受到证券交易所公开谴责;(3)因涉嫌犯罪被司法机关立案侦查或者涉嫌违法违规被中国证监会立案调查,尚未有明确结论意见。D选项不属于法条规定范围,本题答案为选项D。

5.【答案】C

【解析】根据《首发办法》第十二条规定,发行人最近3年内主营业务和董事、高级管理人员没有发生重大变化,实际控制人没有发生变更。本题答案为选项C。

6.【答案】C

【解析】根据《首发办法》第十二条规定,发行人最近3年内主营业务和董事、高级管理人员没有发生重大变化,实际控制人没有发生变更。本题答案为选项C。

7.【答案】C

【解析】根据《首发办法》第四十五条规定,招股说明书的有效期为6个月,自中国证监会核准发行申请前招股说明书最后一次签署之日起计算。本题答案为选项C。

8.【答案】C

【解析】根据《首发办法》第三十二条规定,发行人股东大会就本次发行股票作出的决议,至少应当包括下列事项:(1)本次发行股票的种类和数量;(2)发行对象;(3)价格区间或者定价方式;(4)募集资金用途;(5)发行前滚存利润的分配方案;(6)决议的有效期;(7)对董事会办理本次发行具体事宜的授权;(8)其他必须明确的事项。B选项不包括在内,A选项应当是本次发行股票的价格区间,D选项应当是对董事会办理本次发行具体事宜的授权,所以本题答案为选项C。

9.【答案】B

【解析】根据《首发办法》第三十三条规定,发行人应当按照中国证监会的有关规定制作申请文件,由保荐人保荐并向中国证监会申报。特定行业的发行人应当提供管理部门的相关意见。本题答案为选项B。

10.【答案】A

【解析】根据《首发办法》第五十七条规定,发行人披露盈利预测的,利润实现数如未达到盈利预测的80%,除因不可抗力外,其法定代表人、盈利预测审核报告签字注册会计师应当在股东大会及中国证监会指定报刊上公开作出解释并道歉。本题答案为选项B。

11.【答案】B

【解析】根据《首发办法》第四十四条规定,招股说明书中引用的财务报表在其最近一期截止日后6个月内有效,特殊情况下发行人可申请适当延长,但至多不超过3个月。财务报表应当以年度末、半年度末或者季度末为截止日。本题答案为选项B。

12.【答案】A

【解析】根据《首发办法》第二十六条规定,发行前股本总额不少于人民币3 000万元。本题答案为选项A。

13.【答案】C

【解析】根据《首发办法》第十六条规定,发行人的董事、监事和高级管理人员最近36个月内不得受到中国证监会行政处罚及最近12个月内不得受到证券交易所公开谴责。本题答案为选项C。

14.【答案】A

【解析】根据《首发办法》第十二条规定,发行人最近3年内主营业务和董事、高级管理人员没有发生重大变化,实际控制人没有发生变更。其中没有关于监事的规定。本题答案为选项A。

15.【答案】A

【解析】根据《首发办法》第十四条规定,发行人已经依法建立健全股东大会、董事会、监事会、独立董事、董事会秘书制度,相关机构和人员能够依法履行职责。本题答案为选项 A。

(二) 多选题

1.【答案】ACE

【解析】根据《首发办法》第二十六条规定,B 选项应当是最近 3 个会计年度经营活动产生的现金流量净额累计超过人民币 5 000 万元;或者最近 3 个会计年度营业收入累计超过人民币 3 亿元;D 选项应当为最近一期末无形资产(扣除土地使用权、水面养殖权和采矿权等后)占净资产的比例不高于 20%。本题答案为选项 A、C、E。

2.【答案】ABCD

【解析】根据《首发办法》第十八条规定,发行人不得有下列情形:(1)最近 36 个月内未经法定机关核准,擅自公开或者变相公开发行过证券;或者有关违法行为虽然发生在 36 个月前,但目前仍处于持续状态;(2)最近 36 个月内违反工商、税收、土地、环保、海关以及其他法律、行政法规,受到行政处罚,且情节严重;(3)最近 36 个月内曾向中国证监会提出发行申请,但报送的发行申请文件有虚假记载、误导性陈述或重大遗漏;或者不符合发行条件以欺骗手段骗取发行核准;或者以不正当手段干扰中国证监会及其发行审核委员会审核工作;或者伪造、变造发行人或其董事、监事、高级管理人员的签字、盖章;(4)本次报送的发行申请文件有虚假记载、误导性陈述或者重大遗漏;(5)涉嫌犯罪被司法机关立案侦查,尚未有明确结论意见;(6)严重损害投资者合法权益和社会公共利益的其他情形。本题答案为选项 A、B、C、D。

3.【答案】ABC

【解析】根据《首发办法》第十六条规定,发行人的董事、监事和高级管理人员应符合法律、行政法规和规章规定的任职资格,不得有下列情形:(1)被中国证监会采取证券市场禁入措施尚在禁入期的;(2)最近 36 个月内受到中国证监会行政处罚,或者最近 12 个月内受到证券交易所公开谴责;(3)因涉嫌犯罪被司法机关立案侦查或者涉嫌违法违规被中国证监会立案调查,尚未有明确结论意见。D 选项不属于法条规定范围,所以本题答案为选项 A、B、C。

4.【答案】ACD

【解析】根据《首发办法》第四条规定,发行人依法披露的信息,必须真实、准确、完整,不得有虚假记载、误导性陈述或者重大遗漏。本题答案为选项A、C、D。

5.【答案】ABCD

【解析】根据《首发办法》第四十三条规定,发行人及其全体董事、监事和高级管理人员应当在招股说明书上签字、盖章,保证招股说明书的内容真实、准确、完整。保荐人及其保荐代表人应当对招股说明书的真实性、准确性、完整性进行核查,并在核查意见上签字、盖章。本题答案为选项A、B、C、D。

6.【答案】ABCDEF

【解析】根据《首发办法》第三十二条规定,发行人股东大会就本次发行股票作出的决议,至少应当包括下列事项:(1)本次发行股票的种类和数量;(2)发行对象;(3)价格区间或者定价方式;(4)募集资金用途;(5)发行前滚存利润的分配方案;(6)决议的有效期;(7)对董事会办理本次发行具体事宜的授权;(8)其他必须明确的事项。本题答案为选项A、B、C、D、E、F。

7.【答案】ABCDE

【解析】根据《首发办法》第二十六条规定,发行人应当符合下列条件:(1)最近3个会计年度净利润均为正数且累计超过人民币3000万元,净利润以扣除非经常性损益前后较低者为计算依据;(2)最近3个会计年度经营活动产生的现金流量净额累计超过人民币5000万元;或者最近3个会计年度营业收入累计超过人民币3亿元;(3)发行前股本总额不少于人民币3000万元;(4)最近一期末无形资产(扣除土地使用权、水面养殖权和采矿权等后)占净资产的比例不高于20%;(5)最近一期末不存在未弥补亏损。本题答案为选项A、B、C、D、E。

8.【答案】ABCD

【解析】根据《首发办法》第五十二条规定,发行人向中国证监会报送的发行申请文件有虚假记载、误导性陈述或者重大遗漏的,发行人不符合发行条件以欺骗手段骗取发行核准的,发行人以不正当手段干扰中国证监会及其发行审核委员会审核工作的,发行人或其董事、监事、高级管理人员的签字、盖章系伪造或者变造的。除依照《证券法》的有关规定处罚外,中国证监会将采取终止审核并在36个月内不受理发行人的股票发行申请的监管措施。本题答案为选项A、B、C、D。

9.【答案】ABC

【解析】根据《首发办法》第四十三条规定,发行人及其全体董事、监事和高级管理人员应当在招股说明书上签字、盖章,保证招股说明书的内容真实、准确、完整。保荐人及其保荐代表人应当对招股说明书的真实性、准确性、完整性进行核查,并在核查意见上签字、盖章,故招股说明书应遵循真实、准确、完整的原则。本题答案为选项 A、B、C。

10.【答案】ABC

【解析】根据《首发办法》第二十九条规定,发行人申报文件中不得有下列情形:(1)故意遗漏或虚构交易、事项或者其他重要信息;(2)滥用会计政策或者会计估计;(3)操纵、伪造或篡改编制财务报表所依据的会计记录或者相关凭证。本题答案为选项 A、B、C。

(三) 判断题

1.【答案】×

【解析】根据《首发办法》第五十二条规定,应当是终止审核并在 36 个月内不受理发行人的股票发行申请的监管措施。

2.【答案】√

【解析】根据《首发办法》第四条规定,发行人依法披露的信息,必须真实、准确、完整,不得有虚假记载、误导性陈述或者重大遗漏。

3.【答案】×

【解析】根据《首发办法》第三十三条规定,应当由保荐人保荐并向中国证监会申报。

4.【答案】√

【解析】根据《首发办法》第十八条规定,发行人不得有下列情形:最近 36 个月内曾向中国证监会提出发行申请,但报送的发行申请文件有虚假记载、误导性陈述或重大遗漏;或者不符合发行条件以欺骗手段骗取发行核准;或者以不正当手段干扰中国证监会及其发行审核委员会审核工作;或者伪造、变造发行人或其董事、监事、高级管理人员的签字、盖章。

5.【答案】×

【解析】根据《首发办法》第四十五条规定,招股说明书的有效期为 6 个月,自中国证监会核准发行申请前招股说明书最后一次签署之日起计算。

6.【答案】×

【解析】根据《首发办法》第五十七条规定,发行人披露盈利预测的,利润实现数如未达到盈利预测的80%,除因不可抗力外,其法定代表人、盈利预测审核报告签字注册会计师应当在股东大会及中国证监会指定报刊上公开作出解释并道歉。

7.【答案】√

【解析】根据《首发办法》第四十三条规定,发行人及其全体董事、监事和高级管理人员应当在招股说明书上签字、盖章,保证招股说明书的内容真实、准确、完整。保荐人及其保荐代表人应当对招股说明书的真实性、准确性、完整性进行核查,并在核查意见上签字、盖章。

8.【答案】√

【解析】根据《首发办法》第十六条规定,发行人的董事、监事和高级管理人员不得因涉嫌犯罪被司法机关立案侦查或者涉嫌违法违规被中国证监会立案调查,尚未有明确结论意见。

9.【答案】√

【解析】根据《首发办法》第十六条规定,发行人的董事、监事和高级管理人员最近36个月内不得受到中国证监会行政处罚及最近12个月内不得受到证券交易所公开谴责。

10.【答案】×

【解析】根据《首发办法》第十六条规定,发行人的董事、监事和高级管理人员最近36个月内不得受到中国证监会行政处罚及最近12个月内不得受到证券交易所公开谴责。

(四) 简答题

1.【答案】

(1) 具备健全且运行良好的组织机构;

(2) 具有持续盈利能力,财务状况良好;

(3) 最近三年财务会计文件无虚假记载,无其他重大违法行为;

(4) 经国务院批准的国务院证券监督管理机构规定的其他条件。上市公司非公开发行新股,应当符合经国务院批准的国务院证券监督管理机构规定的条件,并报国务院证券监督管理机构核准。

2.【答案】

(1) 被中国证监会采取证券市场禁入措施尚在禁入期的;

(2) 最近36个月内受到中国证监会行政处罚,或者最近12个月内受到证券交易所公开谴责;

(3) 因涉嫌犯罪被司法机关立案侦查或者涉嫌违法违规被中国证监会立案调查,尚未有明确结论意见。

3.【答案】

(1) 股东大会制度;

(2) 董事会制度;

(3) 监事会制度;

(4) 独立董事制度;

(5) 董事会秘书制度。

二、创业板知识练习

(一) 单选题

1.【答案】B

【解析】根据《创业板首次公开发行股票注册管理办法(试行)》第十二条规定,最近二年内主营业务和董事、高级管理人员均没有发生重大不利变化。选项B的说法不正确。根据《创业板首次公开发行股票注册管理办法(试行)》第十三条规定,董事、监事和高级管理人员不存在最近三年内受到中国证监会行政处罚。选项D的说法正确。本题答案为选项B。

2.【答案】B

【解析】根据《创业板首次公开发行股票注册管理办法(试行)》第四十四条规定,招股说明书的有效期为六个月,自公开发行前最后一次签署之日起算。本题答案为选项B。

3.【答案】D

【解析】根据《创业板首次公开发行股票注册管理办法(试行)》第四十八条规定,发行人在发行股票前应当在交易所网站和符合中国证监会规定条件的网站全文刊登招股说明书,同时在符合中国证监会规定条件的报刊刊登提示性公告,告知投资者网上刊登的地址及获取文件的途径。本题答案为选项D。

4.【答案】B

【解析】根据《创业板首次公开发行股票注册管理办法(试行)》第四十五条规定,交易所受理注册申请文件后,发行人应当按规定,将招股说明书、发行保荐书、上市保荐书、审计报告和法律意见书等文件在交易所网站预先披露。本题答案为选项B。

5.【答案】D

【解析】根据《创业板首次公开发行股票注册管理办法(试行)》第十四条规定,发行人董事会应当依法就本次发行股票的具体方案、本次募集资金使用的可行性及其他必须明确的事项作出决议,并提请股东大会批准。本题答案为选项D。

6.【答案】A

【解析】根据《创业板首次公开发行股票注册管理办法(试行)》第十条规定,有限责任公司按原账面净资产值折股整体变更为股份有限公司的,持续经营时间可以从有限责任公司成立之日起计算。本题答案为选项A。

7.【答案】A

【解析】根据《创业板首次公开发行股票注册管理办法(试行)》第十六条规定,发行人应当按照中国证监会的有关规定制作申请文件,由保荐人保荐并向中国证监会申报。特定行业的发行人应当提供管理部门的相关意见。本题答案为选项A。

8.【答案】B

【解析】根据《创业板首次公开发行股票注册管理办法(试行)》第四十四条规定,招股说明书引用经审计的财务报表在其最近一期截止日后六个月内有效,特殊情况下发行人可申请适当延长,但至多不超过三个月。财务报表应当以年度末、半年度末或者季度末为截止日。本题答案为选项B。

9.【答案】A

【解析】根据《创业板首次公开发行股票注册管理办法(试行)》第四十五条规定,交易所受理注册申请文件后,发行人应当按规定,将招股说明书、发行保荐书、上市保荐书、审计报告和法律意见书等文件在交易所网站预先披露。本题答案为选项A。

10.【答案】C

【解析】根据《创业板首次公开发行股票并上市管理办法(试行)》第十二条

规定,主营业务、控制权和管理团队稳定,最近二年内主营业务和董事、高级管理人员均没有发生重大不利变化。本题答案为选项 C。

(二) 多选题

1.【答案】ABCDE

【解析】根据《创业板首次公开发行股票注册管理办法(试行)》第三十五条、第三十六条规定,发行人及其董事、监事、高级管理人员应当在招股说明书上签字、盖章,保证招股说明书的内容真实、准确、完整,不存在虚假记载、误导性陈述或者重大遗漏,并声明承担相应法律责任。保荐人及其保荐代表人应当在招股说明书上签字、盖章,确认招股说明书的内容真实、准确、完整,不存在虚假记载、误导性陈述或者重大遗漏,并声明承担相应的法律责任。本题答案为选项 A、B、C、D、E。

2.【答案】ABC

【解析】根据《深圳证券交易所创业板股票发行上市审核规则》第二十八条规定,发行人应当为保荐人、证券服务机构及时提供真实、准确、完整的业务运营、财务会计及其他资料,全面配合相关机构开展尽职调查和其他相关工作。本题答案为选项 A、B、C。

3.【答案】ACD

【解析】根据《创业板首次公开发行股票注册管理办法(试行)》第三十三条规定,信息披露内容应当简明清晰,通俗易懂,不得有虚假记载、误导性陈述或者重大遗漏。本题答案为选项 A、C、D。

4.【答案】BC

【解析】根据《创业板首次公开发行股票注册管理办法(试行)》第四十八条规定,发行人在发行股票前应当在交易所网站和符合中国证监会规定条件的网站全文刊登招股说明书,同时在符合中国证监会规定条件的报刊刊登提示性公告,告知投资者网上刊登的地址及获取文件的途径。本题答案为选项 B、C。

(三) 判断题

1.【答案】√

【解析】根据《创业板首次公开发行股票注册管理办法(试行)》第十二条规定,不存在涉及主要资产、核心技术、商标等的重大权属纠纷,重大偿债风险,重大担保、诉讼、仲裁等或有事项,经营环境已经或者将要发生重大变化等对持续经营有重大不利影响的事项。

2.【答案】×

【解析】根据《创业板首次公开发行股票注册管理办法(试行)》第十二条规定,要求"最近二年实际控制人没有发生变更"而不是没有发生重大变化。

3.【答案】√

【解析】根据《创业板首次公开发行股票并上市管理办法(试行)》第十三条规定,董事、监事和高级管理人员不存在最近三年内受到中国证监会行政处罚,或者因涉嫌犯罪正在被司法机关立案侦查或者涉嫌违法违规正在被中国证监会立案调查且尚未有明确结论意见等情形。这名董事涉嫌犯罪被司法机关立案调查是在三年前且已有明确结论,不构成发行障碍。

4.【答案】√

【解析】根据《创业板首次公开发行股票注册管理办法(试行)》第十二条规定,发行人业务完整,具有直接面向市场独立持续经营的能力。

5.【答案】×

【解析】根据《创业板首次公开发行股票注册管理办法(试行)》第十条规定,有限责任公司按原账面净资产值折股整体变更为股份有限公司的,持续经营时间可以从有限责任公司成立之日起计算。

6.【答案】√

【解析】根据《创业板首次公开发行股票注册管理办法(试行)》第十三条规定,最近三年内,发行人及其控股股东、实际控制人不存在贪污、贿赂、侵占财产、挪用财产或者破坏社会主义市场经济秩序的刑事犯罪。

7.【答案】√

【解析】根据《创业板首次公开发行股票注册管理办法(试行)》第十二条规定,业务完整,具有直接面向市场独立持续经营的能力,与控股股东、实际控制人及其控制的其他企业间不存在对发行人构成重大不利影响的同业竞争,不存在严重影响独立性或者显失公平的关联交易。

8.【答案】×

【解析】根据《创业板首次公开发行股票注册管理办法(试行)》第二十三条规定,中国证监会依照法定条件,在二十个工作日内对发行人的注册申请作出同意注册或者不予注册的决定。

9.【答案】√

【解析】根据《创业板首次公开发行股票注册管理办法（试行）》第六条规定，发行人的控股股东、实际控制人、董事、监事、高级管理人员等相关主体应当诚实守信，保证发行上市申请文件和信息披露的真实、准确、完整，依法作出并履行相关承诺，不得损害投资者合法权益。

10.【答案】×

【解析】根据《创业板首次公开发行股票注册管理办法（试行）》第四十四条规定，招股说明书引用经审计的财务报表在其最近一期截止日后六个月内有效，特殊情况下发行人可申请适当延长，但至多不超过三个月。

(四) 简答题

1.【答案】

(1) 资产完整，业务及人员、财务、机构独立；

(2) 主营业务、控制权和管理团队稳定；

(3) 不存在涉及主要资产、核心技术、商标等的重大权属纠纷，重大偿债风险，重大担保、诉讼、仲裁等或有事项，不存在对持续经营有重大不利影响的事项。

2.【答案】

(1) 本次公开发行股票的种类和数量；

(2) 发行对象；

(3) 定价方式；

(4) 募集资金用途；

(5) 发行前滚存利润的分配方案；

(6) 决议的有效期；

(7) 对董事会办理本次发行具体事宜的授权；

(8) 其他必须明确的事项。

三、科创板知识练习

(一) 单选题

1.【答案】C

【解析】根据《科创板首次公开发行股票并上市管理办法（试行）》第十三条规定，董事、监事和高级管理人员不存在最近3年内受到中国证监会行政处罚。

本题答案为选项 C。

2.【答案】B

【解析】根据《科创板首次公开发行股票注册管理办法(试行)》第十二条规定,最近 2 年内主营业务和董事、高级管理人员均没有发生重大不利变化。本题答案为选项 B。

3.【答案】C

【解析】根据《科创板首次公开发行股票注册管理办法(试行)》第四十三条规定,招股说明书的有效期为 6 个月,自公开发行前最后一次签署之日起计算。本题答案为选项 C。

4.【答案】C

【解析】根据《科创板首次公开发行股票注册管理办法(试行)》第十五条规定,发行人股东大会就本次发行股票作出的决议,至少应当包括下列事项:(1)本次发行股票的种类和数量;(2)发行对象;(3)价格区间或者定价方式;(4)募集资金用途;(5)发行前滚存利润的分配方案;(6)决议的有效期;(7)对董事会办理本次发行具体事宜的授权;(8)其他必须明确的事项。本题答案为选项 C。

5.【答案】C

【解析】根据《科创板首次公开发行股票并上市管理办法(试行)》第十二条规定,发行人主营业务、控制权、管理团队和核心技术人员稳定,最近 2 年内主营业务和董事、高级管理人员及核心技术人员均没有发生重大不利变化;控股股东和受控股股东、实际控制人支配的股东所持发行人的股份权属清晰,最近 2 年实际控制人没有发生变更,不存在导致控制权可能变更的重大权属纠纷。本题答案为选项 C。

6.【答案】D

【解析】根据《科创板首次公开发行股票并上市管理办法(试行)》第十二条规定,发行人主营业务、控制权、管理团队和核心技术人员稳定,最近 2 年内主营业务和董事、高级管理人员及核心技术人员均没有发生重大不利变化;控股股东和受控股股东、实际控制人支配的股东所持发行人的股份权属清晰,最近 2 年实际控制人没有发生变更,不存在导致控制权可能变更的重大权属纠纷,选项 A、C 的说法错误;B 选项中管理团队的稳定要求不包括监事,所以本题答案为选项 D。

7.【答案】A

【解析】根据《科创版首次公开发行股票注册管理办法（试行）》第二十六条规定,中国证监会作出注册决定后、发行人股票上市交易前,发行人应当及时更新信息披露文件内容,财务报表过期的,发行人应当补充财务会计报告等文件。本题答案为选项 A。

8.【答案】B

【解析】根据《科创板板首次公开发行股票注册管理办法（试行）》第四十四条规定,交易所受理注册申请文件后,发行人应当按规定,将招股说明书、发行保荐书、上市保荐书、审计报告和法律意见书等文件在交易所网站预先披露。本题答案为选项 B。

9.【答案】B

【解析】根据《科创板首次公开发行股票注册管理办法（试行）》第十六条规定,发行人申请公开发行股票并在科创板上市,应当按照中国证监会有关规定制作注册申请文件,由保荐人保荐并向交易所申报。本题答案为选项 B。

10.【答案】B

【解析】根据《科创板首次公开发行股票注册管理办法（试行）》第三十六条规定,发行人及其董事、监事、高级管理人员应当在招股说明书上签字、盖章,保证招股说明书的内容真实、准确、完整,不存在虚假记载、误导性陈述或者重大遗漏,并声明承担相应法律责任。本题答案为选项 B。

(二) 多选题

1.【答案】ABC

【解析】根据《上海证券交易所科创板股票发行上市审核规则》第二十八条规定,发行人应当为保荐人、证券服务机构及时提供真实、准确、完整的业务运营、财务会计及其他资料,全面配合相关机构开展尽职调查和其他相关工作。本题答案为选项 A、B、C。

2.【答案】CD

【解析】选项 A、B 中应当是"最近 2 年内主营业务和董事、高管及核心技术人员均没有发生重大不利变化,实际控制人没有变更";近 3 年内,发行人及其控股股东、实际控制人不存在贪污、贿赂、侵占财产、挪用财产或者破坏社会主义市场经济秩序的刑事犯罪,不存在欺诈发行、重大信息披露违法或者其他涉及国家安全、公共安全、生态安全、生产安全、公众健康安全等领域的重大违法行为。董事、监事和高级管理人员不存在最近3年内受到中国证监会行政处罚,或者因涉嫌犯罪被司法机关立案侦查或者涉嫌违法违规被中国证监会立案调查,尚未有明确结论意见等情形。本题答案为选项C、D。

3.【答案】ABCDEF

【解析】根据《科创板首次公开发行股票注册管理办法(试行)》第十五条规定,发行人股东大会就本次发行股票作出的决议,至少应当包括下列事项:(1)本次发行股票的种类和数量;(2)发行对象;(3)价格区间或者定价方式;(4)募集资金用途;(5)发行前滚存利润的分配方案;(6)决议的有效期;(7)对董事会办理本次发行具体事宜的授权;(8)其他必须明确的事项。本题答案为选项A、B、C、D、E、F。

4.【答案】ABCDE

【解析】根据《科创板首次公开发行股票注册管理办法(试行)》第三十六条、第三十七条规定,发行人及其董事、监事、高级管理人员应当在招股说明书上签字、盖章,保证招股说明书的内容真实、准确、完整,不存在虚假记载、误导性陈述或者重大遗漏,并声明承担相应法律责任。保荐人及其保荐代表人应当在招股说明书上签字、盖章,确认招股说明书的内容真实、准确、完整,不存在虚假记载、误导性陈述或者重大遗漏,并声明承担相应的法律责任。本题答案为选项A、B、C、D、E。

5.【答案】ABC

【解析】根据《科创板首次公开发行股票注册管理办法(试行)》第三十四条规定,发行人申请首次公开发行股票并在科创板上市,应当按照中国证监会制定的信息披露规则,编制并披露招股说明书,保证相关信息真实、准确、完整。本题答案为选项A、B、C。

(三) 判断题

1.【答案】×

【解析】根据《科创板首次公开发行股票注册管理办法(试行)》第十六条规定,发行人申请公开发行股票并在科创板上市,应当按照中国证监会有关规定制作注册申请文件,由保荐人保荐并向交易所申报。

2.【答案】×

【解析】根据《科创板首次公开发行股票并上市管理办法(试行)》第十条规定,发行人应当是依法设立且合法存续的股份有限公司,有限责任公司需依法变更为股份有限公司。

3.【答案】×

【解析】根据《科创板首次公开发行股票注册管理办法(试行)》第十四条规定,发行人董事会应当依法就本次股票发行的具体方案、本次募集资金使用的可行性及其他必须明确的事项作出决议,并提请股东大会批准。

4.【答案】√

【解析】根据《科创板首次公开发行股票注册管理办法(试行)》第十二条规定,发行人不存在主要资产、核心技术、商标等的重大权属纠纷,重大偿债风险,重大担保、诉讼、仲裁等或有事项,经营环境已经或者将要发生的重大变化等对持续经营有重大不利影响的事项。

5.【答案】×

【解析】根据《科创板首次公开发行股票并上市管理办法(试行)》第十条规定,有限责任公司按原账面净资产值折股整体变更为股份有限公司的,持续经营时间可以从有限责任公司成立之日起计算。

6.【答案】√

【解析】根据《科创板首次公开发行股票注册管理办法(试行)》第十二条规定,业务完整,具有直接面向市场独立持续经营的能力,与控股股东、实际控制人及其控制的其他企业间不存在对发行人构成重大不利影响的同业竞争,不存在严重影响独立性或者显失公平的关联交易。

7.【答案】×

【解析】根据《科创板首次公开发行股票注册管理办法(试行)》第十二条规定,发行人不存在主要资产、核心技术、商标等的重大权属纠纷,重大偿债风险,重大担保、诉讼、仲裁等或有事项,经营环境已经或者将要发生的重大变化等对持续经营有重大不利影响的事项。

8.【答案】×

【解析】根据《科创板首次公开发行股票注册管理办法(试行)》第十五条规定,应当经股东大会作出决议。

9.【答案】×

【解析】根据《科创版首次公开发行股票注册管理办法》第二十四条规定,中国证监会依照法定条件,在20个工作日内对发行人的注册申请作出同意注册或者不予注册的决定。

10.【答案】×

【解析】根据《科创板首次公开发行股票注册管理办法(试行)》第四十七条规定,发行人可以将招股说明书以及有关附件刊登于其他报刊和网站,但披露内容应当完全一致,且不得早于在交易所网站、中国证监会指定报刊和网站的披露时间。

(四) 简答题

1.【答案】

(1) 资产完整,业务及人员、财务、机构独立;

(2) 主营业务、控制权和管理团队稳定;

(3) 不存在涉及主要资产、核心技术、商标等的重大权属纠纷,重大偿债风险,重大担保、诉讼、仲裁等或有事项,不存在对持续经营有重大不利影响的事项。

2.【答案】

(1) 本次公开发行股票的种类和数量;

(2) 发行对象;

(3) 定价方式;

(4) 募集资金用途;

(5) 发行前滚存利润的分配方案;

(6) 决议的有效期;

(7) 对董事会办理本次发行具体事宜的授权;

(8) 其他必须明确的事项。

四、北交所知识练习

(一) 单选题

1.【答案】D

【解析】根据《北京证券交易所股票上市规则(试行)》2.1.4规定,发行人及其控股股东、实际控制人、董事、监事、高级管理人员因涉嫌犯罪正被司法机关立案侦查或涉嫌违法违规正被中国证监会及其派出机构立案调查,尚未有明确结论意见。本题答案为选项 D。

2.【答案】A

【解析】根据《北京证券交易所股票上市规则(试行)》2.1.4 规定,最近 12 个月内,发行人及其控股股东、实际控制人、董事、监事、高级管理人员不得受到全国股转公司、证券交易所等自律监管机构公开谴责。本题答案为选项 A。

3.【答案】B

【解析】根据《北京证券交易所向不特定合格投资者公开发行股票注册管理办法(试行)》第十一条规定,发行人最近一年内受到中国证监会行政处罚的,不得公开发行股票。本题答案为选项 B。

4.【答案】B

【解析】根据《北京证券交易所股票上市规则(试行)》2.1.4 规定,最近 12 个月内,发行人及其控股股东、实际控制人、董事、监事、高级管理人员受到全国股转公司、证券交易所等自律监管机构公开谴责。本题答案为选项 B。

(二) 多选题

1.【答案】ABCD

【解析】根据《北京证券交易所股票上市规则(试行)》2.1.4 规定,最近 12 个月内,发行人及其控股股东、实际控制人、董事、监事、高级管理人员受到中国证监会及其派出机构行政处罚。本题答案为选项 A、B、C、D。

2.【答案】ABCD

【解析】根据《北京证券交易所向不特定合格投资者公开发行股票注册管理办法(试行)》第十一条规定,发行人及其控股股东、实际控制人存在下列情形之一的,发行人不得公开发行股票:(1) 最近三年内存在贪污、贿赂、侵占财产、挪用财产或者破坏社会主义市场经济秩序的刑事犯罪;(2) 最近三年内存在欺诈发行、重大信息披露违法或者其他涉及国家安全、公共安全、生态安全、生产安全、公众健康安全等领域的重大违法行为;(3) 最近一年内受到中国证监会行政处罚,选项 ABC 的说法正确;根据《北京证券交易所股票上市规则(试行)》2.1.4 规定,最近 12 个月内,发行人及其控股股东、实际控制人、董事、监事、高级管理人员不得受到全国股转公司、证券交易所等自律监管机构公开谴责,选项 D 的说法正确。本题答案为选项 A、B、C、D。

3.【答案】ABD

【解析】根据《北京证券交易所向不特定合格投资者公开发行股票注册管理办法(试行)》第十条规定,发行人申请公开发行股票,应当符合下列规定:(1)具备健全且运行良好的组织机构;(2)具有持续经营能力,财务状况良好;(3)最近三年财务会计报告无虚假记载,被出具无保留意见审计报告;(4)依法规范经营。本题答案为选项A、B、D。

(三)判断题

1.【答案】√

【解析】根据《北京证券交易所向不特定合格投资者公开发行股票注册管理办法(试行)》第十一条规定,发行人及其控股股东、实际控制人最近三年内存在欺诈发行、重大信息披露违法或者其他涉及国家安全、公共安全、生态安全、生产安全、公众健康安全等领域的重大违法行为的,发行人不得公开发行股票。

2.【答案】√

【解析】根据《北京证券交易所向不特定合格投资者公开发行股票注册管理办法(试行)》第十一条规定,发行人及其控股股东、实际控制人存在下列情形之一的,发行人不得公开发行股票:(一)最近三年内存在贪污、贿赂、侵占财产、挪用财产或者破坏社会主义市场经济秩序的刑事犯罪;……

3.【答案】×

【解析】根据《北京证券交易所向不特定合格投资者公开发行股票注册管理办法(试行)》第九条规定,发行人应当为在全国股转系统连续挂牌满十二个月的创新层挂牌公司。

(四)简答题

1.【答案】

(1)具备健全且运行良好的组织机构;

(2)具有持续经营能力,财务状况良好;

(3)最近三年财务会计报告无虚假记载,被出具无保留意见审计报告;

(4)依法规范经营。

第四章 规范运作

> **本章涉及的主要法律法规**
> 1. 《中华人民共和国公司法》(2018年修正)
> 2. 《中华人民共和国证券法》(2019年修订)
> 3. 《上市公司信息披露管理办法》(2021修订)(中国证券监督管理委员会令第182号)
> 4. 《上市公司章程指引》(2019修订)(2019年4月17日证监会公告〔2019〕10号)
> 5. 《上市公司治理准则》(2018修订)(中国证券监督管理委员会公告〔2018〕29号)

第一节 关联方与关联交易

一、关联方的含义

关联关系,是指公司控股股东、实际控制人、董事、监事、高级管理人员与其直接或者间接控制的企业之间的关系,以及可能导致公司利益转移的其他关系。但是,国家控股的企业之间不仅因为同受国家控股而具有关联关系。

典型例题:

【多选题】关联关系,是指公司(　　)与其直接或者间接控制的企业之间的关系,以及可能导致公司利益转移的其他关系,同为国家控股的企业之间除外。

A. 控股股东　　B. 实际控制人　　C. 董事　　D. 监事

E. 高级管理人员

【答案】ABCDE

【解析】根据《公司法》第二百一十六条规定,关联关系,是指公司控股股东、实际控制人、董事、监事、高级管理人员与其直接或者间接控制的企业之间的关系,以及可能导致公司利益转移的其他关系。本题答案为选项A、B、C、D、E。

二、关联方的界定

上市公司的关联人包括关联法人(或者其他组织)和关联自然人。

(一) 关联法人

具有以下情形之一的法人(或者其他组织),为上市公司的关联法人(或者其他组织):

1. 直接或者间接地控制上市公司的法人(或者其他组织);

2. 由前项所述法人(或者其他组织)直接或者间接控制的除上市公司及其控股子公司以外的法人(或者其他组织);

3. 关联自然人直接或者间接控制的、或者担任董事、高级管理人员的,除上市公司及其控股子公司以外的法人(或者其他组织);

4. 持有上市公司百分之五以上股份的法人(或者其他组织)及其一致行动人;

5. 在过去十二个月内或者根据相关协议安排在未来十二月内,存在上述情形之一的;

6. 中国证监会、证券交易所或者上市公司根据实质重于形式的原则认定的其他与上市公司有特殊关系,可能或者已经造成上市公司对其利益倾斜的法人(或者其他组织)。

(二) 关联自然人

具有以下情形之一的自然人,为上市公司的关联自然人:

1. 直接或者间接持有上市公司百分之五以上股份的自然人;

2. 上市公司董事、监事及高级管理人员;

3. 直接或者间接地控制上市公司的法人的董事、监事及高级管理人员;

4. 上述第1、2项所述人士的关系密切的家庭成员,包括配偶、父母、年满十八周岁的子女及其配偶、兄弟姐妹及其配偶,配偶的父母、兄弟姐妹,子女配偶的父母;

5. 在过去十二个月内或者根据相关协议安排在未来十二个月内,存在上述情形之一的;

6. 中国证监会、证券交易所或者上市公司根据实质重于形式的原则认定的其他与上市公司有特殊关系,可能或者已经造成上市公司对其利益倾斜的自然人。

典型例题:

【单选题】上市公司的关联自然人,不包括(　　)。

A. 直接或间接持有上市公司5%以上股份的自然人

B. 上市公司董事、监事和高级管理人员

C. 关联法人的董事、监事和高级管理人员

D. 上市公司的出纳

【答案】 D

【解析】 根据《上市公司信息披露管理办法》第六十二条规定,直接或者间接持有上市公司百分之五以上股份的自然人,上市公司董事、监事及高级管理人员,直接或者间接地控制上市公司的法人的董事、监事及高级管理人员为上市公司的关联自然人。所以选项A、B、C属于上市公司关联自然人,选项D不属于上市公司关联自然人。本题答案为选项D。

【单选题】 根据《上市公司信息披露管理办法》,上市公司关联法人不包括(　　)。

A. 直接或者间接地控制上市公司的法人

B. 关联自然人直接或者间接控制的、或者担任监事的,除上市公司及其控股子公司以外的法人

C. 持有上市公司5%以上股份的法人或者一致行动人

D. 由前项所述法人直接或者间接控制的除上市公司及其控股子公司以外的法人

【答案】 B

【解析】 根据《上市公司信息披露管理办法》第六十二条规定,关联自然人直

接或者间接控制的、或者担任董事、高级管理人员的,除上市公司及其控股子公司以外的法人(或者其他组织)属于关联法人。选项 B 中关联自然人担任监事的法人不属于关联法人,选项 A、C、D 均属于关联法人。本题答案为选项 B。

【多选题】根据《上市公司信息披露管理办法》,上市公司关联自然人包括(　　)。

　　A. 直接或者间接持有上市公司 5%以上股份的自然人

　　B. 直接或者间接地控制上市公司的法人的董事、监事及高级管理人员

　　C. 上述第 A、B 项所述人士的关系密切的家庭成员,包括配偶、父母、年满 18 周岁的子女及其配偶、兄弟姐妹及其配偶,配偶的父母、兄弟姐妹,子女配偶的父母

　　D. 在过去 12 个月内或者根据相关协议安排在未来 12 个月内,存在上述情形之一的

【答案】ABCD

【解析】根据《上市公司信息披露管理办法》第六十二条规定,具有以下情形之一的自然人,为上市公司的关联自然人:(1)直接或者间接持有上市公司百分之五以上股份的自然人;(2)上市公司董事、监事及高级管理人员;(3)直接或者间接地控制上市公司的法人的董事、监事及高级管理人员;(4)上述第(1)(2)项所述人士的关系密切的家庭成员,包括配偶、父母、年满十八周岁的子女及其配偶、兄弟姐妹及其配偶,配偶的父母、兄弟姐妹,子女配偶的父母;(5)在过去十二个月内或者根据相关协议安排在未来十二个月内,存在上述情形之一的。本题答案为选项 A、B、C、D。

三、关联交易

　　上市公司的关联交易,是指上市公司或者其控股子公司与上市公司关联人之间发生的转移资源或者义务的事项。

　　1. 上市公司关联交易应当依照有关规定严格履行决策程序和信息披露义务。

　　2. 上市公司应当与关联方就关联交易签订书面协议。协议的签订应当遵循平等、自愿、等价、有偿的原则,协议内容应当明确、具体、可执行。

　　3. 上市公司应当采取有效措施防止关联方以垄断采购或者销售渠道等方

式干预公司的经营,损害公司利益。

4. 关联交易应当具有商业实质,价格应当公允,原则上不偏离市场独立第三方的价格或者收费标准等交易条件。

典型例题:

【单选题】根据《上市公司治理准则》的规定,下列说法中错误的是(　　)。

　　A. 上市公司关联交易应当按照有关规定严格履行决策程序和信息披露义务

　　B. 上市公司与关联方之间的关联交易可以不签订书面协议

　　C. 上市公司及其关联方不得利用关联交易输送利益或者调节利润,不得以任何方式隐瞒关联关系

　　D. 关联交易应当具有商业实质,价格应当公允,原则上不偏离市场独立第三方的价格或者收费标准等交易条件

【答案】B

【解析】根据《上市公司治理准则》中有关关联交易的规定,选项 A、C、D 的说法正确;上市公司应当与关联方就关联交易签订书面协议。协议的签订应当遵循平等、自愿、等价、有偿的原则,协议内容应当明确、具体、可执行,因此选项 B 的说法错误。本题答案为选项 B。

5. 上市公司及其关联方不得利用关联交易输送利益或者调节利润,不得以任何方式隐瞒关联关系。

6. 上市公司董事、监事、高级管理人员、持股百分之五以上的股东及其一致行动人、实际控制人应当及时向上市公司董事会报送上市公司关联人名单及关联关系的说明。

7. 上市公司在履行关联交易的决策程序时要严格执行关联方回避制度,并履行相应的信息披露义务,保证关联交易的公允性和交易行为的透明度。要充分发挥独立董事在关联交易决策和信息披露程序中的职责和作用。

典型例题:

【单选题】上市公司在履行关联交易的决策程序时要严格执行关联方回避制度,并履行相应的信息披露义务,保证关联交易的公允性和交易行为的透明度。要充分发挥(　　)在关联交易决策和信息披露程序中的职责和作用。

　　A. 经理办公会　　B. 独立董事　　C. 董事长　　D. 财务总监

【答案】B

【解析】根据《国务院批转证监会关于提高上市公司质量意见的通知》(国发〔2005〕34号)第三条规定,上市公司在履行关联交易的决策程序时要严格执行关联方回避制度,并履行相应的信息披露义务,保证关联交易的公允性和交易行为的透明度。要充分发挥独立董事在关联交易决策和信息披露程序中的职责和作用。本题答案为选项B。

【单选题】上市公司在履行关联交易的决策程序时要严格执行关联方回避制度,并履行相应的信息披露义务,保证关联交易的(　　)和交易行为的透明度。

A. 重要性　　　B. 公允性　　　C. 准确性　　　D. 及时性

【答案】B

【解析】根据《国务院批转证监会关于提高上市公司质量意见的通知》(国发〔2005〕34号)第三条规定,上市公司在履行关联交易的决策程序时要严格执行关联方回避制度,并履行相应的信息披露义务,保证关联交易的公允性和交易行为的透明度。本题答案为选项B。

四、独立性要求

发行人应达到并披露发行监管对公司独立性的下列基本要求:

1. 资产完整方面,生产型企业具备与生产经营有关的主要生产系统、辅助生产系统和配套设施,合法拥有与生产经营有关的主要土地、厂房、机器设备以及商标、专利、非专利技术的所有权或者使用权,具有独立的原料采购和产品销售系统;非生产型企业具备与经营有关的业务体系及主要相关资产;

2. 人员独立方面,发行人的总经理、副总经理、财务负责人和董事会秘书等高级管理人员不在控股股东、实际控制人及其控制的其他企业中担任除董事、监事以外的其他职务,不在控股股东、实际控制人及其控制的其他企业领薪,发行人的财务人员不在控股股东、实际控制人及其控制的其他企业中兼职;

3. 财务独立方面,发行人已建立独立的财务核算体系,能够独立作出财务决策,具有规范的财务会计制度和对分公司、子公司的财务管理制度,发行人未与控股股东、实际控制人及其控制的其他企业共用银行账户;

4. 机构独立方面,发行人已建立健全内部经营管理机构,独立行使经营管

理职权,与控股股东和实际控制人及其控制的其他企业间不存在机构混同的情形;

5. 业务独立方面,发行人的业务独立于控股股东、实际控制人及其控制的其他企业,与控股股东、实际控制人及其控制的其他企业间不存在同业竞争或者显失公平的关联交易。

典型例题:

【多选题】发行人的机构独立是指(　　)。

A. 建立健全内部经营管理机构

B. 独立行使经营管理职权

C. 独立使用办公场所

D. 与控股股东、实际控制人及其控制的其他企业间不得有机构混同的情形

【答案】ABD

【解析】根据《公开发行证券的公司信息披露内容与格式准则第1号——招股说明书(2015修订)》第五十一条规定,发行人应披露已达到发行监管对公司独立性的下列基本要求:机构独立方面。发行人已建立健全内部经营管理机构,独立行使经营管理职权,与控股股东和实际控制人及其控制的其他企业间不存在机构混同的情形。本题答案为选项A、B、D。

第二节　对外担保

上市公司对外担保通常是指上市公司为他人提供的担保,包括上市公司对控股子公司的担保。

一、公司对外担保的一般规定

1. 公司向其他企业投资或者为他人提供担保,依照公司章程的规定,由董事会或者股东会、股东大会决议。公司章程对投资或者担保的总额及单项投资或者担保的数额有限额规定的,不得超过规定的限额。

公司为公司股东或者实际控制人提供担保的,必须经股东会或者股东大会决议。

上述规定的股东或者受上述规定的实际控制人支配的股东,不得参加上述规定事项的表决。该项表决由出席会议的其他股东所持表决权的过半数通过。

2. 公司章程中应当明确对外担保的审批权限和审议程序,公司不存在为控股股东、实际控制人及其控制的其他企业进行违规担保的情形。

典型例题:

【单选题】根据公司法律制度的规定,股份有限公司为公司股东或者实际控制人提供担保的,应当由( )作出决议。

A. 股东大会　　　B. 董事会　　　C. 监事会　　　D. 总经理

【答案】 A

【解析】根据《公司法》第十六条规定,公司为公司股东或者实际控制人提供担保的,必须经股东会或者股东大会决议。本题答案为选项 A。

【多选题】下列说法正确的有( )。

A. 公司是企业法人,有独立的法人财产,享有法人财产权

B. 公司向其他企业投资,必须由董事会决议

C. 公司要以全部财产对公司的经营活动产生的债务承担责任

D. 公司为股东或实际控制人提供担保的,须经股东(大)会决议

【答案】 ACD

【解析】根据《公司法》第三条规定,公司是企业法人,有独立的法人财产,享有法人财产权。公司以其全部财产对公司的债务承担责任。选项 A、C 的说法正确。

根据《公司法》第十六条规定,公司向其他企业投资,由董事会或者股东会、股东大会决议。公司为公司股东或者实际控制人提供担保的,必须经股东会或者股东大会决议。公司向其他企业投资,不是必须经过董事会决议,所以选项 B 的说法错误,选项 D 的说法正确。

【判断题】公司为公司股东或者实际控制人提供担保的,由董事会或者股东会、股东大会决议。

【答案】 ×

【解析】根据《公司法》第十六条规定,公司为公司股东或者实际控制人提供担保的,必须经股东会或者股东大会决议。

二、对外担保的具体规定

1. 应由董事会审批的对外担保,必须经出席董事会的三分之二以上董事审议同意并做出决议。

应由股东大会审批的对外担保,必须经董事会审议通过后,方可提交股东大会审批。

2. 公司法和公司章程规定公司转让、受让重大资产或者对外提供担保等事项必须经股东大会作出决议的,董事会应当及时召集股东大会会议,由股东大会就上述事项进行表决。

3. 公司下列对外担保行为,须经股东大会审议通过:

（1）公司控股子公司的对外担保总额,达到或超过最近一期经审计净资产的50%以后提供的任何担保;

（2）公司的对外担保总额,达到或超过最近一期经审计总资产的30%以后提供的任何担保;

（3）为资产负债率超过70%的担保对象提供的担保;

（4）单笔担保额超过最近一期经审计净资产10%的担保;

（5）对股东、实际控制人及其关联方提供的担保。

股东大会在审议为股东、实际控制人及其关联方提供的担保议案时,该股东或受该实际控制人支配的股东,不得参与该项表决,该项表决由出席股东大会的其他股东所持表决权的半数以上通过。

典型例题:

【单选题】上市公司及其控股子公司的对外担保总额,超过最近一期经审计净资产(　　)以后提供的任何担保,须经股东大会审批。

A. 50%　　　　B. 60%　　　　C. 40%　　　　D. 70%

【答案】A

【解析】根据《上市公司章程指引》第四十一条的规定,公司及公司控股子公司的对外担保总额,达到或超过最近一期经审计净资产的50%以后提供的任何担保须经股东大会审议通过。本题答案为选项A。

【单选题】下面无须经股东大会审批的对外担保的情形有(　　)。

A. 上市公司及其控股子公司的对外担保总额,超过最近一期经审计净资产

50%以后提供的任何担保

B. 为资产负债率为60%的担保对象提供的担保

C. 单笔担保额超过最近一期经审计净资产10%的担保

D. 对股东、实际控制人及其关联方提供的担保

【答案】B

【解析】根据《上市公司章程指引》第四十一条规定,公司下列对外担保行为,须经股东大会审议通过:(1)本公司及本公司控股子公司的对外担保总额,达到或超过最近一期经审计净资产的50%以后提供的任何担保;(2)公司的对外担保总额,达到或超过最近一期经审计总资产的30%以后提供的任何担保;(3)为资产负债率超过70%的担保对象提供的担保;(4)单笔担保额超过最近一期经审计净资产10%的担保;(5)对股东、实际控制人及其关联方提供的担保。选项B资产负债率为60%,资产负债率达到70%才须经股东大会审批,因此选项B无须经股东大会审批。本题答案为选项B。

【单选题】公司的对外担保总额,达到或超过最近一期经审计总资产的(　　)以后提供的任何担保,须经股东大会审议通过。

A. 10%　　　　B. 30%　　　　C. 50%　　　　D. 70%

【答案】B

【解析】根据《上市公司章程指引》第四十一条规定,公司的对外担保总额,达到或超过最近一期经审计总资产的30%以后提供的任何担保须经股东大会审议通过。本题答案为选项B。

4. 公司或公司的子公司(包括公司的附属企业)不以赠与、垫资、担保、补偿或贷款等形式,对购买或者拟购买公司股份的人提供任何资助。

典型例题:

【判断题】公司不得以赠与、垫资、担保、补偿或贷款等形式,对购买或者拟购买公司股份的人提供任何资助,但可以通过公司的子公司(包括公司的附属企业)来提供。

【答案】×

【解析】根据《上市公司章程指引》第二十条规定,公司或公司的子公司(包括公司的附属企业)不以赠与、垫资、担保、补偿或贷款等形式,对购买或者拟购买公司股份的人提供任何资助。

三、股份质押

持有公司5%以上有表决权股份的股东,将其持有的股份进行质押的,应当自该事实发生当日,向公司作出书面报告。

典型例题:

【单选题】持有公司( )以上有表决权股份的股东,将其持有的股份进行质押的,应当自该事实发生当日,向公司作出书面报告。

A. 1%　　　　B. 5%　　　　C. 10%　　　　D. 25%

【答案】B

【解析】根据《上市公司章程指引》第三十八条规定,持有公司5%以上有表决权股份的股东,将其持有的股份进行质押的,应当自该事实发生当日,向公司作出书面报告。本题答案为选项B。

【判断题】持有公司5%以上有表决权股份的股东,将其持有的股份进行质押的,应当自该事实发生当日,向公司作出书面报告。

【答案】√

【解析】根据《上市公司章程指引》第三十八条规定,持有公司5%以上有表决权股份的股东,将其持有的股份进行质押的,应当自该事实发生当日,向公司作出书面报告。

第三节 利润分配

一、现金分红的相关规定

公司应当在公司章程中明确现金分红相对于股票股利在利润分配方式中的优先顺序。公司应当在公司章程中载明以下内容:

1. 公司董事会、股东大会对利润分配尤其是现金分红事项的决策程序和机制,对既定利润分配政策尤其是现金分红政策作出调整的具体条件、决策程序和机制,以及为充分听取独立董事和中小股东意见所采取的措施。

2. 公司的利润分配政策尤其是现金分红政策的具体内容,利润分配的形式,利润分配尤其是现金分红的期间间隔,现金分红的具体条件,发放股票股利的条件,各期现金分红最低金额或比例(如有)等。

二、利润分配的相关规定

(一) 公积金提取比例

1. 公司分配当年税后利润时,应当提取利润的10%列入公司法定公积金。公司法定公积金累计额为公司注册资本的50%以上的,可以不再提取。

2. 公司从税后利润中提取法定公积金后,经股东大会决议,还可以从税后利润中提取任意公积金。

3. 法定公积金转为资本时,所留存的该项公积金将不少于转增前公司注册资本的25%。

典型例题:

【单选题】公司分配当年税后利润时,应当提取利润的10%列入公司( )。

A. 法定公积金   B. 任意公积金   C. 法定公益金   D. 本公积金

【答案】A

【解析】根据《公司法》第一百六十六条规定,公司分配当年税后利润时,应当提取利润的10%列入公司法定公积金。公司法定公积金累计额为公司注册资本的50%以上的,可以不再提取。本题答案为选项A。

【单选题】公司分配当年税后利润时,应当提取利润的( )列入公司法定公积金。公司法定公积金累计额为公司注册资本的( )以上的,可以不再提取。

A. 10%;25%   B. 10%;50%   C. 25%;25%   D. 25%;50%

【答案】B

【解析】根据《公司法》第一百六十六条规定,公司分配当年税后利润时,应当提取利润的10%列入公司法定公积金。公司法定公积金累计额为公司注册资本的50%以上的,可以不再提取。本题答案为选项B。

【判断题】公司以法定盈余公积金转增资本时,法律规定公司所留存的该项公积金不得少于转增前的公司注册资本的25%。

【答案】√

【解析】根据《公司法》第一百六十八条规定,法定公积金转为资本时,所留存的该项公积金将不少于转增前公司注册资本的25%。

(二)公积金弥补亏损

1. 公司的公积金用于弥补公司的亏损、扩大公司生产经营或者转为增加公司资本。但是,资本公积金将不用于弥补公司的亏损。

2. 公司的法定公积金不足以弥补以前年度亏损的,在依照规定提取法定公积金之前,应当先用当年利润弥补亏损。

(三)剩余利润分配

1. 公司弥补亏损和提取公积金后所余税后利润,按照股东持有的股份比例分配,但公司章程规定不按持股比例分配的除外。

2. 股东大会违反上述第一条规定,在公司弥补亏损和提取法定公积金之前向股东分配利润的,股东必须将违反规定分配的利润退还公司。

3. 公司持有的本公司股份不参与分配利润。

4. 公司股东大会对利润分配方案作出决议后,公司董事会须在股东大会召开后2个月内完成股利(或股份)的派发事项。

典型例题:

【单选题】下列说法,错误的是(   )。

A. 公司持有的本公司股份不得分配利润

B. 公司法定公积金累计额为公司注册资本的50%以上的,可以不再提取

C. 资本公积金可用于弥补公司的亏损

D. 法定公积金转为资本时,所留存的该项公积金不得少于转增前公司注册资本的25%

【答案】C

【解析】根据《公司法》第一百六十六条规定,公司分配当年税后利润时,应当提取利润的10%列入公司法定公积金。公司法定公积金累计额为公司注册资本的50%以上的,可以不再提取。公司持有的本公司股份不得分配利润。所以选项A、B的说法正确。

根据《公司法》第一百六十八条规定,法定公积金转为资本时,所留存的该项公积金将不少于转增前公司注册资本的25%。公司的公积金用于弥补公司的亏损、扩大公司生产经营或者转为增加公司资本。但是,资本公积金不得用于弥补公司的亏损。所以选项C的说法错误,选项D的说法正确。综上,本题答案

为选项 C。

5. 公司根据经营和发展的需要,依照法律、法规的规定,经股东大会分别作出决议,可以采用下列方式增加资本:

(1) 公开发行股份;

(2) 非公开发行股份;

(3) 向现有股东派送红股;

(4) 以公积金转增股本;

(5) 法律、行政法规规定以及中国证监会批准的其他方式。

典型例题:

【判断题】公司不得以赠与、垫资、担保、补偿或贷款等形式,对购买或者拟购买公司股份的人提供任何资助,但可以通过公司的子公司(包括公司的附属企业)来提供。

【答案】×

【解析】根据《上市公司章程指引》第二十条规定,公司或公司的子公司(包括公司的附属企业)不以赠与、垫资、担保、补偿或贷款等形式,对购买或者拟购买公司股份的人提供任何资助。

【判断题】上市公司根据经营和发展的需要,依照法律、法规的规定,经董事会作出决议,可以采用以公积金转增股本方式增加资本。

【答案】×

【解析】根据《上市公司章程指引》第二十一条规定,公司根据经营和发展的需要,依照法律、法规的规定,经股东大会分别作出决议,可以采用以公积金转增股本方式增加资本。

第四节 募集资金

一、募集资金的一般性规定

(一) 公开发行股票募集资金的使用

公司对公开发行股票所募集资金,必须按照招股说明书或者其他公开发行募集文件所列资金用途使用;改变资金用途,必须经股东大会作出决议。擅自改变用途,未作纠正的,或者未经股东大会认可的,不得公开发行新股。

典型例题:

【单选题】公司对公开发行股票所募集资金,必须按照招股说明书或者其他公开发行募集文件所列资金用途使用;改变资金用途,必须经(　　)作出决议。擅自改变用途而未作纠正的,或者未经(　　)认可的,不得公开发行新股。

　　A. 董事会;董事会　　　　　　B. 董事会;股东大会

　　C. 股东大会;股东大会　　　　D. 股东大会;董事会

【答案】C

【解析】根据《证券法》第十四条规定,公司对公开发行股票所募集资金,必须按照招股说明书或者其他公开发行募集文件所列资金用途使用;改变资金用途,必须经股东大会作出决议。擅自改变用途,未作纠正的,或者未经股东大会认可的,不得公开发行新股。本题答案为选项C。

【判断题】公司对公开发行股票所募集资金,必须按照招股说明书或者其他公开发行募集文件所列资金用途使用;改变资金用途,必须经董事会作出决议。

【答案】×

【解析】根据《证券法》第十四条规定,公司对公开发行股票所募集资金,必须按照招股说明书或者其他公开发行募集文件所列资金用途使用;改变资金用途,必须经股东大会作出决议。而不是必须经董事会作出决议。

(二)公开发行债券筹集资金的使用

公开发行公司债券筹集的资金,必须按照公司债券募集办法所列资金用途使用;改变资金用途,必须经债券持有人会议作出决议。

公开发行公司债券筹集的资金,不得用于弥补亏损和非生产性支出。

典型例题:

【多选题】依照《证券法》,以下关于公司公开发行公司债券的条件的叙述,正确的是(　　)。

　　A. 具备健全且运行良好的组织机构

　　B. 最近3年平均可分配利润足以支付公司债券一年的利息

　　C. 改变资金用途,必须经债券持有人会议作出决议

　　D. 公开发行公司债券筹集的资金,不得用于弥补亏损和非生产性支出

【答案】ABCD

【解析】根据《证券法》第十五条规定,公开发行公司债券,应当符合下列条件:(1)具备健全且运行良好的组织机构;(2)最近3年平均可分配利润足以支付公司债券一年的利息;(3)国务院规定的其他条件。选项A、B的说法正确。

公开发行公司债券筹集的资金,必须按照公司债券募集办法所列资金用途使用;改变资金用途,必须经债券持有人会议作出决议。公开发行公司债券筹集的资金,不得用于弥补亏损和非生产性支出。选项C、D的说法正确。

【判断题】公开发行公司债券筹集的资金,不得用于弥补亏损和非生产性支出。

【答案】√

【解析】根据《证券法》第十五条规定,公开发行公司债券筹集的资金,不得用于弥补亏损和非生产性支出。

(三)募集资金内部控制制度

1. 上市公司应当建立并完善募集资金存储、使用、变更、监督和责任追究的内部控制制度,明确募集资金使用的分级审批权限、决策程序、风险控制措施及信息披露要求。

2. 上市公司募集资金原则上应当用于主营业务。除金融类企业外,募集资金投资项目不得为持有交易性金融资产和可供出售的金融资产、借予他人、委托理财等财务性投资,不得直接或间接投资于以买卖有价证券为主要业务的公司。

3. 上市公司拟变更募集资金投资项目的,应当在董事会形成相关决议后及时披露,并将该事项提交股东大会审议。独立董事、监事会分别对变更募集资金投资项目发表意见。

典型例题:

【判断题】上市公司变更募集资金投资项目,无需监事会对变更募集资金投资项目的意见。

【答案】×

【解析】根据《上海证券交易所股票上市规则》第11.2.1条、第11.2.2条规定,上市公司拟变更募集资金投资项目的,应当在董事会形成相关决议后及时披露,并将该事项提交股东大会审议。独立董事、监事会分别对变更募集资金投资项目发表意见。

二、募集资金的专户存放与置换

（一）专户存放

1. 上市公司应当将募集资金存放于经董事会批准设立的专项账户集中管理和使用，并在募集资金到位后一个月内与保荐机构、存放募集资金的商业银行签订三方监管协议。

2. 募集资金专项账户不得存放非募集资金或用作其他用途。

（二）置换自筹资金

1. 上市公司以自筹资金预先投入募集资金投资项目的，可以在募集资金到账后6个月内，以募集资金置换自筹资金。

2. 置换事项应当经董事会审议通过，会计师事务所出具鉴证报告，并由独立董事、监事会、保荐机构发表明确同意意见并披露。

3. 上市公司实际募集资金净额超过计划募集资金金额的部分(下称超募资金)可用于永久补充流动资金和归还银行借款，每十二个月内累计金额不得超过超募资金总额的30%。

典型例题：

【单选题】上市公司实际募集资金净额超过计划募集资金金额的部分可用于永久补充流动资金和归还银行借款，每十二个月内累计金额不得超过超募资金总额的（　　）%。

A. 1　　　　　　B. 5　　　　　　C. 30　　　　　　D. 50

【答案】C

【解析】根据《上市公司监管指引第2号——上市公司募集资金管理和使用的监管要求》第九条规定，上市公司实际募集资金净额超过计划募集资金金额的部分(下称超募资金)可用于永久补充流动资金和归还银行借款，每十二个月内累计金额不得超过超募资金总额的30%。本题答案为选项C。

第五节　控股股东及其关联方行为规范

控股股东、实际控制人对上市公司及其他股东负有诚信义务。控股股东对其所控股的上市公司应当依法行使股东权利,履行股东义务。控股股东、实际控制人不得利用其控制权损害上市公司及其他股东的合法权益,不得利用对上市公司的控制地位谋取非法利益。

控股股东提名上市公司董事、监事候选人的,应当遵循法律法规和公司章程规定的条件和程序。控股股东不得对股东大会人事选举结果和董事会人事聘任决议设置批准程序。

上市公司的重大决策应当由股东大会和董事会依法作出。控股股东、实际控制人及其关联方不得违反法律法规和公司章程干预上市公司的正常决策程序,损害上市公司及其他股东的合法权益。

控股股东、实际控制人及上市公司有关各方作出的承诺应当明确、具体、可执行,不得承诺根据当时情况判断明显不可能实现的事项。承诺方应当在承诺中作出履行承诺声明、明确违反承诺的责任,并切实履行承诺。

典型例题:

【单选题】上市公司的重大决策应由(　　)依法作出。

A. 控股股东和高级管理人员　　　　B. 控股股东和实际控制人

C. 股东大会和董事会　　　　　　　D. 高级管理人员

【答案】C

【解析】根据《上市公司治理准则》第六十五条规定,上市公司的重大决策应当由股东大会和董事会依法作出。本题答案为选项C。

【单选题】关于控股股东的行为规范,说法错误的是(　　)。

A. 控股股东对上市公司及其他股东负有诚信义务

B. 控股股东对上市公司董事、监事候选人的提名,应严格遵循法律、法规和公司章程规定的条件和程序

C. 控股股东可以直接任免上市公司的高级管理人员

D. 控股股东不得直接或间接干预公司的决策及依法开展的生产经营活动,损害公司及其他股东的权益

【答案】C

【解析】根据《上市公司治理准则》第六十三条规定,控股股东、实际控制人对上市公司及其他股东负有诚信义务。选项A的说法正确。

根据《上市公司治理准则》第六十四条规定,控股股东提名上市公司董事、监

事候选人的,应当遵循法律法规和公司章程规定的条件和程序。控股股东不得对股东大会人事选举结果和董事会人事聘任决议设置批准程序。选项 B 的说法正确,选项 C 的说法错误。

根据《上市公司治理准则》第六十五条规定,上市公司的重大决策应当由股东大会和董事会依法作出。控股股东、实际控制人及其关联方不得违反法律法规和公司章程干预上市公司的正常决策程序,损害上市公司及其他股东的合法权益。选项 D 的说法正确。

综上,本题答案为选项 C。

第六节 每章练习

一、单选题

1. 根据《上市公司信息披露管理办法》,上市公司关联自然人不包括( )。

A. 直接或者间接持有上市公司 5% 以上股份的自然人

B. 直接或者间接地控制上市公司的法人的董事、监事及高级管理人员

C. 上述 A 项及上市公司董事、监事及高级管理人员的关系密切的家庭成员,包括配偶、父母、年满 18 周岁的子女及其配偶、兄弟姐妹及其配偶,配偶的父母、兄弟姐妹

D. 在过去 24 个月内或者根据相关协议安排在未来 24 个月内,存在上述情形之一的

2. 根据《上市公司信息披露管理办法》,下列不属于上市公司关联方的是( )。

A. 5 个月前辞职的监事　　　　B. 未来 8 个月控股股东控制的公司

C. 提供审计服务满 3 年的会计师　　D. 独立董事任董事的公司

3. 关联交易活动应遵循商业原则,关联交易的价格原则上应不偏离( )的价格或收费的标准。公司应对关联交易的定价依据予以充分披露。

A. 市场上较高的价格　　　　B. 市场上较低的价格

C. 双方确定的价格　　　　　D. 市场独立第三方

4. 上市公司要根据有关法规明确对外担保的审批权限,严格执行对外担保

审议程序。上市公司任何人员不得违背公司章程规定,未经(　　)批准或授权,以上市公司名义对外提供担保。

　　A. 董事会或股东大会　　　　B. 董事会或监事会
　　C. 股东大会或监事会　　　　D. 董事会或总经理办公会

5. 下列选项中,须股东大会审批的对外担保的情形有(　　)。

　　A. 上市公司及其控股子公司的对外担保金额,超过最近一期经审计净资产30%以后提供的任何担保
　　B. 为净资产负债率为60%的担保对象提供的担保
　　C. 单笔担保额超过最近一期经审计净资产5%的担保
　　D. 对股东、实际控制人及其关联方提供的担保

6. 上市公司发生的为资产负债率超过(　　)的担保对象提供的担保,担保事项应当在董事会审议通过后提交股东大会审议。

　　A. 20%　　　B. 30%　　　C. 5%　　　D. 70%

7. 单笔担保额超过最近一期经审计净资产(　　)的担保,须经股东大会审议通过。

　　A. 10%　　　B. 30%　　　C. 50%　　　D. 70%

8. 下列哪一事项不属于须经股东大会审议的对外担保(　　)。

　　A. 上市公司及其控股子公司的对外担保总额,超过最近一期经审计净资产50%以后提供的任何担保
　　B. 为资产负债率超过70%的担保对象提供的担保
　　C. 单笔担保额超过最近一期经审计净资产5%的担保
　　D. 对股东、实际控制人及其关联方提供的担保

9. 上市公司在一年内购买、出售重大资产或担保金额超过公司资产总额30%的,应当由(　　)作出决议。

　　A. 董事会　　　B. 监事会　　　C. 独立董事　　　D. 股东大会

10. 上市公司在一年内担保金额超过公司资产总额的(　　),应当由股东大会作出决议。

　　A. 1/3　　　B. 2/3　　　C. 30%　　　D. 50%

11. 上市公司及其控股子公司的对外担保总额,超过最近一期经审计净资产(　　)以后提供的任何担保须经股东大会审批。

A. 30% B. 50% C. 70% D. 100%

12. 公司从税后利润中提取法定公积金后,( ),还可以从税后利润中提取任意公积金。

A. 经董事会决议 B. 根据法律规定

C. 经股东会或者股东大会决议 D. 根据公司章程规定

13. 股份公司申请首次公开发行股票并上市,应当建立募集资金专项存储制度,募集资金应当存放于( )决定的专项账户。

A. 董事会 B. 监事会 C. 保荐人 D. 股东大会

14. 上市公司应当按照( )使用募集资金。

A. 经股东大会审议批准的年度投资计划

B. 公司董事会确定的投资方案

C. 公司的实际需求

D. 发行申请文件中承诺的募集资金投资计划

二、多选题

1. 具有以下情形之一的法人,被认定为上市公司的关联法人( )。

A. 直接或者间接地控制上市公司的法人

B. 由 A 项所述法人直接或者间接控制的除上市公司及其控股子公司以外的法人

C. 关联自然人直接或者间接控制的、或者担任董事、高级管理人员的,除上市公司及其控股子公司以外的法人

D. 持有上市公司 3% 以上股份的法人或者一致行动人

E. 中国证监会、证券交易所或者上市公司根据实质重于形式的原则认定的其他与上市公司有特殊关系,可能或者已经造成上市公司对其利益倾斜的法人

2. 上市公司( )应当及时向上市公司董事会报送上市公司关联人名单及关联关系的说明。上市公司应当履行关联交易的审议程序,并严格执行关联交易回避表决制度。交易各方不得通过隐瞒关联关系或者采取其他手段,规避上市公司的关联交易审议程序和信息披露义务。

A. 董事

B. 监事

C. 高级管理人员

D. 持股 5% 以上的股东及其一致行动人

E. 实际控制人

3. 上市公司下列对外担保行为,须经股东大会审议通过的是(　　)。

　　A. 本公司及本公司控股子公司的对外担保总额,达到或超过最近一期经审计净资产的 50% 以后提供的任何担保

　　B. 公司的对外担保总额,达到或超过最近一期经审计净资产的 30% 以后提供的任何担保

　　C. 为资产负债率超过 70% 的担保对象提供的担保

　　D. 单笔担保额超过最近一期经审计净资产 30% 的担保

4. 发行人应建立和完善严格的资金(　　)等相关管理制度,加强资金活动的管理。

　　A. 授权　　　　　B. 批准　　　　　C. 审验　　　　　D. 责任追究

5. 首次公开发行股票,对募集资金运用的要求包括(　　)。

　　A. 募集资金应当有明确的使用方向,原则上应当用于主营业务

　　B. 发行人董事会应当对募集资金投资项目的可行性进行认真分析,确信投资项目具有较好的市场前景和盈利能力,有效防范投资风险,提高募集资金使用效益

　　C. 募集资金投资项目实施后,不会产生同业竞争或者对发行人的独立性产生不利影响

　　D. 发行人应当建立募集资金专项存储制度,募集资金应当存放于董事会决定的专项账户

6. 除金融类企业外,募集资金使用项目不得为(　　)等财务性投资,不得直接或者间接投资于以买卖有价证券为主要业务的公司。

　　A. 持有交易性金融资产和可供出售的金融资产

　　B. 借予他人资金

　　C. 购买专利权

　　D. 委托理财

7. 须经股东大会审批的对外担保,包括但不限于下列情形(　　)。

　　A. 上市公司及其控股子公司的对外担保总额,超过最近一期经审计净资产 50% 以后提供的任何担保

B. 为资产负债率超过70%的担保对象提供的担保

C. 单笔担保额超过最近一期经审计净资产10%的担保

D. 对股东、实际控制人及其关联方提供的担保

三、判断题

1. 上市公司董事、监事、高级管理人员、持股5%以上的股东及其一致行动人、实际控制人应当及时向上市公司董事会报送上市公司关联人名单及关联关系的说明。

2. 交易各方不得通过隐瞒关联关系或者采取其他手段，规避上市公司的关联交易审议程序和信息披露义务。

3. 公司为公司股东提供担保必须经公司董事会审议通过。

4. 上市公司为关联人提供担保的，不论数额大小，均应当在董事会审议通过后提交股东大会审议。

5. 上市公司在一年内购买、出售重大资产或者担保金额超过公司资产总额的25%的，应当由股东大会作出决议，并经出席会议的股东所持表决权的2/3以上通过。

6. 公司分配当年税后利润时，应当提取利润的10%列入公司法定公积金。公司法定公积金累计额为公司注册资本30%以上的，可以不再提取。

7. 应由股东大会审批的对外担保，无须经董事会审议通过，可直接提交股东大会审批。

8. 上市公司要加强对募集资金的管理。对募集资金投资项目必须进行认真的可行性分析，有效防范投资风险，提高募集资金使用效益。经由股东大会决定的投资项目，公司董事会或经理层可以根据生产经营需要随意变更。

9. 控股股东或实际控制人不得以向上市公司借款、由上市公司提供担保、代偿债务、代垫款项等各种名目侵占上市公司资金。

10. 上市公司对外担保必须经股东大会审议。

11. 对股东、实际控制人及其关联方提供的担保只须董事会审议即可，不须经股东大会审议。

四、简答题

1. 简述募集资金的管理和使用基本要求。

2. 简述上市公司发生提供担保交易事项时，需要在董事会审议通过后提交

股东大会审议的相关担保事项。

3. 简述发行监管对公司独立性的基本要求。

答案与解析

一、单选题

1.【答案】 D

【解析】 根据《上市公司信息披露管理办法》第六十二条规定,选项A、B、C均属于上市公司关联自然人。

根据《上市公司信息披露管理办法》第六十二条规定,在过去十二个月内或者根据相关协议安排在未来十二月内,存在上述情形之一的属于关联自然人。选项D不属于上市公司关联自然人。

2.【答案】 C

【解析】 根据《上市公司信息披露管理办法》第六十二条规定,上市公司董事、监事及高级管理人员属于上市公司关联方,过去十二个月内存在此种情况也属于,所以选项A属于上市公司关联方。直接或者间接地控制上市公司的法人的董事、监事及高级管理人员属于关联自然人,在过去十二个月内或者根据相关协议安排在未来十二月内存在此种情况也属于关联方,所以选项B、D属于上市公司关联方。选项C不属于上市公司关联方。

3.【答案】 D

【解析】 根据《上市公司治理准则》第七十六条规定,上市公司应当采取有效措施防止关联方以垄断采购或者销售渠道等方式干预公司的经营,损害公司利益。关联交易应当具有商业实质,价格应当公允,原则上不偏离市场独立第三方的价格或者收费标准等交易条件。本题答案为选项D。

4.【答案】 A

【解析】 根据《公司法》第十六条规定,公司向其他企业投资或者为他人提供担保,依照公司章程的规定,由董事会或者股东会、股东大会决议;公司章程对投资或者担保的总额及单项投资或者担保的数额有限额规定的,不得超过规定的限额。上述规定的股东或者受上述规定的实际控制人支配的股东,不得参加上述规定事项的表决。该项表决由出席会议的其他股东所持表决权的过半数通过。本题答案为选项 A。

5.【答案】D

【解析】根据《上市公司章程指引》第四十一条规定,公司下列对外担保行为,须经股东大会审议通过。(1)本公司及本公司控股子公司的对外担保总额,达到或超过最近一期经审计净资产的 50% 以后提供的任何担保;(2)公司的对外担保总额,达到或超过最近一期经审计总资产的 30% 以后提供的任何担保;(3)为资产负债率超过 70% 的担保对象提供的担保;(4)单笔担保额超过最近一期经审计净资产 10% 的担保;(5)对股东、实际控制人及其关联方提供的担保。

综上所述,选项 A、B、C 均没有达到须股东大会审批的对外担保的情形,选项 D 须股东大会审批。

6.【答案】D

【解析】根据《上市公司章程指引》第四十一条规定,公司下列对外担保行为,须经股东大会审议通过。(1)本公司及本公司控股子公司的对外担保总额,达到或超过最近一期经审计净资产的 50% 以后提供的任何担保;(2)公司的对外担保总额,达到或超过最近一期经审计总资产的 30% 以后提供的任何担保;(3)为资产负债率超过 70% 的担保对象提供的担保;(4)单笔担保额超过最近一期经审计净资产 10% 的担保;(5)对股东、实际控制人及其关联方提供的担保。本题答案为选项 D。

7.【答案】A

【解析】根据《上市公司章程指引》第四十一条规定,公司下列对外担保行为,须经股东大会审议通过。(1)本公司及本公司控股子公司的对外担保总额,达到或超过最近一期经审计净资产的 50% 以后提供的任何担保;(2)公司的对外担保总额,达到或超过最近一期经审计总资产的 30% 以后提供的任何担保;(3)为资产负债率超过 70% 的担保对象提供的担保;(4)单笔担保额超过最近一期经审计净资产 10% 的担保;(5)对股东、实际控制人及其关联方提供的担保。本题答案为选项 A。

8.【答案】C

【解析】根据《上市公司章程指引》第四十一条规定,公司下列对外担保行为,须经股东大会审议通过。(1)本公司及本公司控股子公司的对外担保总额,达到或超过最近一期经审计净资产的50%以后提供的任何担保;(2)公司的对外担保总额,达到或超过最近一期经审计总资产的30%以后提供的任何担保;(3)为资产负债率超过70%的担保对象提供的担保;(4)单笔担保额超过最近一期经审计净资产10%的担保;(5)对股东、实际控制人及其关联方提供的担保。本题答案为选项C。

9.【答案】D

【解析】根据《公司法》第一百二十一条规定,上市公司在一年内购买、出售重大资产或者担保金额超过公司资产总额百分之三十的,应当由股东大会作出决议,并经出席会议的股东所持表决权的三分之二以上通过。本题答案为选项D。

10.【答案】C

【解析】根据《公司法》第一百二十一条规定,上市公司在一年内购买、出售重大资产或者担保金额超过公司资产总额百分之三十的,应当由股东大会作出决议,并经出席会议的股东所持表决权的三分之二以上通过。本题答案为选项C。

11.【答案】B

【解析】根据《上市公司章程指引》第四十一条规定,公司下列对外担保行为,须经股东大会审议通过。(1)本公司及本公司控股子公司的对外担保总额,达到或超过最近一期经审计净资产的50%以后提供的任何担保;(2)公司的对外担保总额,达到或超过最近一期经审计总资产的30%以后提供的任何担保;(3)为资产负债率超过70%的担保对象提供的担保;(4)单笔担保额超过最近一期经审计净资产10%的担保;(5)对股东、实际控制人及其关联方提供的担保。本题答案为选项B。

12.【答案】C

【解析】根据《公司法》第一百五十二条规定,公司从税后利润中提取法定公积金后,经股东大会决议,还可以从税后利润中提取任意公积金。本题答案为选项C。

13.【答案】A

【解析】根据《上市公司监管指引第2号——上市公司募集资金管理和使用的监管要求》第四条规定,上市公司应当将募集资金存放于经董事会批准设立的专项账户集中管理和使用,并在募集资金到位后一个月内与保荐机构、存放募集资金的商业银行签订三方监管协议。募集资金专项账户不得存放非募集资金或用作其他用途。本题答案为选项 A。

14.【答案】D

【解析】根据《上市公司监管指引第 2 号——上市公司募集资金管理和使用的监管要求》第五条规定,上市公司募集资金应当按照招股说明书或募集说明书所列用途使用。上市公司改变招股说明书或募集说明书所列资金用途的,必须经股东大会作出决议。本题答案为选项 D。

二、多选题

1.【答案】ABCE

【解析】根据《上市公司信息披露管理办法》第六十二条规定,持有上市公司百分之五以上股份的法人(或者其他组织)及其一致行动人为上市公司的关联法人。选项 D 不属于,本题答案为选项 A、B、C、E。

2.【答案】ABCDE

【解析】根据《上市公司信息披露管理办法》第四十一条规定,上市公司董事、监事、高级管理人员、持股百分之五以上的股东及其一致行动人、实际控制人应当及时向上市公司董事会报送上市公司关联人名单及关联关系的说明。上市公司应当履行关联交易的审议程序,并严格执行关联交易回避表决制度。交易各方不得通过隐瞒关联关系或者采取其他手段,规避上市公司的关联交易审议程序和信息披露义务。本题答案为选项 A、B、C、D、E。

3.【答案】ABC

【解析】根据《上市公司章程指引》第四十一条规定,公司下列对外担保行为,须经股东大会审议通过。(1)本公司及本公司控股子公司的对外担保总额,达到或超过最近一期经审计净资产的 50% 以后提供的任何担保;(2)公司的对外担保总额,达到或超过最近一期经审计总资产的 30% 以后提供的任何担保;(3)为资产负债率超过 70% 的担保对象提供的担保;(4)单笔担保额超过最近一期经审计净资产 10% 的担保;(5)对股东、实际控制人及其关联方提供的担保。选项 B,应是经审计的总资产的 30%,不是净资产。本题答案为选项 A、B、C。

4.【答案】ABCD

【解析】根据《上市公司监管指引第2号——上市公司募集资金管理和使用的监管要求》第三条规定,上市公司应当建立并完善募集资金存储、使用、变更、监督和责任追究的内部控制制度,明确募集资金使用的分级审批权限、决策程序、风险控制措施及信息披露要求。本题答案为选项A、B、C、D。

5.【答案】ABCD

【解析】根据《上市公司监管指引第2号——上市公司募集资金管理和使用的监管要求》第六条规定,上市公司募集资金原则上应当用于主营业务。除金融类企业外,募集资金投资项目不得为持有交易性金融资产和可供出售的金融资产、借予他人、委托理财等财务性投资,不得直接或间接投资于以买卖有价证券为主要业务的公司。

上市公司应当将募集资金存放于经董事会批准设立的专项账户集中管理和使用,并在募集资金到位后一个月内与保荐机构、存放募集资金的商业银行签订三方监管协议。募集资金专项账户不得存放非募集资金或用作其他用途。本题答案为选项A、B、C、D。

6.【答案】ABD

【解析】根据《上市公司监管指引第2号——上市公司募集资金管理和使用的监管要求》第六条规定,上市公司募集资金原则上应当用于主营业务。除金融类企业外,募集资金投资项目不得为持有交易性金融资产和可供出售的金融资产、借予他人、委托理财等财务性投资,不得直接或间接投资于以买卖有价证券为主要业务的公司。本题答案为选项A、B、D。

7.【答案】ABCD

【解析】根据《上市公司章程指引》第四十一条规定,公司下列对外担保行为,须经股东大会审议通过。(1)本公司及本公司控股子公司的对外担保总额,达到或超过最近一期经审计净资产的50%以后提供的任何担保;(2)公司的对外担保总额,达到或超过最近一期经审计总资产的30%以后提供的任何担保;(3)为资产负债率超过70%的担保对象提供的担保;(4)单笔担保额超过最近一期经审计净资产10%的担保;(5)对股东、实际控制人及其关联方提供的担保。本题答案为选项A、B、C、D。

三、判断题

1.【答案】√

【解析】根据《上市公司信息披露管理办法》第四十一条规定,上市公司董事、监事、高级管理人员、持股百分之五以上的股东及其一致行动人、实际控制人应当及时向上市公司董事会报送上市公司关联人名单及关联关系的说明。

2.【答案】√

【解析】根据《上市公司信息披露管理办法》第四十一条规定,上市公司应当履行关联交易的审议程序,并严格执行关联交易回避表决制度。交易各方不得通过隐瞒关联关系或者采取其他手段,规避上市公司的关联交易审议程序和信息披露义务。

3.【答案】×

【解析】根据《公司法》第十六条规定,公司为公司股东或者实际控制人提供担保的,必须经股东会或者股东大会决议。

4.【答案】√

【解析】根据《上市公司章程指引》第四十一条规定,对股东、实际控制人及其关联方提供的担保,须经股东大会审议通过。

5.【答案】×

【解析】根据《公司法》第一百二十一条规定,上市公司在一年内购买、出售重大资产或者担保金额超过公司资产总额百分之三十的,应当由股东大会作出决议,并经出席会议的股东所持表决权的三分之二以上通过。

6.【答案】×

【解析】根据《公司法》第一百六十六条规定,公司分配当年税后利润时,应当提取利润的百分之十列入公司法定公积金。公司法定公积金累计额为公司注册资本的百分之五十以上的,可以不再提取。

7.【答案】×

【解析】根据《关于规范上市公司对外担保行为的通知》第一条规定,应由股东大会审批的对外担保,必须经董事会审议通过后,方可提交股东大会审批。

8.【答案】×

【解析】根据《关于提高上市公司质量的意见》(国发〔2005〕第 34 号)第九条规定,要规范募集资金的运用。上市公司要加强对募集资金的管理。对募集资金投资项目必须进行认真的可行性分析,有效防范投资风险,提高募集资金使用效益。经由股东大会决定的投资项目,公司董事会或经理层不得随意变更。确需变更募集资金用途的,投资项目应符合国家产业政策和固定资产投资管理的有关规定,并经股东大会审议批准后公开披露。

9.【答案】√

【解析】根据《关于提高上市公司质量的意见》(国发〔2005〕第34号)第十条规定,严禁侵占上市公司资金。控股股东或实际控制人不得以向上市公司借款、由上市公司提供担保、代偿债务、代垫款项等各种名目侵占上市公司资金。

10.【答案】×

【解析】根据《公司法》第十六条规定,公司向其他企业投资或者为他人提供担保,依照公司章程的规定,由董事会或者股东会、股东大会决议。

11.【答案】×

【解析】根据《上市公司章程指引》第四十一条规定,对股东、实际控制人及其关联方提供的担保,须经股东大会审议通过。

四、简答题

1.【答案】

(1) 上市公司应当将募集资金存放于经董事会批准设立的专项账户集中管理和使用,并在募集资金到位后一个月内与保荐机构、存放募集资金的商业银行签订三方监管协议。

(2) 募集资金专项账户不得存放非募集资金或用作其他用途。

(3) 公司对公开发行股票所募集资金,必须按照招股说明书或者其他公开发行募集文件所列资金用途使用;改变资金用途,必须经股东大会作出决议。

2.【答案】

上市公司发生提供担保交易事项,应当提交董事会或者股东大会进行审议,并及时披露。下述担保事项应当在董事会审议通过后提交股东大会审议:

(1) 单笔担保额超过公司最近一期经审计净资产10%的担保;

(2) 公司及其控股子公司的对外担保总额,超过公司最近一期经审计净资产50%以后提供的任何担保;

(3) 为资产负债率超过70%的担保对象提供的担保;

(4) 按照担保金额连续十二个月内累计计算原则,超过公司最近一期经审计总资产30%的担保;

(5) 按照担保金额连续十二个月内累计计算原则,超过公司最近一期经审

计净资产的50%,且绝对金额超过5 000万元以上;

(6) 本所或者公司章程规定的其他担保。

3.【答案】

(1) 资产完整方面。生产型企业具备与生产经营有关的主要生产系统、辅助生产系统和配套设施,合法拥有与生产经营有关的主要土地、厂房、机器设备以及商标、专利、非专利技术的所有权或者使用权,具有独立的原料采购和产品销售系统;非生产型企业具备与经营有关的业务体系及主要相关资产;

(2) 人员独立方面。发行人的总经理、副总经理、财务负责人和董事会秘书等高级管理人员不在控股股东、实际控制人及其控制的其他企业中担任除董事、监事以外的其他职务,不在控股股东、实际控制人及其控制的其他企业领薪;发行人的财务人员不在控股股东、实际控制人及其控制的其他企业中兼职;

(3) 财务独立方面。发行人已建立独立的财务核算体系、能够独立作出财务决策,具有规范的财务会计制度和对分公司、子公司的财务管理制度;发行人未与控股股东、实际控制人及其控制的其他企业共用银行账户;

(4) 机构独立方面。发行人已建立健全内部经营管理机构、独立行使经营管理职权,与控股股东和实际控制人及其控制的其他企业间不存在机构混同的情形;

(5) 业务独立方面。发行人的业务独立于控股股东、实际控制人及其控制的其他企业,与控股股东、实际控制人及其控制的其他企业间不存在同业竞争或者显失公平的关联交易。

第五章

信息披露

> **本章涉及的主要法律法规**
> 1.《中华人民共和国证券法》(2019年修订)
> 2.《上市公司信息披露管理办法》(2021年修订)(中国证券监督管理委员会令第182号)
> 3.《上市公司股东、董监高减持股份的若干规定》(中国证券监督管理委员会公告〔2017〕9号)
> 4.《上市公司董事、监事和高级管理人员所持本公司股份及其变动管理规则》(证监公司字〔2007〕56号)
> 5.《上海证券交易所上市公司股东及董事、监事、高级管理人员减持股份实施细则》(上证发〔2017〕24号)
> 6.《深圳证券交易所上市公司股东及董事、监事、高级管理人员减持股份实施细则》(深证上〔2017〕820号)

第一节 一般规则与要求

一、信息披露一般规则

1. 发行人、上市公司及法律、行政法规和国务院证券监督管理机构规定的其他信息披露义务人,应当及时依法履行信息披露义务,披露的信息应当真实、准确、完整,简明清晰、通俗易懂,不得有虚假记载、误导性陈述或者重大遗漏。

信息披露义务人,是指上市公司及其董事、监事、高级管理人员、股东、实际控制人、收购人、重大资产重组、再融资、重大交易有关各方等自然人、单位及其相关人员,破产管理人及其成员,以及法律、行政法规和中国证监会规定的其他承担信息披露义务的主体。

典型例题:

【多选题】《证券法》对信息披露义务人披露的信息的要求包括(　　)。

A. 真实、准确、完整　　　　　　B. 简明清晰,通俗易懂
C. 不得有虚假记载　　　　　　　D. 不得有误导性陈述或者重大遗漏

【答案】ABCD

【解析】根据《证券法》第七十八条规定,信息披露义务人披露的信息,应当真实、准确、完整,简明清晰,通俗易懂,不得有虚假记载、误导性陈述或者重大遗漏。本题答案为选项A、B、C、D。

【判断题】发行人、上市公司依法披露的信息,必须真实、准确、完整,不得有虚假记载、误导性陈述或者重大遗漏。

【答案】√

【解析】根据《证券法》《上市公司信息披露管理办法》的规定,信息披露义务人应当及时依法履行信息披露义务,披露的信息应当真实、准确、完整,简明清晰、通俗易懂,不得有虚假记载、误导性陈述或者重大遗漏。

2.信息披露义务人披露的信息应当同时向所有投资者披露,不得提前向任何单位和个人泄露。但是,法律、行政法规另有规定的除外。

3.在内幕信息依法披露前,内幕信息的知情人和非法获取内幕信息的人不得公开或者泄露该信息,不得利用该信息进行内幕交易。任何单位和个人不得非法要求信息披露义务人提供依法需要披露但尚未披露的信息。

4.除依法需要披露的信息之外,信息披露义务人可以自愿披露与投资者作出价值判断和投资决策有关的信息,但不得与依法披露的信息相冲突,不得误导投资者。信息披露义务人自愿披露的信息应当真实、准确、完整。自愿性信息披露应当遵守公平原则,保持信息披露的持续性和一致性,不得进行选择性披露。

典型例题：

【单选题】关于信息披露，下列说法正确的是( )。

A. 信息披露义务人披露的信息可以针对不同投资者，披露不同内容的信息

B. 任何单位和个人不得非法要求信息披露义务人提供依法需要披露但尚未披露的信息

C. 提前获知依法需要披露但尚未披露的信息的人，没有保密义务

D. 除依法需要披露的信息之外，信息披露义务人不得披露其他信息

【答案】B

【解析】根据《证券法》第八十三条规定，信息披露义务人披露的信息应当同时向所有投资者披露，不得提前向任何单位和个人泄露。但是，法律、行政法规另有规定的除外。选项A的说法错误，选项B的说法正确。

任何单位和个人不得非法要求信息披露义务人提供依法需要披露但尚未披露的信息。任何单位和个人提前获知的前述信息，在依法披露前应当保密。选项C的说法错误。

根据《证券法》第八十四条规定，除依法需要披露的信息之外，信息披露义务人可以自愿披露与投资者作出价值判断和投资决策有关的信息，但不得与依法披露的信息相冲突，不得误导投资者。选项D的说法错误。综上，本题答案为选项B。

【判断题】信息披露义务人应当分别向所有投资者公开披露信息。

【答案】×

【解析】根据《上市公司信息披露管理办法》第三条规定，信息披露义务人披露的信息应当同时向所有投资者披露，不得提前向任何单位和个人泄露。但是，法律、行政法规另有规定的除外。

5. 证券及其衍生品种同时在境内境外公开发行、交易的，其信息披露义务人在境外市场披露的信息，应当同时在境内市场披露。

典型例题：

【判断题】证券同时在境内境外公开发行、交易的，其信息披露义务人发布信息时境内境外可以不同步。

【答案】×

【解析】根据《上市公司信息披露管理办法》第三条规定，证券及其衍生品种

同时在境内境外公开发行、交易的,其信息披露义务人在境外披露的信息,应当在境内同时披露。

6. 发行人以及上市公司的董事、监事、高级管理人员应当忠实、勤勉地履行职责,保证披露信息的真实、准确、完整,信息披露及时、公平。

典型例题:

【多选题】(　　)应当忠实、勤勉地履行职责,保证披露信息的真实、准确、完整、及时、公平。

A. 发行人　　　　　　　　　B. 上市公司的董事

C. 上市公司的监事　　　　　D. 上市公司的高级管理人员

E. 上市公司的职工代表

【答案】ABCD

【解析】根据《上市公司信息披露管理办法》第四条规定,发行人以及上市公司的董事、监事、高级管理人员应当忠实、勤勉地履行职责,保证披露信息的真实、准确、完整,信息披露及时、公平。本题答案为选项A、B、C、D。

7. 发行人、上市公司及其控股股东、实际控制人、董事、监事、高级管理人员等作出公开承诺的,应当披露。不履行承诺给投资者造成损失的,应当依法承担赔偿责任。

典型例题:

【多选题】下列说法正确的是(　　)。

A. 除依法需要披露的信息之外,信息披露义务人可以自愿披露信息

B. 自愿披露信息不得与依法披露的信息相冲突,不得误导投资者

C. 发行人及其控股股东、实际控制人、董事、监事、高级管理人员等作出公开承诺的,应当披露

D. 承诺没有法律效力,不履行承诺给投资者造成损失的,无须承担责任

【答案】ABC

【解析】根据《证券法》第八十四条规定,除依法需要披露的信息之外,信息披露义务人可以自愿披露与投资者作出价值判断和投资决策有关的信息,但不得与依法披露的信息相冲突,不得误导投资者。发行人及其控股股东、实际控制人、董事、监事、高级管理人员等作出公开承诺的,应当披露。不履行承诺给投资者造成损失的,应当依法承担赔偿责任。本题答案为选项A、B、C。

8. 信息披露文件包括定期报告、临时报告、招股说明书、募集说明书、上市公告书、收购报告书等。

典型例题：

【单选题】上市公司通过（　　）形式向投资者披露其经营状况的有关信息。

A. 年度报告、中期报告、临时公告　　B. 上市公告书

C. 审计报告　　D. 资产负债表、损益表

【答案】A

【解析】根据《上市公司信息披露管理办法》第七条规定，信息披露形式主要有定期报告、临时报告、招股说明书、募集说明书、上市公告书、收购报告书等。年度报告含有审计报告，临时公告含有上市公告书，因此 A 选项的表述最完整，披露形式主要是年度报告、中期报告和临时公告。本题答案为选项 A。

【判断题】信息披露文件主要包括招股说明书、募集说明书、上市公告书、定期报告和临时报告等。

【答案】√

【解析】根据《上市公司信息披露管理办法》第七条规定，信息披露文件包括定期报告、临时报告、招股说明书、募集说明书、上市公告书、收购报告书等。

9. 依法披露的信息，应当在证券交易所的网站和符合中国证监会规定条件的媒体发布，同时将其置备于上市公司住所、证券交易所，供社会公众查阅。

10. 信息披露义务人应当将信息披露公告文稿和相关备查文件报送上市公司注册地证监局。

典型例题：

【单选题】依法披露的信息，应当在（　　）发布，同时将其置备于公司住所、证券交易所，供社会公众查阅。

A. 当地最大报纸

B. 证券专业网站

C. 证券交易所的网站和符合中国证监会规定条件的媒体

D. 电视电台

【答案】C

【解析】根据《上市公司信息披露管理办法》第八条规定，依法披露的信息，应当在证券交易所的网站和符合中国证监会规定条件的媒体发布，同时将其置

备于上市公司住所、证券交易所,供社会公众查阅。本题答案为选项C。

【判断题】依法披露的信息,应当在国务院证券监督管理机构指定的媒体发布,同时将其置备于公司住所、证券交易所,供社会公众查阅。

【答案】√

【解析】根据《上市公司信息披露管理办法》第八条规定,依法披露的信息,应当在证券交易所的网站和符合中国证监会规定条件的媒体发布,同时将其置备于上市公司住所、证券交易所,供社会公众查阅。

11. 信息披露义务人不得以新闻发布或者答记者问等任何形式代替应当履行的报告、公告义务,不得以定期报告形式代替应当履行的临时报告义务。

上市公司及相关信息披露义务人在其他公共媒体发布重大信息的时间不得先于指定媒体,在指定媒体上公告之前不得以新闻发布或者答记者问等任何其他方式透露、泄漏未公开重大信息。

12. 中国证监会依法对信息披露文件及公告的情况、信息披露事务管理活动进行监督检查,对信息披露义务人的信息披露行为进行监督管理。

典型例题:

【单选题】中国证监会依法对信息披露文件及公告的情况、信息披露事务管理活动进行监督,对( )的行为进行监督。

A. 上市公司控股股东　　　　B. 董事会秘书
C. 实际控制人　　　　　　　D. 信息披露义务人

【答案】D

【解析】根据《上市公司信息披露管理办法》第十一条规定,中国证监会依法对信息披露文件及公告的情况、信息披露事务管理活动进行监督检查,对信息披露义务人的信息披露行为进行监督管理。本题答案为选项D。

二、信息披露事务管理

(一) 制定信息披露事务管理制度

上市公司应当制定信息披露事务管理制度。信息披露事务管理制度应当包括:

1. 明确上市公司应当披露的信息,确定披露标准;
2. 未公开信息的传递、审核、披露流程;

3. 信息披露事务管理部门及其负责人在信息披露中的职责;

4. 董事和董事会、监事和监事会、高级管理人员等的报告、审议和披露的职责;

5. 董事、监事、高级管理人员履行职责的记录和保管制度;

6. 未公开信息的保密措施,内幕信息知情人登记管理制度,内幕信息知情人的范围和保密责任;

7. 财务管理和会计核算的内部控制及监督机制;

8. 对外发布信息的申请、审核、发布流程,与投资者、证券服务机构、媒体等的信息沟通制度;

9. 信息披露相关文件、资料的档案管理制度;

10. 涉及子公司的信息披露事务管理和报告制度;

11. 未按规定披露信息的责任追究机制,对违反规定人员的处理措施。

上市公司信息披露事务管理制度应当经公司董事会审议通过,报注册地证监局和证券交易所备案。

典型例题:

【单选题】上市公司应当制定信息披露事务管理制度。信息披露事务管理制度不包括的内容是(　　)。

A. 未公开信息的传递、审核、披露流程

B. 参股公司的信息披露事务管理和报告制度

C. 董事和董事会、监事和监事会、高级管理人员等的报告、审议和披露的职责

D. 财务管理和会计核算的内部控制及监督机制

【答案】B

【解析】根据《上市公司信息披露管理办法》第三十条规定,信息披露事务管理制度应当包括的内容:未公开信息的传递、审核、披露流程;董事和董事会、监事和监事会、高级管理人员等的报告、审议和披露的职责;财务管理和会计核算的内部控制及监督机制。选项A、C、D均包括在内,本题答案为选项B。

【判断题】上市公司信息披露事务管理制度应当经公司股东会审议通过,报注册地证监局和证券交易所备案。

【答案】×

【解析】根据《上市公司信息披露管理办法》第三十条规定,上市公司信息披

露事务管理制度应当经公司董事会审议通过,报注册地证监局和证券交易所备案。应当经公司董事会审议通过,而不是股东会审议。

(二) 信息披露事务管理的规定

1. 上市公司:

(1) 上市公司应当制定定期报告的编制、审议、披露程序。

① 经理、财务负责人、董事会秘书等高级管理人员应当及时编制定期报告草案,提请董事会审议;

② 董事长负责召集和主持董事会会议审议定期报告;

③ 监事会负责审核董事会编制的定期报告;

④ 董事会秘书负责组织定期报告的披露工作。

(2) 上市公司应当制定重大事件的报告、传递、审核、披露程序。

董事、监事、高级管理人员知悉重大事件发生时,应当按照公司规定立即履行报告义务;董事长在接到报告后,应当立即向董事会报告,并敦促董事会秘书组织临时报告的披露工作。

(3) 上市公司应当制定董事、监事、高级管理人员对外发布信息的行为规范,明确非经董事会书面授权不得对外发布上市公司未披露的信息。

(4) 上市公司通过业绩说明会、分析师会议、路演、接受投资者调研等形式就公司的经营情况、财务状况及其他事件与任何单位和个人进行沟通的,不得提供内幕信息。

(5) 上市公司应当履行关联交易的审议程序,并严格执行关联交易回避表决制度。交易各方不得通过隐瞒关联关系或者采取其他手段,规避上市公司的关联交易审议程序和信息披露义务。

典型例题:

【单选题】董事、监事、高级管理人员非经(　　)书面授权,不得对外发布上市公司未披露信息。

A. 股东大会　　　B. 监事会　　　C. 董事会　　　D. 董事长

【答案】C

【解析】根据《上市公司信息披露管理办法》第三十三条规定,上市公司应当制定董事、监事、高级管理人员对外发布信息的行为规范,明确非经董事会书面授权不得对外发布上市公司未披露的信息。本题答案为选项C。

【判断题】上市公司监事会负责审核董事会编制的定期报告。

【答案】√

【解析】根据《上市公司信息披露管理办法》第三十二条规定，监事会负责审核董事会编制的定期报告。

【判断题】上市公司应当制定重大事件的报告、传递、审核、披露程序。

【答案】√

【解析】根据《上市公司信息披露管理办法》第三十三条规定，上市公司应当制定重大事件的报告、传递、审核、披露程序。

2. 股东、实际控制人：

（1）上市公司的股东、实际控制人发生以下事件时，应当主动告知上市公司董事会，并配合上市公司履行信息披露义务：

① 持有公司百分之五以上股份的股东或者实际控制人持有股份或者控制公司的情况发生较大变化，公司的实际控制人及其控制的其他企业从事与公司相同或者相似业务的情况发生较大变化；

② 法院裁决禁止控股股东转让其所持股份，任一股东所持公司百分之五以上股份被质押、冻结、司法拍卖、托管、设定信托或者被依法限制表决权等，或者出现被强制过户风险；

③ 拟对上市公司进行重大资产或者业务重组；

④ 中国证监会规定的其他情形。

（2）应当披露的信息依法披露前，相关信息已在媒体上传播或者公司证券及其衍生品种出现交易异常情况的，股东或者实际控制人应当及时、准确地向上市公司作出书面报告，并配合上市公司及时、准确地公告。

（3）上市公司向特定对象发行股票时，其控股股东、实际控制人和发行对象应当及时向上市公司提供相关信息，配合上市公司履行信息披露义务。

（4）通过接受委托或者信托等方式持有上市公司百分之五以上股份的股东或者实际控制人，应当及时将委托人情况告知上市公司，配合上市公司履行信息披露义务。

典型例题：

【单选题】根据《上市公司信息披露管理办法》，上市公司的股东、实际控制人发生以下事件时，应当主动告知上市公司董事会，并配合上市公司履行信息披露义务的是( )。

A. 持有公司3%以上股份的股东或者实际控制人,其持有股份或者控制公司的情况发生较大变化

B. 法院裁决禁止控股股东转让其所持股份,任一股东所持公司1%以上股份被质押、冻结、司法拍卖、托管、设定信托或者被依法限制表决权

C. 拟对上市公司进行重大资产或者业务重组

D. 以上全部

【答案】C

【解析】根据《上市公司信息披露管理办法》第三十九条规定,上市公司的股东、实际控制人发生"持有公司百分之五以上股份的股东或者实际控制人持有股份或者控制公司的情况发生较大变化""法院裁决禁止控股股东转让其所持股份,任一股东所持公司百分之五以上股份被质押、冻结、司法拍卖、托管、设定信托或者被依法限制表决权""拟对上市公司进行重大资产或者业务重组"等事件时应当主动告知上市公司董事会,并配合上市公司履行信息披露义务。所以选项A、B的说法错误,选项C的说法正确。

【判断题】通过接受委托或者信托等方式持有上市公司5%以上股份的股东或者实际控制人,应当及时将受托人情况告知上市公司,配合上市公司履行信息披露义务。

【答案】×

【解析】根据《上市公司信息披露管理办法》第四十二条规定,通过接受委托或者信托等方式持有上市公司百分之五以上股份的股东或者实际控制人,应当及时将委托人情况告知上市公司,配合上市公司履行信息披露义务。告知公司的是委托人情况,不是受托人情况。

(5)上市公司董事、监事、高级管理人员、持股百分之五以上的股东及其一致行动人、实际控制人应当及时向上市公司董事会报送上市公司关联人名单及关联关系的说明。上市公司应当履行关联交易的审议程序,并严格执行关联交易回避表决制度。交易各方不得通过隐瞒关联关系或者采取其他手段,规避上市公司的关联交易审议程序和信息披露义务。

典型例题:

【多选题】上市公司( )应当及时向上市公司董事会报送上市公司关联

人名单及关联关系的说明。上市公司应当履行关联交易的审议程序,并严格执行关联交易回避表决制度。交易各方不得通过隐瞒关联关系或者采取其他手段,规避上市公司的关联交易审议程序和信息披露义务。

A. 董事

B. 监事

C. 高级管理人员

D. 持股5%以上的股东及其一致行动人

E. 实际控制人

【答案】ABCDE

【解析】根据《上市公司信息披露管理办法》第四十一条规定,上市公司董事、监事、高级管理人员、持股百分之五以上的股东及其一致行动人、实际控制人应当及时向上市公司董事会报送上市公司关联人名单及关联关系的说明。本题答案为选项A、B、C、D、E。

3. 董事、监事、高级管理人员:

上市公司董事、监事、高级管理人员应当勤勉尽责,关注信息披露文件的编制情况,保证定期报告、临时报告在规定期限内披露。

(1) 董事应当了解并持续关注公司生产经营情况、财务状况和公司已经发生的或者可能发生的重大事件及其影响,主动调查、获取决策所需要的资料。

(2) 监事应当对公司董事、高级管理人员履行信息披露职责的行为进行监督;关注公司信息披露情况,发现信息披露存在违法违规问题的,应当进行调查并提出处理建议。

(3) 高级管理人员应当及时向董事会报告有关公司经营或者财务方面出现的重大事件、已披露的事件的进展或者变化情况及其他相关信息。

(4) 董事、监事、高级管理人员知悉重大事件发生时,应当按照公司规定立即履行报告义务;董事长在接到报告后,应当立即向董事会报告,并敦促董事会秘书组织临时报告的披露工作。

(5) 信息披露义务人未按照规定披露信息,或者公告的证券发行文件、定期报告、临时报告及其他信息披露资料存在虚假记载、误导性陈述或者重大遗漏,致使投资者在证券交易中遭受损失的,信息披露义务人应当承担赔偿责任;发行人的控股股东、实际控制人、董事、监事、高级管理人员和其他直接责任人员以及保荐人、承销的证券公司及其直接责任人员,应当与发行人承担连带赔偿责任,但是能够证明自己没有过错的除外。

典型例题:

【单选题】( )应当对公司董事、高级管理人员履行信息披露职责的行为进行监督;关注公司信息披露情况,发现信息披露存在违法违规问题的,应当进行调查并提出处理建议。

A. 董事长　　　　B. 总经理　　　　C. 董事会秘书　　　D. 监事

【答案】D

【解析】根据《上市公司信息披露管理办法》第三十六条规定,监事应当对公司董事、高级管理人员履行信息披露职责的行为进行监督;关注公司信息披露情况,发现信息披露存在违法违规问题的,应当进行调查并提出处理建议。本题答案为选项D。

【单选题】关于发行人、上市公司公告的信息披露资料,有虚假记载、误导性陈述或者重大遗漏,致使投资者在证券交易中遭受损失的,下列说法错误的是( )。

A. 发行人应当承担赔偿责任

B. 上市公司应当承担赔偿责任

C. 发行人、上市公司的董事、监事、高级管理人员和其他直接责任人员以及保荐人,应当与发行人、上市公司承担连带赔偿责任,但是能够证明自己没有过错的除外

D. 证券交易所、国务院证券监督管理机构应当承担连带赔偿责任

【答案】D

【解析】根据《证券法》第八十五条规定,信息披露义务人未按照规定披露信息,或者公告的证券发行文件、定期报告、临时报告及其他信息披露资料存在虚假记载、误导性陈述或者重大遗漏,致使投资者在证券交易中遭受损失的,信息披露义务人应当承担赔偿责任;发行人的控股股东、实际控制人、董事、监事、高级管理人员和其他直接责任人员以及保荐人、承销的证券公司及其直接责任人员,应当与发行人承担连带赔偿责任,但是能够证明自己没有过错的除外。因此选项A、B、C的说法正确,选项D的说法错误,本题答案为选项D。

【判断题】监事应当了解并持续关注公司生产经营情况、财务状况和公司已

经发生的或者可能发生的重大事件及其影响,主动调查、获取决策所需要的资料。

【答案】×

【解析】根据《上市公司信息披露管理办法》第三十五条规定,董事应当了解并持续关注公司生产经营情况、财务状况和公司已经发生的或者可能发生的重大事件及其影响,主动调查、获取决策所需要的资料。应是董事,不是监事。

4. 董事会秘书:

上市公司应当为董事会秘书履行职责提供便利条件,财务负责人应当配合董事会秘书在财务信息披露方面的相关工作。

(1) 董事会秘书负责组织和协调公司信息披露事务,汇集上市公司应予披露的信息并报告董事会,持续关注媒体对公司的报道并主动求证报道的真实情况。

(2) 董事会秘书有权参加股东大会、董事会会议、监事会会议和高级管理人员相关会议,有权了解公司的财务和经营情况,查阅涉及信息披露事宜的所有文件。

(3) 董事会秘书负责办理上市公司信息对外公布等相关事宜。

典型例题:

【单选题】董事会秘书负责公司( )。

A. 财务报表编制　　　　　　B. 董事会议案审核
C. 信息披露制度　　　　　　D. 章程制定

【答案】C

【解析】根据《上市公司信息披露管理办法》第三十八条规定,董事会秘书负责组织和协调公司信息披露事务,汇集上市公司应予披露的信息并报告董事会,持续关注媒体对公司的报道并主动求证报道的真实情况。本题答案为选项C。

【判断题】上市公司应当为董事会秘书履行职责提供便利条件,财务负责人应当负责在财务信息披露方面的相关工作。

【答案】×

【解析】根据《上市公司信息披露管理办法》第三十八条规定,上市公司应当为董事会秘书履行职责提供便利条件,财务负责人应当配合董事会秘书在财务信息披露方面的相关工作。

5. 上市公司的证券服务机构：

（1）信息披露义务人应当向其聘用的证券公司、证券服务机构提供与执业相关的所有资料，并确保资料的真实、准确、完整，不得拒绝、隐匿、谎报。

典型例题：

【判断题】信息披露义务人应当向其聘用的保荐人、证券服务机构提供与执业相关的所有资料。

【答案】√

【解析】根据《上市公司信息披露管理办法》第四十三条规定，信息披露义务人应当向其聘用的证券公司、证券服务机构提供与执业相关的所有资料，并确保资料的真实、准确、完整，不得拒绝、隐匿、谎报。

（2）上市公司解聘会计师事务所的，应当在董事会决议后及时通知会计师事务所，公司股东大会就解聘会计师事务所进行表决时，应当允许会计师事务所陈述意见。股东大会作出解聘、更换会计师事务所决议的，上市公司应当在披露时说明解聘、更换的具体原因和会计师事务所的陈述意见。

典型例题：

【判断题】上市公司解聘会计师事务所的，应当在董事会决议公告后及时通知会计师事务所。

【答案】×

【解析】根据《上市公司信息披露管理办法》第四十四条规定，上市公司解聘会计师事务所的，应当在董事会决议后及时通知会计师事务所，公司股东大会就解聘会计师事务所进行表决时，应当允许会计师事务所陈述意见。应是董事会决议后，不是董事会决议公告后。

第二节　定期报告与临时报告

一、定期报告

（一）定期报告的含义

上市公司应当披露的定期报告包括年度报告、中期报告。凡是对投资者作出价值判断和投资决策有重大影响的信息,均应当披露。

中期报告通常泛指短于一个完整的会计年度报告期间的报告,包括半年度报告、季度报告和月度报告。须披露的中期报告指半年度报告和季度报告,不包括月度报告。

典型例题:

【单选题】下列不属于上市公司应当披露的定期报告是(　　)。

A. 年度报告　　　B. 半年度报告　　　C. 季度报告　　　D. 月度报告

【答案】D

【解析】根据《上市公司信息披露管理办法》第十二条规定,上市公司应当披露的定期报告包括年度报告、中期报告。中期报告是指短于一个完整的会计年度的报告期间的报告,须披露的中期报告指半年度报告和季度报告,月度报告不需要披露。本题答案为选项 D。

【多选题】上市公司应当披露的定期报告包括(　　)。

A. 年度报告　　　B. 中期报告　　　C. 季度报告　　　D. 月度报告

【答案】ABC

【解析】根据《上市公司信息披露管理办法》第十二条规定,上市公司应当披露的定期报告包括年度报告、中期报告。中期报告是指短于一个完整的会计年度的报告期间的报告,须披露的中期报告指半年度报告和季度报告。本题答案为选项 A、B、C。

(二) 定期报告的一般规定

1. 定期报告内容应当经上市公司董事会审议通过,未经董事会审议通过的定期报告不得披露。

2. 公司董事、高级管理人员应当对证券发行文件与定期报告签署书面确认意见,说明董事会的编制和审议程序是否符合法律、行政法规和中国证监会的规定,报告的内容是否能够真实、准确、完整地反映上市公司的实际情况。

3. 监事应当签署书面确认意见。监事会应当对董事会编制的证券发行文件与定期报告进行审核并提出书面审核意见,说明董事会的编制和审议程序是否符合法律、行政法规和中国证监会的规定,报告的内容是否能够真实、准确、完整地反映上市公司的实际情况。

4. 董事、监事无法保证定期报告内容的真实性、准确性、完整性或者有异议的,应当在董事会或者监事会审议、审核定期报告时投反对票或者弃权票。

5. 董事、监事和高级管理人员无法保证证券发行文件与定期报告内容的真实性、准确性、完整性或者有异议的,应当在书面确认意见中发表意见并陈述理由,上市公司应当披露。上市公司不予披露,董事、监事和高级管理人员可以直接申请披露。董事、监事和高级管理人员按照上述规定发表意见,应当遵循审慎原则,其保证定期报告内容的真实性、准确性、完整性的责任不仅因发表意见而当然免除。

典型例题:

【单选题】根据《上市公司信息披露管理办法》,公司(　　)应当对定期报告签署书面确认意见,(　　)应当提出书面审核意见,说明(　　)的编制和审核程序是否符合法律、行政法规和中国证监会的规定,报告的内容是否能够真实、准确、完整地反映上市公司的实际情况。

A. 董事、高级管理人员;董事长;董事会

B. 董事、监事、高级管理人员;董事长;高级管理人员

C. 董事、高级管理人员;监事会;董事会

D. 董事、监事、高级管理人员;监事会;高级管理人员

【答案】C

【解析】根据《上市公司信息披露管理办法》第十六条规定,公司董事、高级管理人员应当对证券发行文件与定期报告签署书面确认意见,监事会应当对董事会编制的证券发行文件与定期报告进行审核并提出书面审核意见,说明董事会的编制和审议程序是否符合法律、行政法规和中国证监会的规定,报告的内容是否能够真实、准确、完整地反映上市公司的实际情况。本题答案为选项C。

【单选题】以下说法错误的是(　　)。

A. 发行人的董事、高级管理人员应当对证券发行文件和定期报告作出口头确认意见

B. 发行人的监事会应当对董事会编制的证券发行文件和定期报告进行审核并提出书面审核意见

C. 发行人的董事、监事和高级管理人员应当保证发行人及时、公平地披露信息

D. 董事、监事和高级管理人员无法保证证券发行文件和定期报告内容的真

实性、准确性、完整性或者有异议的,应当在书面确认意见中发表意见并陈述理由,发行人应当披露

【答案】A

【解析】根据《上市公司信息披露管理办法》第十六条规定,发行人的监事会应当对董事会编制的证券发行文件和定期报告进行审核并提出书面审核意见。发行人的董事、监事和高级管理人员应当保证发行人及时、公平地披露信息。董事、监事和高级管理人员无法保证证券发行文件和定期报告内容的真实性、准确性、完整性或者有异议的,应当在书面确认意见中发表意见并陈述理由,发行人应当披露。选项B、C、D的说法正确。

发行人的董事、高级管理人员应当对证券发行文件和定期报告签署书面确认意见,而不是口头确认意见,选项A的说法错误。

综上,本题答案为选项A。

【判断题】董事、监事和高级管理人员无法保证证券发行文件和定期报告内容的真实性、准确性、完整性或者有异议的,可以对该文件不予披露。

【答案】×

【解析】根据《上市公司信息披露管理办法》第十六条规定,董事、监事和高级管理人员无法保证证券发行文件和定期报告内容的真实性、准确性、完整性或者有异议的,应当在书面确认意见中发表意见并陈述理由,发行人应当披露。发行人不予披露的,董事、监事和高级管理人员可以直接申请披露。

6. 上市公司预计经营业绩发生亏损或者发生大幅变动的情形,应当及时进行业绩预告;定期报告披露前出现业绩泄露,或者出现业绩传闻且公司证券及其衍生品种交易出现异常波动的情形,应当及时披露本报告期相关财务数据。

典型例题:

【单选题】根据《上市公司信息披露管理办法》,定期报告披露前出现业绩泄露,或者出现业绩传闻且公司证券及其衍生品种交易出现异常波动的,上市公司应当及时( )。

A. 澄清传闻　　　　　　　　B. 披露定期报告
C. 披露本报告期相关财务数据　D. 董事会公告

【答案】C

【解析】根据《上市公司信息披露管理办法》第十八条规定,定期报告披露前

出现业绩泄露,或者出现业绩传闻且公司证券及其衍生品种交易出现异常波动的,上市公司应当及时披露本报告期相关财务数据。本题答案为选项C。

【判断题】上市公司预计经营业绩发生亏损或者发生大幅变动的,应当及时进行业绩披露。

【答案】×

【解析】根据《上市公司信息披露管理办法》第十七条规定,上市公司预计经营业绩发生亏损或者发生大幅变动的,应当及时进行业绩预告。及时进行业绩预告而不是业绩披露。

7.定期报告中财务会计报告被出具非标准审计意见的,上市公司董事会应当针对该审计意见涉及事项作出专项说明。

定期报告中财务会计报告被出具非标准审计意见,证券交易所认为涉嫌违法的,应当提请中国证监会立案调查。

典型例题:

【单选题】根据《上市公司信息披露管理办法》,公司定期报告中财务会计报告被出具非标准审计意见,证券交易所认为涉嫌违法的,应当(　　)。

A. 提请相关证监局巡检　　　　B. 要求董事会出具专项说明
C. 要求财务顾问专项调查　　　D. 提请中国证监会立案调查

【答案】D

【解析】根据《上市公司信息披露管理办法》第十九条规定,定期报告中财务会计报告被出具非标准审计意见,证券交易所认为涉嫌违法的,应当提请中国证监会立案调查。本题答案为选项D。

8.上市公司未在规定期限内披露年度报告和中期报告,中国证监会应当立即立案调查,证券交易所应当按照股票上市规则予以处理。

典型例题:

【判断题】上市公司未在规定期限内披露年度报告和中期报告的,证券交易所应当立即立案稽查并按照股票上市规则予以处理。

【答案】×

【解析】根据《上市公司信息披露管理办法》第二十条规定,上市公司未在规定期限内披露年度报告和中期报告的,中国证监会应当立即立案调查,证券交易所应当按照股票上市规则予以处理。

（三）年度报告

1. 年度报告中的财务会计报告应当经符合《证券法》规定的会计师事务所审计。

2. 年度报告应当在每个会计年度结束之日起四个月内编制完成并披露。中期报告应当在每个会计年度的上半年结束之日起两个月内编制完成并披露。

典型例题：

【单选题】公司应当在每一会计年度终了时编制财务会计报告，并依法(　　)。

A. 经会计师事务所审计　　　　B. 经审查验证

C. 经主管部门同意　　　　　　D. 公司登记机关审核

【答案】A

【解析】根据《上市公司信息披露管理办法》第十二条规定，年度报告中的财务会计报告应当经符合《证券法》规定的会计师事务所审计。本题答案为选项A。

【单选题】根据《上市公司信息披露管理办法》，上市公司应当披露的定期报告包括年度报告、中期报告。(　　)中的财备会计报告应当经具有证券、期货相关业务资格的会计师事务所审计。

A. 中期报告　　B. 年度报告　　C. 季度报告　　D. 以上都不是

【答案】B

【解析】根据《上市公司信息披露管理办法》第十二条规定，年度报告中的财务会计报告应当经符合《证券法》规定的会计师事务所审计。本题答案为选项B。

【单选题】上市公司年度报告应当在每一会计年度结束之日起(　　)个月内，向证券监督管理机构和证券交易所报送内容并予以公告。

A. 4　　　　B. 5　　　　C. 6　　　　D. 7

【答案】A

【解析】根据《上市公司信息披露管理办法》第十三条规定，年度报告应当在每个会计年度结束之日起四个月内，中期报告应当在每个会计年度的上半年结束之日起两个月内编制完成并披露。本题答案为选项A。

3. 年度报告应当记载以下内容：

（1）公司基本情况以及主要会计数据和财务指标；

(2) 公司股票、债券发行及变动情况,报告期末股票、债券总额、股东总数,公司前十大股东持股情况;

(3) 持股百分之五以上股东、控股股东及实际控制人情况;

(4) 董事、监事、高级管理人员的任职情况、持股变动情况、年度报酬情况;

(5) 董事会报告以及管理层讨论与分析;

(6) 报告期内重大事件及对公司的影响;

(7) 财务会计报告和审计报告全文;

(8) 中国证监会规定的其他事项。

典型例题:

【单选题】根据《上市公司信息披露管理办法》,下列年度报告中应当记载的内容不包括( )。

A. 主要会计数据和财务指标

B. 公司股票、债券发行及变动情况,报告期末股票、债券总额、股东总数,公司前二十大股东持股情况

C. 董事、监事、高级管理人员的任职情况、持股变动情况、年度报酬情况

D. 管理层讨论与分析

【答案】B

【解析】根据《上市公司信息披露管理办法》第十四条规定,年度报告应当记载公司股票、债券发行及变动情况,报告期末股票、债券总额、股东总数,公司前十大股东持股情况。选项B的说法错误。本题答案为选项B。

(四) 中期报告

1. 中期报告应当在每个会计年度的上半年结束之日起两个月内编制完成并披露。

2. 中期报告应当记载以下内容:

(1) 公司基本情况以及主要会计数据和财务指标;

(2) 公司股票、债券发行及变动情况、股东总数、公司前十大股东持股情况,控股股东及实际控制人发生变化的情况;

(3) 管理层讨论与分析;

(4) 报告期内重大诉讼、仲裁等重大事件及对公司的影响;

(5) 财务会计报告;

(6) 中国证监会规定的其他事项。

二、临时报告

(一) 临时报告披露时点

1. 上市公司应当在最先发生的以下任一时点，及时履行重大事件的信息披露义务：

(1) 董事会或者监事会就该重大事件形成决议时；

(2) 有关各方就该重大事件签署意向书或者协议时；

(3) 董事、监事或者高级管理人员知悉该重大事件发生时。

2. 在上述规定的时点之前出现下列情形之一的，上市公司应当及时披露相关事项的现状、可能影响事件进展的风险因素：

(1) 该重大事件难以保密；

(2) 该重大事件已经泄露或者市场出现传闻；

(3) 公司证券及其衍生品种出现异常交易情况。

典型例题：

【单选题】发生可能对上市公司证券及其衍生品种交易价格产生较大影响的重大事件，投资者尚未得知时，上市公司应当（　　），说明事件的起因、目前的状态和可能产生的影响。

A. 二个工作日内披露　　　　B. 一个工作日内披露

C. 立即披露　　　　　　　　D. 二天内披露

【答案】C

【解析】根据《上市公司信息披露管理办法》第二十二条规定，发生可能对上市公司证券及其衍生品种交易价格产生较大影响的重大事件，投资者尚未得知时，上市公司应当立即披露，说明事件的起因、目前的状态和可能产生的影响。本题答案为选项 C。

【单选题】根据《上市公司信息披露管理办法》，上市公司应当在最先发生的以下任一时点，及时履行重大事件的信息披露义务，该时点不包括（　　）。

A. 董事会或者监事会就该重大事件形成决议时

B. 有关各方就该重大事件签署意向书或者协议时

C. 董事、监事或者高级管理人员知悉该重大事件发生并报告时

D. 公司启动尽职调查时

【答案】D

【解析】根据《上市公司信息披露管理办法》第二十四条规定,上市公司应当在最先发生的以下任一时点,及时履行重大事件的信息披露义务:(1)董事会或者监事会就该重大事件形成决议时;(2)董事、监事或者高级管理人员知悉重大事件发生时;(3)有关各方就该重大事件签署意向书或者协议时。选项A、B、C的说法正确,选项D的说法不正确,本题答案为选项D。

(二)重大事件

发生可能对上市公司、股票在国务院批准的其他全国性证券交易场所交易的公司的股票交易价格产生较大影响的重大事件,投资者尚未得知时,公司应当立即将有关该重大事件的情况向国务院证券监督管理机构和证券交易场所报送临时报告,并予公告,说明事件的起因、目前的状态和可能产生的法律后果。

1. 上述所称重大事件包括:

(1)《证券法》第八十条第二款规定的重大事件;

(2)公司发生大额赔偿责任;

(3)公司计提大额资产减值准备;

(4)公司出现股东权益为负值;

(5)公司主要债务人出现资不抵债或者进入破产程序,公司对相应债权未提取足额坏账准备;

(6)新公布的法律、行政法规、规章、行业政策可能对公司产生重大影响;

(7)公司开展股权激励、回购股份、重大资产重组、资产分拆上市或者挂牌;

(8)法院裁决禁止控股股东转让其所持股份;任一股东所持公司百分之五以上股份被质押、冻结、司法拍卖、托管、设定信托或者被依法限制表决权等,或者出现被强制过户风险;

(9)主要资产被查封、扣押或者冻结;主要银行账户被冻结;

(10)上市公司预计经营业绩发生亏损或者发生大幅变动;

(11)主要或者全部业务陷入停顿;

(12)获得对当期损益产生重大影响的额外收益,可能对公司的资产、负债、权益或者经营成果产生重要影响;

(13)聘任或者解聘为公司审计的会计师事务所;

（14）会计政策、会计估计重大自主变更；

（15）因前期已披露的信息存在差错、未按规定披露或者虚假记载，被有关机关责令改正或者经董事会决定进行更正；

（16）公司或者其控股股东、实际控制人、董事、监事、高级管理人员受到刑事处罚，涉嫌违法违规被中国证监会立案调查或者受到中国证监会行政处罚，或者受到其他有权机关重大行政处罚；

（17）公司的控股股东、实际控制人、董事、监事、高级管理人员涉嫌严重违纪违法或者职务犯罪被纪检监察机关采取留置措施且影响其履行职责；

（18）除董事长或者经理外的公司其他董事、监事、高级管理人员因身体、工作安排等原因无法正常履行职责达到或者预计达到三个月以上，或者因涉嫌违法违规被有权机关采取强制措施且影响其履行职责；

（19）中国证监会规定的其他事项。

2.《证券法》第八十条第二款规定的重大事件包括：

（1）公司的经营方针和经营范围的重大变化；

（2）公司的重大投资行为，公司在一年内购买、出售重大资产超过公司资产总额百分之三十，或者公司营业用主要资产的抵押、质押、出售或者报废一次超过该资产的百分之三十；

（3）公司订立重要合同、提供重大担保或者从事关联交易，可能对公司的资产、负债、权益和经营成果产生重要影响；

（4）公司发生重大债务和未能清偿到期重大债务的违约情况；

（5）公司发生重大亏损或者重大损失；

（6）公司生产经营的外部条件发生的重大变化；

（7）公司的董事、三分之一以上监事或者经理发生变动，董事长或者经理无法履行职责；

（8）持有公司百分之五以上股份的股东或者实际控制人持有股份或者控制公司的情况发生较大变化，公司的实际控制人及其控制的其他企业从事与公司相同或者相似业务的情况发生较大变化；

（9）公司分配股利、增资的计划，公司股权结构的重要变化，公司减资、合并、分立、解散及申请破产的决定，或者依法进入破产程序、被责令关闭；

（10）涉及公司的重大诉讼、仲裁，股东大会、董事会决议被依法撤销或者宣

告无效;

(11)公司涉嫌犯罪被依法立案调查,公司的控股股东、实际控制人、董事、监事、高级管理人员涉嫌犯罪被依法采取强制措施。

公司的控股股东或者实际控制人对重大事件的发生、进展产生较大影响的,应当及时将其知悉的有关情况书面告知公司,并配合公司履行信息披露义务。

典型例题:

【**单选题**】根据《上市公司信息披露管理办法》,发生可能对上市公司证券及其衍生品质交易价格产生较大影响的重大事件,投资者尚未得知时,应当立即披露,说明事件的起因、目前的状态,可能产生的影响。上述所称重大事件包括( )。

A. 公司的重大投资行为和重大的购置财产的决定

B. 公司的董事、三分之一以上监事或者经理发生变动;董事长或者经理无法履行职责

C. 持有公司百分之五以上股份的股东或者实际控制人,其持有股份或者控制公司的情况发生较大变化

D. 以上全部

【**答案**】D

【**解析**】根据《证券法》第八十条规定,公司的重大投资行为,公司在一年内购买、出售重大资产超过公司资产总额百分之三十,或者公司营业用主要资产的抵押、质押、出售或者报废一次超过该资产的百分之三十;公司的董事、三分之一以上监事或者经理发生变动,董事长或者经理无法履行职责;持有公司百分之五以上股份的股东或者实际控制人持有股份或者控制公司的情况发生较大变化,公司的实际控制人及其控制的其他企业从事与公司相同或者相似业务的情况发生较大变化;选项A、B、C的说法均正确,本题答案为选项D。

【**单选题**】公司的重大投资行为,公司在一年内购买、出售重大资产超过公司资产总额百分之( ),或者公司营业用主要资产的抵押、质押、出售或者报废一次超过该资产的百分之( )的,属于发生可能对上市公司、股票在国务院批准的其他全国性证券交易场所交易的公司的股票交易价格产生较大影响的重大事件。

    A. 十;十   B. 三十;三十   C. 五十;三十   D. 七十;三十

【答案】B

【解析】根据《证券法》第八十条规定,公司的重大投资行为,公司在一年内购买、出售重大资产超过公司资产总额百分之三十,或者公司营业用主要资产的抵押、质押、出售或者报废一次超过该资产的百分之三十。本题答案为选项B。

【判断题】上市公司参股公司发生可能对上市公司证券及其衍生品种交易价格产生影响的事件的,上市公司应当履行信息披露义务。

【答案】√

【解析】根据《上市公司信息披露管理办法》第二十二条规定,发生可能对上市公司证券及其衍生品种交易价格产生较大影响的重大事件,投资者尚未得知时,上市公司应当立即披露,说明事件的起因、目前的状态和可能产生的影响。

(三)其他披露事项的规定

1. 上市公司变更公司名称、股票简称、公司章程、注册资本、注册地址、主要办公地址和联系电话等,应当立即披露。

2. 涉及上市公司的收购、合并、分立、发行股份、回购股份等行为导致上市公司股本总额、股东、实际控制人等发生重大变化的,信息披露义务人应当依法履行报告、公告义务,披露权益变动情况。

典型例题:

【多选题】涉及上市公司的(　　)等行为导致上市公司股本总额、股东、实际控制人等发生重大变化的,信息披露义务人应当依法履行报告、公告义务,披露权益变动情况。

A. 收购　　　　B. 合并　　　　C. 分立　　　　D. 发行股份

E. 回购股份

【答案】ABCDE

【解析】根据《上市公司信息披露管理办法》第二十七条规定,涉及上市公司的收购、合并、分立、发行股份、回购股份等行为导致上市公司股本总额、股东、实际控制人等发生重大变化的,信息披露义务人应当依法履行报告、公告义务,披露权益变动情况。本题答案为选项A、B、C、D、E。

3. 上市公司应当关注本公司证券及其衍生品种的异常交易情况及媒体关于本公司的报道。

证券及其衍生品种发生异常交易或者在媒体中出现的消息可能对公司证券

及其衍生品种的交易产生重大影响时，上市公司应当及时向相关各方了解真实情况，必要时应当以书面方式问询。

典型例题：

【单选题】根据《上市公司信息披露管理办法》，证券及其衍生品种发生异常交易或者在媒体中出现的消息可能对公司证券及其衍生品种的交易产生（　　）时，上市公司应当及时向相关各方了解真实情况，必要时应当以书面方式问询。

A. 重大影响　　　B. 较大影响　　　C. 影响　　　D. 股价波动

【答案】A

【解析】根据《上市公司信息披露管理办法》第二十八条规定，证券及其衍生品种发生异常交易或者在媒体中出现的消息可能对公司证券及其衍生品种的交易产生重大影响时，上市公司应当及时向相关各方了解真实情况，必要时应当以书面方式问询。本题答案为选项A。

4. 上市公司披露重大事件后，已披露的重大事件出现可能对上市公司证券及其衍生品种交易价格产生较大影响的进展或者变化的，上市公司应当及时披露进展或者变化情况、可能产生的影响。

典型例题：

【判断题】上市公司披露重大事件后，已披露的重大事件出现可能对上市公司证券及其衍生品种交易价格产生较大影响的进展或者变化的，应当及时披露进展或者变化情况、可能产生的影响。

【答案】√

【解析】根据《上市公司信息披露管理办法》第二十五条规定，上市公司披露重大事件后，已披露的重大事件出现可能对上市公司证券及其衍生品种交易价格产生较大影响的进展或者变化的，上市公司应当及时披露进展或者变化情况、可能产生的影响。

5. 上市公司控股股东、实际控制人及其一致行动人应当及时、准确地告知上市公司是否存在拟发生的股权转让、资产重组或者其他重大事件，并配合上市公司做好信息披露工作。

典型例题：

【判断题】上市公司控股股东、实际控制人及其一致行动人应当及时、准确地告知上市公司是否存在拟发生的股权转让、资产重组或者其他重大事件,并配合上市公司做好信息披露工作。

【答案】√

【解析】根据《上市公司信息披露管理办法》第二十八条规定,上市公司控股股东、实际控制人及其一致行动人应当及时、准确地告知上市公司是否存在拟发生的股权转让、资产重组或者其他重大事件,并配合上市公司做好信息披露工作。

第三节 股份减持与回购

上市公司控股股东和持股5%以上股东(以下统称大股东)、董监高减持股份,以及股东减持其持有的公司首次公开发行前发行的股份、上市公司非公开发行的股份,适用《上市公司股东、董监高减持股份的若干规定》。

大股东减持其通过证券交易所集中竞价交易买入的上市公司股份,不适用《上市公司股东、董监高减持股份的若干规定》。

一、上市公司股东的限制性规定

(一)发起人不得转让情形

发起人持有的本公司股份,自公司成立之日起一年内不得转让。公司公开发行股份前已发行的股份,自公司股票在证券交易所上市交易之日起一年内不得转让。

(二)上市公司大股东不得减持股份情形

具有下列情形之一的,上市公司大股东不得减持股份:

1. 上市公司或者大股东因涉嫌证券期货违法犯罪,在被中国证监会立案调查或者被司法机关立案侦查期间,以及在行政处罚决定、刑事判决作出之后未满6个月的。

2. 大股东因违反证券交易所规则,被证券交易所公开谴责未满3个月的。

3. 中国证监会规定的其他情形。

二、董监高的限制性规定

（一）不得转让情形

上市公司董事、监事和高级管理人员所持本公司股份在下列情形下不得转让：

1. 公司股票上市交易之日起1年内；
2. 董事、监事和高级管理人员离职后半年内；
3. 董事、监事和高级管理人员承诺一定期限内不转让并在该期限内的；
4. 法律、法规、中国证监会和证券交易所规定的其他情形。

（二）不得减持股份情形

具有下列情形之一的，上市公司董监高不得减持股份：

1. 董监高因涉嫌证券期货违法犯罪，在被中国证监会立案调查或者被司法机关立案侦查期间，以及在行政处罚决定、刑事判决作出之后未满6个月的；
2. 董监高因违反证券交易所规则，被证券交易所公开谴责未满3个月的；
3. 中国证监会规定的其他情形。

（三）任职期间股份减持规定

上市公司董事、监事和高级管理人员在任职期间，每年通过集中竞价、大宗交易、协议转让等方式转让的股份不得超过其所持本公司股份总数的25%，因司法强制执行、继承、遗赠、依法分割财产等导致股份变动的除外。

上市公司董事、监事和高级管理人员所持股份不超过1 000股的，可一次全部转让，不受上述转让比例的限制。

典型例题：

【判断题】上市公司董事、监事和高级管理人员在任职期间，每年通过集中竞价、大宗交易、协议转让等方式转让的股份不得超过其所持本公司股份总数的20%，因司法强制执行、继承、遗赠、依法分割财产等导致股份变动的除外。

【答案】×

【解析】根据《上市公司董事、监事和高级管理人员所持本公司股份及其变动管理规则》第五条规定，转让股份不得超过的比例为25%，不是20%。

【判断题】上市公司董事、监事和高级管理人员所持股份不超过1 000股的，可一次全部转让，不受相关管理规则转让比例的限制。

【答案】√

【解析】根据《上市公司董事、监事和高级管理人员所持本公司股份及其变动管理规则》第五条规定，上市公司董事、监事和高级管理人员所持股份不超过1000股的，可一次全部转让，不受上述转让比例的限制。

(四) 任期届满前离职的股份减持规定

董监高在任期届满前离职的，应当在其就任时确定的任期内和任期届满后6个月内，遵守下列限制性规定：

1. 每年转让的股份不得超过其所持有本公司股份总数的25%；

2. 离职后半年内，不得转让其所持本公司股份；

3. 法律、行政法规、部门规章、规范性文件以及证券交易所业务规则对董监高股份转让的其他规定。

(五) 不得买卖本公司股票情形

上市公司董事、监事和高级管理人员在下列期间不得买卖本公司股票：

1. 上市公司定期报告公告前30日内；

2. 上市公司业绩预告、业绩快报公告前10日内；

3. 自可能对本公司股票交易价格产生重大影响的重大事项发生之日或在决策过程中，至依法披露后2个交易日内；

4. 证券交易所规定的其他期间。

典型例题：

【多选题】上市公司董事、监事和高级管理人员在下列期间不得买卖本公司股票（　　）。

A. 上市公司定期报告公告前30日内

B. 上市公司业绩预告、业绩快报公告前10日内

C. 自可能对本公司股票交易价格产生重大影响的重大事项发生之日或在决策过程中，至依法披露后2个交易日内

D. 证券交易所规定的其他期间

【答案】ABCD

【解析】根据《上市公司董事、监事和高级管理人员所持本公司股份及其变动管理规则》第十三条规定，上市公司董事、监事和高级管理人员在下列期间不得买卖本公司股票：(1)上市公司定期报告公告前30日内；(2)上市公司业绩

预告、业绩快报公告前10日内;(3)自可能对本公司股票交易价格产生重大影响的重大事项发生之日或在决策过程中,至依法披露后2个交易日内;(4)证券交易所规定的其他期间。本题答案为选项A、B、C、D。

(六) 公司章程限制性规定

上市公司章程可对董事、监事和高级管理人员转让其所持本公司股份规定比相关规则更长的禁止转让期间、更低的可转让股份比例或者附加其他限制转让条件。

典型例题:

【判断题】上市公司章程可对董事、监事和高级管理人员转让其所持本公司股份规定比相关规则更长的禁止转让期间、更低的可转让股份比例或者附加其他限制转让条件。

【答案】√

【解析】根据《上市公司董事、监事和高级管理人员所持本公司股份及其变动管理规则》第九条规定,上市公司章程可对董事、监事和高级管理人员转让其所持本公司股份规定比上述规则更长的禁止转让期间、更低的可转让股份比例或者附加其他限制转让条件。

(七) 持有公司股份认定

上市公司董事、监事和高级管理人员所持本公司股份,是指登记在其名下的所有本公司股份。上市公司董事、监事和高级管理人员从事融资融券交易的,还包括记载在其信用账户内的本公司股份。

典型例题:

【判断题】上市公司董事、监事和高级管理人员所持本公司股份,是指登记在其及直系亲属名下的所有本公司股份。

【答案】×

【解析】根据《上市公司董事、监事和高级管理人员所持本公司股份及其变动管理规则》第三条规定,上市公司董事、监事和高级管理人员所持本公司股份,是指登记在其名下的所有本公司股份,不包括直系亲属。

【判断题】上市公司董事、监事和高级管理人员从事融资融券交易的,其所持本公司股份还包括记载在其信用账户内的本公司股份。

【答案】√

【解析】根据《上市公司董事、监事和高级管理人员所持本公司股份及其变动管理规则》第三条规定,上市公司董事、监事和高级管理人员从事融资融券交易的,还包括记载在其信用账户内的本公司股份。

(八)上市公司董监高信息申报

1. 上市公司董事、监事和高级管理人员应当保证本人申报数据的及时、真实、准确、完整。

2. 上市公司应当制定专项制度,加强对董事、监事和高级管理人员持有本公司股份及买卖本公司股票行为的申报、披露与监督。上市公司董事会秘书负责管理公司董事、监事和高级管理人员的身份及所持本公司股份的数据和信息,统一为董事、监事和高级管理人员办理个人信息的网上申报,并定期检查董事、监事和高级管理人员买卖本公司股票的披露情况。

典型例题:

【多选题】上市公司董事会秘书负责管理( )。

A. 公司董事、监事和高级管理人员的身份

B. 公司董事、监事和高级管理人员所持本公司股份的数据和信息

C. 统一为董事、监事和高级管理人员办理个人信息的网上申报

D. 定期检查董事、监事和高级管理人员买卖本公司股票的披露情况

【答案】ABCD

【解析】根据《上市公司董事、监事和高级管理人员所持本公司股份及其变动管理规则》第十五条规定,上市公司董事会秘书负责管理公司董事、监事和高级管理人员的身份及所持本公司股份的数据和信息,统一为董事、监事和高级管理人员办理个人信息的网上申报,并定期检查董事、监事和高级管理人员买卖本公司股票的披露情况。本题答案为选项A、B、C、D。

【多选题】上市公司应当制定专项制度,加强对董事、监事和高级管理人员持有本公司股份及买卖本公司股票行为的( )。

A. 申报　　　B. 披露　　　C. 登记　　　D. 监督

【答案】ABD

【解析】根据《上市公司董事、监事和高级管理人员所持本公司股份及其变动管理规则》第十五条规定,上市公司应当制定专项制度,加强对董事、监事和高级管理人员持有本公司股份及买卖本公司股票行为的申报、披露与监督,不用登

记。本题答案为选项 A、B、D。

三、上市公司触及退市风险不得减持的规定

上市公司存在下列情形之一,触及退市风险警示标准的,自相关决定作出之日起至公司股票终止上市或者恢复上市前,其控股股东、实际控制人、董监高及其一致行动人不得减持所持有的公司股份:

1. 上市公司因欺诈发行或者因重大信息披露违法受到中国证监会行政处罚;

2. 上市公司因涉嫌欺诈发行罪或者因涉嫌违规披露、不披露重要信息罪被依法移送公安机关;

3. 其他重大违法退市情形。

上市公司披露公司无控股股东、实际控制人的,其第一大股东及第一大股东的实际控制人应当遵守上述大股东减持相关规定。

四、减持股份的具体规定与信息披露

(一)减持股份的预先披露

1. 上市公司大股东、董监高计划通过证券交易所集中竞价交易减持股份,应当在首次卖出的 15 个交易日前向证券交易所报告并预先披露减持计划,由证券交易所予以备案。

2. 减持计划的内容,应当包括但不限于拟减持股份的数量、来源、减持时间区间、方式、价格区间、减持原因等信息,且每次披露的减持时间区间不得超过 6 个月。

3. 在预先披露的减持时间区间内,大股东、董监高应当按照证券交易所的规定披露减持进展情况。减持计划实施完毕后,大股东、董监高应当在 2 个交易日内向证券交易所报告,并予公告;在预先披露的减持时间区间内,未实施减持或者减持计划未实施完毕的,应当在减持时间区间届满后的 2 个交易日内向证券交易所报告,并予公告。

4. 在减持时间区间内,大股东、董监高在减持数量过半或减持时间过半时,应当披露减持进展情况。

5. 公司控股股东、实际控制人及其一致行动人减持达到公司股份总数 1%

的,还应当在该事实发生之日起2个交易日内就该事项作出公告。

在减持时间区间内,上市公司披露高送转或筹划并购重组等重大事项的,大股东、董监高应当立即披露减持进展情况,并说明本次减持与前述重大事项是否有关。

6. 大股东、董监高通过交易所集中竞价交易减持股份的,应当在股份减持计划实施完毕或者披露的减持时间区间届满后的2个交易日内公告具体减持情况。

典型例题:

【单选题】 上市公司大股东、董监高计划通过证券交易所集中竞价交易减持股份,应当在首次卖出的(　　)个交易日前向证券交易所报告并预先披露减持计划,由证券交易所予以备案。

A. 2　　　　　　B. 5　　　　　　C. 10　　　　　　D. 15

【答案】 D

【解析】 根据《上海证券交易所上市公司股东及董事、监事、高级管理人员减持股份实施细则》第十三条规定,大股东、董监高通过集中竞价交易减持股份的,应当在首次卖出股份的15个交易日前向本所报告备案减持计划,并予以公告。本题答案为选项D。

【判断题】 大股东、董监高通过集中竞价交易减持股份的,应当在首次卖出股份的30个交易日前向本所报告备案减持计划,并予以公告。

【答案】 ×

【解析】 根据《上海证券交易所上市公司股东及董事、监事、高级管理人员减持股份实施细则》第十三条规定,应是15个交易日。

7. 上市公司股东、董监高未按照相关规定和证券交易所规则减持股份的,证券交易所应当视情节采取书面警示等监管措施和通报批评、公开谴责等纪律处分措施;情节严重的,证券交易所应当通过限制交易的处置措施禁止相关证券账户6个月内或12个月内减持股份。

(二) 董监高股份变动相关规定

1. 股份变动公告:

上市公司董事、监事和高级管理人员所持本公司股份发生变动的,应当自该事实发生之日起2个交易日内,向上市公司报告并由上市公司在证券交易所网站进行公告。公告内容包括:

(1) 上年末所持本公司股份数量。

(2) 上年末至本次变动前每次股份变动的日期、数量、价格。

(3) 本次变动前持股数量。

(4) 本次股份变动的日期、数量、价格。

(5) 变动后的持股数量。

(6) 证券交易所要求披露的其他事项。

典型例题：

【多选题】上市公司董事、监事和高级管理人员所持本公司股份发生变动的，应当自该事实发生之日起2个交易日内，向上市公司报告并由上市公司在证券交易所网站进行公告。公告内容包括(　　)。

A. 上年末所持本公司股份数量

B. 上年末至本次变动前每次股份变动的日期、数量、价格

C. 本次变动前持股数量

D. 本次股份变动的日期、数量、价格

E. 变动后的持股数量

F. 证券交易所要求披露的其他事项

【答案】ABCDEF

【解析】根据《上市公司董事、监事和高级管理人员所持本公司股份及其变动管理规则》第十一条规定，上市公司董事、监事和高级管理人员所持本公司股份发生变动的，应当自该事实发生之日起2个交易日内，向上市公司报告并由上市公司在证券交易所网站进行公告。公告内容包括：(1) 上年末所持本公司股份数量。(2) 上年末至本次变动前每次股份变动的日期、数量、价格。(3) 本次变动前持股数量。(4) 本次股份变动的日期、数量、价格。(5) 变动后的持股数量。(6) 证券交易所要求披露的其他事项。本题答案为选项A、B、C、D、E、F。

2. 股票买卖：

上市公司董事、监事、高级管理人员应当遵守《证券法》第四十七条规定，违反该规定将其所持本公司股票在买入后6个月内卖出，或者在卖出后6个月内又买入的，由此所得收益归该上市公司所有，公司董事会应当收回其所得收益并及时披露相关情况。

上述"买入后6个月内卖出"是指最后一笔买入时点起算6个月内卖出的；"卖出后6个月内又买入"是指最后一笔卖出时点起算6个月内又买入的。

典型例题：

【判断题】"买入后6个月内卖出"是指最后一笔买入时点起算6个月内卖出的；"卖出后6个月内又买入"是指最后一笔卖出时点起算6个月内又买入的。

【答案】√

【解析】根据《上市公司董事、监事和高级管理人员所持本公司股份及其变动管理规则》第十二条规定，上述"买入后6个月内卖出"是指最后一笔买入时点起算6个月内卖出的；"卖出后6个月内又买入"是指最后一笔卖出时点起算6个月内又买入的。

3. 新增股份：

因上市公司公开或非公开发行股份、实施股权激励计划，或因董事、监事和高级管理人员在二级市场购买、可转债转股、行权、协议受让等各种年内新增股份，新增无限售条件股份当年可转让25%，新增有限售条件的股份计入次年可转让股份的计算基数。

上市公司进行权益分派导致董事、监事和高级管理人所持本公司股份增加的，可同比例增加当年可转让数量。

典型例题：

【多选题】因上市公司公开或非公开发行股份、实施股权激励计划，或因董事、监事和高级管理人员在二级市场购买、可转债转股、行权、协议受让等各种年内新增股份，新增无限售条件股份当年可转让（　　），新增有限售条件的股份计入（　　）可转让股份的计算基数。

A. 25%　　　　B. 20%　　　　C. 次年　　　　D. 当年

【答案】AC

【解析】根据《上市公司董事、监事和高级管理人员所持本公司股份及其变动管理规则》第七条规定，新增无限售条件股份当年可转让25%，新增有限售条件的股份计入次年可转让股份的计算基数。本题答案为选项A、C。

4. 可转未转的股份：

上市公司董事、监事和高级管理人员当年可转让但未转让的本公司股份，应当计入当年末其所持有本公司股份的总数，该总数作为次年可转让股份的计算基数。

典型例题：

【判断题】上市公司董事、监事和高级管理人员当年可转让但未转让的本公司股份,应当计入当年末其所持有本公司股份的总数,该总数作为次年可转让股份的计算基数。

【答案】√

【解析】根据《上市公司董事、监事和高级管理人员所持本公司股份及其变动管理规则》第八条规定,上市公司董事、监事和高级管理人员当年可转让但未转让的本公司股份,应当计入当年末其所持有本公司股份的总数,该总数作为次年可转让股份的计算基数。

(三)大股东股份减持方式及其规定

1. 集中竞价交易方式:

上市公司大股东在3个月内(即任意连续90日内)通过证券交易所集中竞价交易减持股份的总数,不得超过公司股份总数的1%。

股东持有上市公司非公开发行的股份,在股份限售期届满后12个月内通过集中竞价交易减持的数量,不得超过其持有该次非公开发行股份数量的50%。

典型例题:

【单选题】根据《深圳证券交易所上市公司股东及董事、监事、高级管理人员减持股份实施细则》,股东通过集中竞价交易减持上市公司非公开发行股份的,在股份限制转让期间届满后十二个月内,减持数量不得超过其持有的该次非公开发行股票的( )。

A. 百分之十　　　　　　　B. 百分之二十五

C. 百分之三十　　　　　　D. 百分之五十

【答案】D

【解析】根据《深圳证券交易所上市公司股东及董事、监事、高级管理人员减持股份实施细则》第四条规定,股东通过集中竞价交易减持上市公司非公开发行股份的,除遵守上述规定外,在股份限制转让期间届满后十二个月内,减持数量还不得超过其持有的该次非公开发行股份的百分之五十。本题答案为选项D。

2. 协议转让方式:

大股东减持或者特定股东减持,采取协议转让方式的,单个受让方的受让比例不得低于公司股份总数的5%。

大股东减持采取协议转让方式,减持后不再具有大股东身份的,出让方、受让方在6个月内应当遵守"在任意连续90日内,减持股份的总数不得超过公司股份总数的1%"的规定,并应当依照要求履行信息披露义务。

股东通过协议转让方式减持特定股份后,受让方在6个月内减持所受让股份的,出让方、受让方应当遵守"在任意连续90日内,减持股份的总数不得超过公司股份总数的1%"的规定。

3. 大宗交易方式:

大股东减持或者特定股东减持,采取大宗交易方式的,在任意连续90日内,减持股份的总数不得超过公司股份总数的2%。

大宗交易的出让方与受让方,应当明确其所买卖股份的数量、性质、种类、价格,并遵守沪/深交易所上市公司股东及董事、监事、高级管理人员减持股份实施细则的相关规定。

受让方在受让后6个月内,不得转让所受让的股份。

(四)大股东股权质押

上市公司大股东的股权被质押的,该股东应当在该事实发生之日起2日内通知上市公司,并按证券交易所有关股东股份质押事项的披露要求予以公告。

典型例题:

【单选题】上市公司大股东的股权被质押的,该股东应当在该事实发生之日起( )日内通知上市公司,并予公告。

A. 1　　　　　B. 2　　　　　C. 3　　　　　D. 5

【答案】B

【解析】根据《上海证券交易所上市公司股东及董事、监事、高级管理人员减持股份实施细则》第十六条规定,上市公司大股东的股权被质押的,该股东应当在该事实发生之日起2日内通知上市公司,并按本所有关股东股份质押事项的披露要求予以公告。本题答案为选项B。

第四节　信息披露监督管理与法律责任

一、监管要求

1. 中国证监会可以要求信息披露义务人或者其董事、监事、高级管理人员对有关信息披露问题作出解释、说明或者提供相关资料,并要求上市公司提供证券公司或者证券服务机构的专业意见。

2. 中国证监会对证券公司和证券服务机构出具的文件的真实性、准确性、完整性有疑义的,可以要求相关机构作出解释、补充,并调阅其工作底稿。

3. 信息披露义务人及其董事、监事、高级管理人员,证券公司和证券服务机构应当及时作出回复,并配合中国证监会的检查、调查。

4. 上市公司董事、监事、高级管理人员应当对公司信息披露的真实性、准确性、完整性、及时性、公平性负责,但有充分证据表明其已经履行勤勉尽责义务的除外。

5. 上市公司董事长、经理、董事会秘书,应当对公司临时报告信息披露的真实性、准确性、完整性、及时性、公平性承担主要责任。

6. 上市公司董事长、经理、财务负责人应当对公司财务会计报告的真实性、准确性、完整性、及时性、公平性承担主要责任。

典型例题:

【单选题】上市公司(　　)应当对公司信息披露的真实性、准确性、完整性、及时性、公平性负责。

A. 董事长　　　　　　　　　　B. 总经理
C. 董事会秘书　　　　　　　　D. 董事、监事、高级管理人员

【答案】D

【解析】根据《上市公司信息披露管理办法》第五十一条规定,上市公司董事、监事、高级管理人员应当对公司信息披露的真实性、准确性、完整性、及时性、公平性负责。本题答案为选项 D。

【单选题】上市公司董事长、经理、(　　),应当对公司临时报告信息披露的真实性、准确性、完整性、及时性、公平性承担主要责任。

A. 董事　　　B. 财务负责人　　　C. 董事会秘书　　　D. 监事

【答案】C

【解析】根据《上市公司信息披露管理办法》第五十一条规定,上市公司董事长、经理、董事会秘书,应当对公司临时报告信息披露的真实性、准确性、完整性、及时性、公平性承担主要责任。本题答案为选项 C。

【多选题】上市公司董事长、经理、财务负责人应对公司财务报告的(　　)

承担主要责任。

A. 真实性　　B. 准确性　　C. 完整性　　D. 及时性
E. 公平性

【答案】ABCDE

【解析】根据《上市公司信息披露管理办法》第五十一条规定,上市公司董事长、经理、财务负责人应当对公司财务会计报告的真实性、准确性、完整性、及时性、公平性承担主要责任。本题答案为选项 A、B、C、D、E。

二、监管措施

1. 信息披露义务人及其董事、监事、高级管理人员违反《上市公司信息披露管理办法》的,中国证监会为防范市场风险,维护市场秩序,可以采取以下监管措施:

(1) 责令改正;

(2) 监管谈话;

(3) 出具警示函;

(4) 责令公开说明;

(5) 责令定期报告;

(6) 责令暂停或者终止并购重组活动;

(7) 依法可以采取的其他监管措施。

典型例题:

【多选题】信息披露义务人及其董事、监事、高级管理人员,上市公司的股东、实际控制人、收购人及其董事、监事、高级管理人员违反《上市公司信息披露管理办法》的,中国证监会可以采取以下监管措施(　　)。

A. 责令改正　　B. 监管谈话　　C. 出具警示函　　D. 责令公开说明
E. 认定为不适当人选
F. 责令定期报告

【答案】ABCDF

【解析】根据《上市公司信息披露管理办法》第五十二条规定,信息披露义务人及其董事、监事、高级管理人员违反本办法的,中国证监会为防范市场风险,维护市场秩序,可以采取以下监管措施:(1)责令改正;(2)监管谈话;(3)出具警示函;(4)责令公开说明;(5)责令定期报告;(6)责令暂停或者终止并购重组活动;(7)依法可以采取的其他监管措施。本题答案为选项 A、B、C、D、F。

2. 上市公司未按《上市公司信息披露管理办法》规定制定上市公司信息披露事务管理制度的,由中国证监会责令改正;拒不改正的,给予警告并处国务院规定限额以下罚款。

典型例题:

【单选题】上市公司未按《上市公司信息披露管理办法》规定制定上市公司信息披露事务管理制度的,中国证监会责令改正。拒不改正的,中国证监会给予( )。

A. 警告、罚款　　B. 口头批评　　C. 出具警示函　　D. 罚款

【答案】A

【解析】根据《上市公司信息披露管理办法》第五十三条规定,上市公司未按《上市公司信息披露管理办法》规定制定上市公司信息披露事务管理制度的,由中国证监会责令改正;拒不改正的,给予警告并处国务院规定限额以下罚款。本题答案为选项 A。

【判断题】上市公司未按《上市公司信息披露管理办法》规定制定上市公司信息披事务管理制度的,证券交易所责令改正。拒不改正的,证券交易所给予警告、罚款。

【答案】×

【解析】根据《上市公司信息披露管理办法》第五十三条规定,上市公司未按《上市公司信息披露管理办法》规定制定上市公司信息披露事务管理制度的,由中国证监会责令改正;拒不改正的,给予警告并处国务院规定限额以下罚款。是中国证监会责令改正,给予警告并处罚,不是证券交易所。

3. 为信息披露义务人履行信息披露义务出具专项文件的证券公司、证券服务机构及其人员,违反法律、行政法规和中国证监会规定的,中国证监会为防范市场风险,维护市场秩序,可以采取责令改正、监管谈话、出具警示函、责令公开说明、责令定期报告等监管措施;依法应当给予行政处罚的,由中国证监会依照有关规定进行处罚。

典型例题:

【多选题】为信息披露义务人履行信息披露义务出具专项文件的保荐人、证

券服务机构及其人员,违反《证券法》、行政法规和中国证监会的规定,由中国证监会依法采取( )等监管措施。

A. 责令改正　　　　　　　　B. 记入诚信档案

C. 监管谈话　　　　　　　　D. 出具警示函

E. 采取证券市场禁入的措施

【答案】ACD

【解析】根据《上市公司信息披露管理办法》第五十五条规定,为信息披露义务人履行信息披露义务出具专项文件的证券公司、证券服务机构及其人员,违反法律、行政法规和中国证监会规定的,中国证监会为防范市场风险,维护市场秩序,可以采取责令改正、监管谈话、出具警示函、责令公开说明、责令定期报告等监管措施;依法应当给予行政处罚的,由中国证监会依照有关规定进行处罚。本题答案为选项 A、C、D。

4. 上市公司董事、监事在董事会或者监事会审议、审核定期报告时投赞成票,又在定期报告披露时表示无法保证定期报告内容的真实性、准确性、完整性或者有异议的,中国证监会可以对相关人员给予警告并处国务院规定限额以下罚款;情节严重的,可以对有关责任人员采取证券市场禁入的措施。

典型例题:

【单选题】上市公司董事、监事在董事会或者监事会审议、审核定期报告时投赞成票,又在定期报告披露时表示无法保证定期报告内容的真实性、准确性、完整性或者有异议的,中国证监会可以对相关人员采取( )措施。

A. 给予警告并处国务院规定限额以下罚款

B. 责令改正

C. 证券市场禁入

D. 给予行政处罚

【答案】A

【解析】根据《上市公司信息披露管理办法》第五十八条规定,上市公司董事、监事在董事会或者监事会审议、审核定期报告时投赞成票,又在定期报告披露时表示无法保证定期报告内容的真实性、准确性、完整性或者有异议的,中国证监会可以对相关人员给予警告并处国务院规定限额以下罚款;情节严重的,可以对有关责任人员采取证券市场禁入的措施。本题答案为选项 A。

5. 利用新闻报道以及其他传播方式对上市公司进行敲诈勒索的,由中国证监会责令改正,并向有关部门发出监管建议函,由有关部门依法追究法律责任。

典型例题:

【单选题】根据《上市公司信息披露管理办法》,涉嫌利用新闻报道以及其他传播方式对上市公司进行敲诈勒索的,中国证监会(　　),向有关部门发出监管建议函,由有关部门依法追究法律责任。

A. 立案稽查　　　　　　　B. 给予经济处罚

C. 责令改正　　　　　　　D. 给予行政处罚

【答案】 C

【解析】根据《上市公司信息披露管理办法》第五十九条规定,利用新闻报道以及其他传播方式对上市公司进行敲诈勒索的,由中国证监会责令改正,并向有关部门发出监管建议函,由有关部门依法追究法律责任。本题答案为选项C。

第五节　每章练习

一、单选题

1. 根据《上市公司信息披露管理办法》,信息披露义务人应当将信息披露(　　)报送上市公司注册地证监局。

A. 公告文稿　　　　　　　B. 备查文件

C. 公告文稿和相关备查文件　　D. 公告文稿及电子文件

2. 信息披露文件应当采用(　　)文本。

A. 中文　　　B. 外文　　　C. 中外文均可　　　D. 同时使用

3. 发行人编制招股说明书应当符合中国证监会的相关规定,(　　)应当在招股说明书中披露。

A. 只需要披露历史沿革

B. 只需要披露业务和技术

C. 凡是对投资者作出投资决策有重大影响的信息,均需要披露

D. 只需要披露募集资金投向

4. 上市公司披露的定期报告中,须经具有证券、期货相关业务资格的会计

师事务所审计的是( )。

　　A. 年度报告　　B. 半年度报告　　C. 季度报告　　D. 临时报告

5. 根据有关上市规则,上市公司定期报告不包括( )。

　　A. 年度报告　　B. 中期报告　　C. 对外投资公告　D. 季度报告

6. 年度报告应当在每个会计年度结束之日起( )个月内编制完成并披露。

　　A. 六　　　　　B. 四　　　　　C. 二　　　　　D. 一

7. 上市公司( )应当对董事会编制的公司定期报告进行审核并提出书面审核意见。

　　A. 股东　　　　B. 董事　　　　C. 监事会　　　D. 高级管理人员

8. 根据《上市公司信息披露管理办法》,公司监事会应当对定期报告提出书面审核意见,说明董事会的( )是否符合法律、行政法规和中国证监会的规定,报告的内容是否能够真实、准确、完整地反映上市公司的实际情况。

　　A. 意见　　　　　　　　　　　B. 编制和审议程序

　　C. 决议　　　　　　　　　　　D. 审核程序

9. 根据《上市公司信息披露管理办法》,董事、监事、高级管理人员对定期报告内容的真实性、准确性、完整性无法保证或者存在异议的,应当( ),并予以披露。

　　A. 陈述理由和发表意见　　　　B. 拒绝出具意见

　　C. 陈述理由　　　　　　　　　D. 发表意见

10. 定期报告中财务会计报告被出具非标准审计报告的,上市公司( )应当针对该审计意见涉及事项作出专项说明。

　　A. 股东大会　　B. 董事会　　　C. 总经理　　　D. 财务总监

11. 应该在上市公司的定期报告、招股说明书上签字的人员不包括( )。

　　A. 董事长　　　B. 财务总监　　C. 董事会秘书　D. 证券部主任

12. 根据《上市公司信息披露管理办法》,上市公司应当在最先发生的以下时点,及时履行重大事件的信息披露义务的是( )。

　　A. 董事会或者监事会就该重大事件形成决议时

　　B. 有关各方就该重大事件签署意向书或者协议时

　　C. 董事、监事或者高级管理人员知悉该重大事件发生并报告时

D. 以上全部

13. 上市公司应当在（　　），及时履行重大事件的信息披露义务。

A. 董事会或者监事会就该重大事件形成决议时

B. 有关各方就该重大事件签署意向书或者协议时

C. 董事、监事或者高级管理人员知悉该重大事件发生并报告时

D. 最先发生的上述 A、B、C 任一时点

14. 上市公司应当制定定期报告的编制、审议、披露程序。经理、财务负责人、董事会秘书等高级管理人员应当及时编制定期报告草案,提请董事会审议;董事会秘书负责送达董事审阅;董事长负责召集和主持董事会会议审议定期报告;监事会负责审核董事会编制的定期报告;（　　）负责组织定期报告的披露工作。

A. 董事会秘书　　B. 董事长　　C. 财务总监　　D. 总经理

15. 上市公司应当制定重大事件的报告、传递、审核、披露程序。董事、监事、高级管理人员知悉重大事件发生时,应当按照公司规定立即履行报告义务;（　　）在接到报告后,应当立即向董事会报告,并敦促（　　）组织临时报告的披露工作。

A. 董事会秘书;证券事务代表　　　　B. 总经理;董事会秘书

C. 董事长;董事会秘书　　　　　　　D. 总经理;证券事务代表

16. 根据《上市公司信息披露管理办法》,上市公司的股东、实际控制人发生以下事件时,应当主动告知上市公司董事会,并配合上市公司履行信息披露义务。该事件不包括（　　）。

A. 持有公司 5% 以上股份的股东或实际控制人,其持有股份或控制公司的情况发生较大变化

B. 控股股东决定投资一家私募股权基金

C. 法院裁决禁止控股股东转让其所持股份,任一股东所持公司 5% 以上股份被质押、冻结、司法拍卖、托管、设定信托或者被依法限制表决

D. 拟对上市公司进行重大资产或者业务重组

17. 上市公司公告的招股说明书、定期报告、临时报告有虚假记载、误导性陈述或者重大遗漏,致使投资者在证券交易中遭受损失的,应当承担赔偿责任人员不包括（　　）。

A. 上市公司的董事、监事、高级管理人员

B. 财务人员

C. 上市公司的其他直接责任人员

D. 有过错的上市公司控股股东、实际控制人

18. 根据《上市公司信息披露管理办法》，上市公司董事长、经理、董事会秘书，应当对公司临时报告信息披露的真实性、准确性、完整性、及时性、公平性（　　）。

  A. 承担责任   B. 承担相应责任

  C. 承担一般责任   D. 承担主要责任

19. 上市公司（　　）应当对公司信息披露的真实性、准确性、完整性、及时性、公平性负责。

  A. 董事长   B. 总经理

  C. 董事会秘书   D. 董事、监事、高级管理人员

20. 根据《深圳证券交易所上市公司股东及董事、监事、高级管理人员减持股份实施细则》，股东通过集中竞价交易减持上市公司非公开发行股份的，在股份限制转让期间届满后十二个月内，减持数量不得超过其持有的该次非公开发行股票的（　　）。

  A. 百分之十   B. 百分之二十五

  C. 百分之三十   D. 百分之五十

21. 以下关于公司董事、监事、高级管理人员转让所持有的本公司股份，表述不正确的是（　　）。

  A. 在任职期间内每年转让的股份不得超过其所持有本公司股份总数的25%

  B. 自公司股票上市交易之日起1年内不得转让

  C. 离职后半年内，不得转让

  D. 公司章程不得对其作出其他限制性规定

22. 上市公司董事、监事、高级管理人员所持本公司股份自公司股票上市交易之日起（　　）内不得转让。上述人员离职后（　　）内，不得转让其所持有的本公司股份。

  A. 一年；半年 B. 半年；半年 C. 一年；一年 D. 半年；一年

23. 持有公司( )以上股份的股东或者实际控制人,其持有股份或者控制公司的情况发生较大变化时,属于可能对上市公司股票交易价格产生较大影响的重大事件。

A. 5% B. 10% C. 15% D. 30%

二、多选题

1. 根据《上市公司信息披露管理办法》,下列属于上市公司信息披露义务人的是( )。

A. 监事张某 B. 控股股东李某
C. 转让公司6%股份的股东王某 D. 收购人吴某

2. 上市公司董事长、经理、财务负责人应对公司财务报告的( )承担主要责任。

A. 真实性 B. 准确性 C. 完整性 D. 及时性
E. 公平性

3. 信息披露文件主要包括( )。

A. 招股说明书 B. 募集说明书 C. 上市公告书 D. 定期报告
E. 临时报告

4. 发行人、上市公司对外公开披露的信息包括( )。

A. 招股说明书 B. 年度报告 C. 中期报告 D. 临时报告

5. 依法披露的信息,应当在( )。

A. 证券交易场所的网站进行披露
B. 符合国务院证券监督管理机构规定条件的媒体发布
C. 公司的微博、微信公众号进行披露
D. 公司财经类杂志上进行披露

6. 信息披露义务人在公司网站及其他媒体发布信息应严格遵守( )的规定。

A. 披露时间上不得先于指定媒体
B. 不得以新闻发布或者答记者问等任何形式代替应当履行的报告、公告义务
C. 以简约版发布信息
D. 不得以定期报告形式代替应当履行的临时报告义务

7. ( )应当对定期报告签署书面确认意见。

A. 上市公司董事　　　　　　B. 上市公司监事

C. 上市公司高级管理人员　　D. 保荐代表人

8. 发生可能对上市公司证券及其衍生品种交易价格产生较大影响的重大事件,投资者尚未得知时,上市公司应当立即披露,说明事件的起因、目前的状态和可能产生的影响;上述所称的重大事件包括( )。

A. 公司的经营方针和经营范围的重大变化

B. 公司生产经营的外部条件发生的重大变化

C. 公司的董事、监事或者经理发生变动;董事长或者经理无法履行职责

D. 持有公司1%以上股份的股东或者实际控制人,其持有股份或者控制公司的情况发生较大变化

9. 下列事项被称为重大事件的有( )。

A. 公司的重大投资行为和重大的购置财产的决定

B. 公司发生重大债务和未能清偿到期重大债务的违约情况,或者发生大额赔偿责任

C. 公司生产经营的外部条件发生变化

D. 持有公司5%以上股份的股东或者实际控制人,其持有股份或者控制公司的情况发生较大变化

E. 公司发生重大亏损或者重大损失

F. 变更会计政策、会计估计

10. 根据《上市公司信息披露管理办法》规定,上市公司应当在最先发生的以下任一时点,及时履行重大事件的信息披露义务( )。

A. 董事会或者监事会就该重大事件形成决议时

B. 有关各方就该重大事件签署意向书或者协议时

C. 董事、监事或者高级管理人员知悉该重大事件发生并报告时

D. 实际控制人开始设想时

11. 在履行重大事件信息披露义务的时点之前出现下列情形之一的,上市公司应当及时披露相关事项的现状,可能影响事件进展的风险因素( )。

A. 参与人员全部履行保密义务

B. 该重大事件难以保密

C. 该重大事件已经泄露或者市场出现传闻

D. 公司证券及其衍生品种出现异常交易情况

12. 信息披露事务管理制度应当包括( )。

A. 明确上市公司应当披露的信息,确定披露标准

B. 信息披露事务管理部门及其负责人在信息披露中的职责

C. 董事、监事、高级管理人员履行职责的记录和保管制度

D. 财务管理和会计核算的内部控制及监督机制

13. 以下哪些人员应参与上市公司应当制定定期报告的编制、审议、披露程序( )。

A. 经理、财务负责人、董事会秘书等高级管理人员

B. 监事

C. 董事长

D. 董事

14. 上市公司通过( )等形式就公司的经营情况、财务状况及其他事件与任何机构和个人进行沟通的,不得提供内幕信息。

A. 业绩说明会　　　　　　　B. 分析师会议

C. 路演　　　　　　　　　　D. 接受投资者调研

15. 董事会秘书有权( )。

A. 参加股东大会

B. 参加董事会会议

C. 了解公司的财务和经营情况

D. 查阅涉及信息披露事宜的所有文件

16. 董事会秘书负责( )。

A. 组织和协调公司信息披露事务

B. 汇集上市公司应予披露的信息并报告董事会

C. 向职代会报告公司经营情况

D. 关注媒体对公司的报道并主动求证报道的真实情况

17. 上市公司的股东、实际控制人发生以下事件时,( )应当主动告知上市公司董事会,并配合上市公司履行信息披露义务。

A. 持有公司 5%以上股份的股东或者实际控制人,其持有股份或者控制公

司的情况发生较大变化

B. 法院裁决禁止控股股东转让其所持股份，任一股东所持公司5%以上股份被质押、冻结、司法拍卖、托管、设定信托或者被依法限制表决权

C. 拟对上市公司进行重大资产或者业务重组

D. 中国证监会规定的其他情形

三、判断题

1. 在内幕信息依法披露前，任何知情人不得公开或者泄露该信息，不得利用该信息进行内幕交易。

2. 发行人、上市公司的董事、监事、高级管理人员应当忠实、勤勉地履行职责，保证披露信息的真实、准确、完整、及时、公平。

3. 信息披露义务人不得以新闻发布或者答记者问等任何形式代替应当履行的报告、公告义务，不得以定期报告形式代替应当履行的临时报告义务。

4. 信息披露义务人可以以定期报告形式代替临时报告义务。

5. 定期报告是上市公司和公司债券上市交易的公司进行持续信息披露的主要形式之一，包括月度报告、季度报告、半年度报告和年度报告。

6. 上市公司董事、监事、高级管理人员应当保证上市公司所披露的信息真实、准确、完整。

7. 上市公司参股公司发生可能对上市公司证券及其衍生品种交易价格产生较大影响的事件的，上市公司应当履行信息披露义务。

8. 上市公司经理、财务负责人、董事会秘书等高级管理人员应当及时编制定期报告草案，提请董事会审议。

9. 除董事会秘书外的其他董事、监事、高级管理人员和其他人员，可以对外发布公司未公开重大信息。

10. 董事长在接到重大事件发生报告后，应当立即向董事会报告，并敦促董事会秘书组织临时报告的披露工作。

11. 监事应关注公司信息披露情况，发现信息披露存在违法违规问题的，应当进行调查并提出处理建议。

12. 高级管理人员应当及时向董事会报告有关公司经营或者财务方面出现的重大事件、已披露的事件的进展或者变化情况及其他相关信息。

13. 上市公司董事、监事、高级管理人员、持股5%以上的股东及其一致行动

人、实际控制人应当及时向上市公司董事会报送上市公司关联人名单及关联关系的说明。

14.交易各方不得通过隐瞒关联关系或者采取其他手段,规避上市公司的关联交易审议程序和信息披露义务。

四、简答题

1.上市公司董事、监事和高级管理人员所持本公司股份在哪些情形下不得转让?

2.请简述《证券法》规定的属于内幕信息的重大事件有哪些,即可能对上市公司、股票在国务院批准的其他全国性证券交易场所交易的公司的股票交易价格产生较大影响的重大事件,以及可能对上市交易公司债券的交易价格产生较大影响的重大事件。(请各回答5项以上,合计不少于10项)

● 答案与解析 ●

一、单选题

1.【答案】C

【解析】根据《上市公司信息披露管理办法》第九条规定,信息披露义务人应当将信息披露公告文稿和相关备查文件报送上市公司注册地证监局。本题答案为选项C。

2.【答案】A

【解析】根据《上市公司信息披露管理办法》第十条规定,信息披露文件应当采用中文文本。本题答案为选项A。

3.【答案】C

【解析】根据《上市公司信息披露管理办法》第十二条规定,上市公司应当披露的定期报告包括年度报告、中期报告。凡是对投资者作出价值判断和投资决策有重大影响的信息,均应当披露。本题答案为选项C。

4.【答案】A

【解析】根据《上市公司信息披露管理办法》第十二条规定,年度报告中的财务会计报告应当经符合《证券法》规定的会计师事务所审计。本题答案为选项A。

5.【答案】C

【解析】根据《上市公司信息披露管理办法》第十二条规定,上市公司应当披露的定期报告包括年度报告、中期报告。其中,季度报告属于中期报告。本题答案为选项C。

6.【答案】B

【解析】根据《上市公司信息披露管理办法》第十三条规定,年度报告应当在每个会计年度结束之日起四个月内,中期报告应当在每个会计年度的上半年结束之日起两个月内编制完成并披露。本题答案为选项B。

7.【答案】C

【解析】根据《上市公司信息披露管理办法》第十六条规定,监事会应当对董事会编制的定期报告进行审核并提出书面审核意见。监事应当签署书面确认意见。监事会对定期报告出具的书面审核意见,应当说明董事会的编制和审议程序是否符合法律、行政法规和中国证监会的规定,报告的内容是否能够真实、准确、完整地反映上市公司的实际情况。本题答案为选项C。

8.【答案】B

【解析】根据《上市公司信息披露管理办法》第十六条规定,监事会应当对董事会编制的定期报告进行审核并提出书面审核意见。监事应当签署书面确认意见。监事会对定期报告出具的书面审核意见,应当说明董事会的编制和审议程序是否符合法律、行政法规和中国证监会的规定,报告的内容是否能够真实、准确、完整地反映上市公司的实际情况。本题答案为选项B。

9.【答案】A

【解析】根据《上市公司信息披露管理办法》第十六条规定,董事、监事和高级管理人员无法保证定期报告内容的真实性、准确性、完整性或者有异议的,应当在书面确认意见中发表意见并陈述理由,上市公司应当披露。上市公司不予披露的,董事、监事和高级管理人员可以直接申请披露。本题答案为选项A。

10.【答案】B

【解析】根据《上市公司信息披露管理办法》第十九条规定,定期报告中财务会计报告被出具非标准审计意见的,上市公司董事会应当针对该审计意见涉及事项作出专项说明。本题答案为选项B。

11.【答案】D

<<< 第五章 信息披露 301

【解析】根据《上市公司信息披露管理办法》第二十一条规定,公司董事、高级管理人员应当对定期报告签署书面确认意见,说明董事会的编制和审议程序是否符合法律、行政法规和中国证监会的规定,报告的内容是否能够真实、准确、完整地反映上市公司的实际情况。证券部主任不属于董事和高级管理人员。本题答案为选项D。

12.【答案】D

【解析】根据《上市公司信息披露管理办法》第二十四条规定,上市公司应当在最先发生的以下任一时点,及时履行重大事件的信息披露义务:(一)董事会或监事会就该重大事件形成决议时;(二)有关各方就该重大事件签署意向书或者协议时;(三)董事、监事或者高级管理人员知悉该重大事件发生时。本题答案为选项D。

13.【答案】D

【解析】根据《上市公司信息披露管理办法》第二十四条规定,上市公司应当在最先发生的以下任一时点,及时履行重大事件的信息披露义务:(一)董事会或监事会就该重大事件形成决议时;(二)有关各方就该重大事件签署意向书或者协议时;(三)董事、监事或者高级管理人员知悉该重大事件发生时。本题答案为选项D。

14.【答案】A

【解析】根据《上市公司信息披露管理办法》第三十二条规定,董事会秘书负责组织定期报告的披露工作。本题答案为选项A。

15.【答案】C

【解析】根据《上市公司信息披露管理办法》第三十三条规定,上市公司应当制定重大事件的报告、传递、审核、披露程序。董事、监事、高级管理人员知悉重大事件发生时,应当按照公司规定立即履行报告义务;董事长在接到报告后,应当立即向董事会报告,并敦促董事会秘书组织临时报告的披露工作。本题答案为选项C。

16.【答案】B

【解析】根据《上市公司信息披露管理办法》第三十九条规定,上市公司的股东、实际控制人发生以下事件时,应当主动告知上市公司董事会,并配合上市公司履行信息披露义务:(1)持有公司百分之五以上股份的股东或者实际控制人持有股份或者控制公司的情况发生较大变化,公司的实际控制人及其控制的其他企业从事与公司相同或者相似业务的情况发生较大变化;(2)法院裁决禁止控股股东转让其所持股份,任一股东所持公司百分之五以上股份被质押、冻结、司法拍卖、托管、设定信托或者被依法限制表决权等,或者出现被强制过户风险;(3)拟对上市公司进行重大资产或者业务重组;(4)中国证监会规定的其他情形。选项B不属于上述情形,本题答案为选项B。

17.【答案】B

【解析】根据《证券法》第八十五条规定,信息披露义务人未按照规定披露信息,或者公告的证券发行文件、定期报告、临时报告及其他信息披露资料存在虚假记载、误导性陈述或者重大遗漏,致使投资者在证券交易中遭受损失的,信息披露义务人应当承担赔偿责任;发行人的控股股东、实际控制人、董事、监事、高级管理人员和其他直接责任人员以及保荐人、承销的证券公司及其直接责任人员,应当与发行人承担连带赔偿责任,但是能够证明自己没有过错的除外。本题答案为选项B。

18.【答案】D

【解析】根据《上市公司信息披露管理办法》第五十一条规定,上市公司董事长、经理、董事会秘书,应当对公司临时报告信息披露的真实性、准确性、完整性、及时性、公平性承担主要责任。本题答案为选项D。

19.【答案】D

【解析】根据《上市公司信息披露管理办法》第五十一条规定,上市公司董事长、经理、高级管理人员应当对公司信息披露的真实性、准确性、完整性、及时性、公平性负责,但有充分证据表明其已经履行勤勉尽责义务的除外。本题答案为选项D。

20.【答案】D

【解析】根据《深圳证券交易所上市公司股东及董事、监事、高级管理人员减持股份实施细则》第四条规定,股东通过集中竞价交易减持上市公司非公开发行股份的,除遵守前款规定外,在股份限制转让期间届满后十二个月内,减持数量还不得超过其持有的该次非公开发行股份的百分之五十。本题答案为选项D。

21.【答案】D

【解析】根据《公司法》第一百四十一条规定,公司董事、监事、高级管理人员应当向公司申报所持有的本公司的股份及其变动情况,在任职期间每年转让的股份不得超过其所持有本公司股份总数的百分之二十五;所持本公司股份自公司股票上市交易之日起一年内不得转让。上述人员离职后半年内,不得转让其所持有的本公司股份。公司章程可以对公司董事、监事、高级管理人员转让其所持有的本公司股份作出其他限制性规定。本题答案为选项 D。

22.【答案】A

【解析】根据《公司法》第一百四十一条规定,公司董事、监事、高级管理人员应当向公司申报所持有的本公司的股份及其变动情况,在任职期间每年转让的股份不得超过其所持有本公司股份总数的百分之二十五;所持本公司股份自公司股票上市交易之日起一年内不得转让。上述人员离职后半年内,不得转让其所持有的本公司股份。本题答案为选项 A。

23.【答案】A

【解析】根据《证券法》第八十条规定,持有公司百分之五以上股份的股东或者实际控制人持有股份或者控制公司的情况发生较大变化,公司的实际控制人及其控制的其他企业从事与公司相同或者相似业务的情况发生较大变化,属于可能对上市公司股票交易价格产生较大影响。本题答案为选项 A。

二、多选题

1.【答案】ABCD

【解析】根据《上市公司信息披露管理办法》第六十二条规定,信息披露义务人,是指上市公司及其董事、监事、高级管理人员、股东、实际控制人,收购人,重大资产重组、再融资、重大交易有关各方等自然人、单位及其相关人员,破产管理人及其成员,以及法律、行政法规和中国证监会规定的其他承担信息披露义务的主体。持有公司5%以上股份的股东或者实际控制人,其持有股份或者控制公司的情况发生较大变化的,应当主动告知上市公司董事会,并配合上市公司履行信息披露义务。本题答案为选项 A、B、C、D。

2.【答案】ABCDE

【解析】根据《上市公司信息披露管理办法》第四条规定,上市公司的董事、监事、高级管理人员应当忠实、勤勉地履行职责,保证披露信息的真实、准确、完整,信息披露及时、公平。本题答案为选项 A、B、C、D、E。

3.【答案】ABCDE

【解析】根据《上市公司信息披露管理办法》第七条规定,信息披露文件包括定期报告、临时报告、招股说明书、募集说明书、上市公告书、收购报告书等。本题答案为选项A、B、C、D、E。

4.【答案】ABCD

【解析】根据《上市公司信息披露管理办法》第七条规定,信息披露形式主要有定期报告、临时报告、招股说明书、募集说明书、上市公告书、收购报告书等。年度报告含有审计报告,临时公告含有上市公告书,因此披露信息主要是招股说明书、年度报告、中期报告和临时公告。本题答案为选项A、B、C、D。

5.【答案】AB

【解析】根据《上市公司信息披露管理办法》第八条规定,依法披露的信息,应当在证券交易所的网站和符合中国证监会规定条件的媒体发布,同时将其置备于上市公司住所、证券交易所,供社会公众查阅。本题答案为选项A、B。

6.【答案】ABD

【解析】根据《上市公司信息披露管理办法》第八条规定,信息披露义务人不得以新闻发布或者答记者问等任何形式代替应当履行的报告、公告义务,不得以定期报告形式代替应当履行的临时报告义务。

根据《上海证券交易所股票上市规则》《深圳证券交易所股票上市规则》规定,上市公司及相关信息披露义务人在其他公共媒体发布重大信息的时间不得先于指定媒体,在指定媒体上公告之前不得以新闻发布或者答记者问等任何其他方式透露、泄漏未公开重大信息。本题答案为选项A、B、D。

7.【答案】AC

【解析】根据《上市公司信息披露管理办法》第十六条规定:公司董事、高级管理人员应当对定期报告签署书面确认意见,说明董事会的编制和审议程序是否符合法律、行政法规和中国证监会的规定,报告的内容是否能够真实、准确、完整地反映上市公司的实际情况。本题答案为选项A、C。

8.【答案】AB

【解析】根据《证券法》第八十条规定,重大事件包括:

(1)公司的经营方针和经营范围的重大变化;选项A的说法正确;

(2)公司生产经营的外部条件发生的重大变化;选项B的说法正确;

(3)公司的董事、三分之一以上监事或者经理发生变动,董事长或者经理无

法履行职责;选项 C 中应是三分之一以上的监事或者经理发生变动,所以说法不正确;

(4)持有公司百分之五以上股份的股东或者实际控制人持有股份或者控制公司的情况发生较大变化,公司的实际控制人及其控制的其他企业从事与公司相同或者相似业务的情况发生较大变化;选项 D 中应是百分之五以上股份的股东。

综上,本题答案为选项 A、B。

9.【答案】ABCDEF

【解析】根据《证券法》第八十一条规定:公司的重大投资行为,公司在一年内购买、出售重大资产超过公司资产总额百分之三十,或者公司营业用主要资产的抵押、质押、出售或者报废一次超过该资产的百分之三十;选项 A 的说法正确;

公司发生重大债务和未能清偿到期重大债务的违约情况;选项 B 的说法正确;

公司发生重大亏损或者重大损失;选项 E 的说法正确;

公司生产经营的外部条件发生的重大变化;选项 C 的说法正确;

持有公司百分之五以上股份的股东或者实际控制人持有股份或者控制公司的情况发生较大变化,公司的实际控制人及其控制的其他企业从事与公司相同或者相似业务的情况发生较大变化;选项 D 的说法正确;

根据《上市公司信息披露管理办法》第二十二条规定:

会计政策、会计估计重大自主变更;选项 F 的说法正确。

10.【答案】ABC

【解析】根据《上市公司信息披露管理办法》第二十四条规定:上市公司应当在最先发生的以下任一时点,及时履行重大事件的信息披露义务:(一)董事会或者监事会就该重大事件形成决议时;(二)有关各方就该重大事件签署意向书或者协议时;(三)董事、监事或者高级管理人员知悉该重大事件发生时。综上,本题答案为选项 A、B、C。

11.【答案】BCD

【解析】根据《上市公司信息披露管理办法》第二十四条规定,在前款规定的时点之前出现下列情形之一的,上市公司应当及时披露相关事项的现状、可能影响事件进展的风险因素:(1)该重大事件难以保密;(2)该重大事件已经泄露或者市场出现传闻;(3)公司证券及其衍生品种出现异常交易情况。综上,本题答案为选项B、C、D。

12.【答案】ABCD

【解析】根据《上市公司信息披露管理办法》第三十条规定,应当包括明确上市公司应当披露的信息,确定披露标准;信息披露事务管理部门及其负责人在信息披露中的职责;董事、监事、高级管理人员履行职责的记录和保管制度;财务管理和会计核算的内部控制及监督机制。本题答案为选项A、B、C、D。

13.【答案】ABCD

【解析】根据《上市公司信息披露管理办法》第三十二条规定,上市公司应当制定定期报告的编制、审议、披露程序。经理、财务负责人、董事会秘书等高级管理人员应当及时编制定期报告草案,提请董事会审议;董事会秘书负责送达董事审阅;董事长负责召集和主持董事会会议审议定期报告;监事会负责审核董事会编制的定期报告;董事会秘书负责组织定期报告的披露工作。本题答案为选项A、B、C、D。

14.【答案】ABCD

【解析】根据《上市公司信息披露管理办法》第三十四条规定,上市公司通过业绩说明会、分析师会议、路演、接受投资者调研等形式就公司的经营情况、财务状况及其他事件与任何单位和个人进行沟通的,不得提供内幕信息。本题答案为选项A、B、C、D。

15.【答案】ABCD

【解析】根据《上市公司信息披露管理办法》第三十八条规定,董事会秘书负责组织和协调公司信息披露事务,汇集上市公司应予披露的信息并报告董事会,持续关注媒体对公司的报道并主动求证报道的真实情况。董事会秘书有权参加股东大会、董事会会议、监事会会议和高级管理人员相关会议,有权了解公司的财务和经营情况,查阅涉及信息披露事宜的所有文件。董事会秘书负责办理上市公司信息对外公布等相关事宜。本题答案为选项A、B、C、D。

16.【答案】ABD

【解析】根据《上市公司信息披露管理办法》第三十八条规定,董事会秘书负责组织和协调公司信息披露事务,汇集上市公司应予披露的信息并报告董事会,持续关注媒体对公司的报道并主动求证报道的真实情况。董事会秘书有权参加股东大会、董事会会议、监事会会议和高级管理人员相关会议,有权了解公司的财务和经营情况,查阅涉及信息披露事宜的所有文件。董事会秘书负责办理上市公司信息对外公布等相关事宜。本题答案为选项 A、B、D。

17.【答案】ABCD

【解析】根据《上市公司信息披露管理办法》第三十九条规定,上市公司的股东、实际控制人发生以下事件时,应当主动告知上市公司董事会,并配合上市公司履行信息披露义务:(1)持有公司百分之五以上股份的股东或者实际控制人持有股份或者控制公司的情况发生较大变化,公司的实际控制人及其控制的其他企业从事与公司相同或者相似业务的情况发生较大变化;(2)法院裁决禁止控股股东转让其所持股份,任一股东所持公司百分之五以上股份被质押、冻结、司法拍卖、托管、设定信托或者被依法限制表决权等,或者出现被强制过户风险;(3)拟对上市公司进行重大资产或者业务重组;(4)中国证监会规定的其他情形综上,本题答案为选项 A、B、C、D。

三、判断题

1.【答案】√

【解析】根据《上市公司信息披露管理办法》第三条规定,在内幕信息依法披露前,内幕信息的知情人和非法获取内幕信息的人不得公开或者泄露该信息,不得利用该信息进行内幕交易。任何单位和个人不得非法要求信息披露义务人提供依法需要披露但尚未披露的信息。

2.【答案】√

【解析】根据《上市公司信息披露管理办法》第四条规定,上市公司的董事、监事、高级管理人员应当忠实、勤勉地履行职责,保证披露信息的真实、准确、完整,信息披露及时、公平。

3.【答案】√

【解析】根据《上市公司信息披露管理办法》第八条规定,信息披露义务人不得以新闻发布或者答记者问等任何形式代替应当履行的报告、公告义务,不得以定期报告形式代替应当履行的临时报告义务。

4.【答案】×

【解析】根据《上市公司信息披露管理办法》第八条规定,信息披露义务人不得以新闻发布或者答记者问等任何形式代替应当履行的报告、公告义务,不得以定期报告形式代替应当履行的临时报告义务。

5.【答案】×

【解析】根据《上市公司信息披露管理办法》第十二条规定,上市公司应当披露的定期报告包括年度报告、中期报告。应披露的中期报告为半年度报告和季度报告,不包括月度报告。

6.【答案】√

【解析】根据《上市公司信息披露管理办法》第十二条规定,发行人的董事、监事、高级管理人员,应当对招股说明书签署书面确认意见,保证所披露的信息真实、准确、完整。

7.【答案】√

【解析】根据《上市公司信息披露管理办法》第二十二条规定,发生可能对上市公司证券及其衍生品种交易价格产生较大影响的重大事件,投资者尚未得知时,上市公司应当立即披露,说明事件的起因、目前的状态和可能产生的影响。

8.【答案】√

【解析】根据《上市公司信息披露管理办法》第三十二条规定,上市公司应当制定定期报告的编制、审议、披露程序。经理、财务负责人、董事会秘书等高级管理人员应当及时编制定期报告草案,提请董事会审议。

9.【答案】×

【解析】根据《上市公司信息披露管理办法》第三十三条规定,上市公司应当制定董事、监事、高级管理人员对外发布信息的行为规范,明确非经董事会书面授权不得对外发布上市公司未披露信息的情形。

10.【答案】√

【解析】根据《上市公司信息披露管理办法》第三十三条规定,上市公司应当制定重大事件的报告、传递、审核、披露程序。董事、监事、高级管理人员知悉重大事件发生时,应当按照公司规定立即履行报告义务;董事长在接到报告后,应当立即向董事会报告,并敦促董事会秘书组织临时报告的披露工作。

11.【答案】√

【解析】根据《上市公司信息披露管理办法》第三十六条规定,监事应当对公司董事、高级管理人员履行信息披露职责的行为进行监督;关注公司信息披露情

第五章 信息披露 309

况,发现信息披露存在违法违规问题的,应当进行调查并提出处理建议。

12.【答案】√

【解析】根据《上市公司信息披露管理办法》第三十七条规定,高级管理人员应当及时向董事会报告有关公司经营或者财务方面出现的重大事件、已披露的事件的进展或者变化情况及其他相关信息。

13.【答案】√

【解析】根据《上市公司信息披露管理办法》第四十一条规定,上市公司董事、监事、高级管理人员、持股百分之五以上的股东及其一致行动人、实际控制人应当及时向上市公司董事会报送上市公司关联人名单及关联关系的说明。

14.【答案】√

【解析】根据《上市公司信息披露管理办法》第四十一条规定,上市公司董事、监事、高级管理人员、持股百分之五以上的股东及其一致行动人、实际控制人应当及时向上市公司董事会报送上市公司关联人名单及关联关系的说明。上市公司应当履行关联交易的审议程序,并严格执行关联交易回避表决制度。交易各方不得通过隐瞒关联关系或者采取其他手段,规避上市公司的关联交易审议程序和信息披露义务。

四、简答题

1.【答案】

(1) 本公司股票上市交易之日起1年内;

(2) 董事、监事和高级管理人员离职后半年内;

(3) 董事、监事和高级管理人员承诺一定期限内不转让并在该期限内的;

(4) 法律、法规、中国证监会和证券交易所规定的其他情形。

2.【答案】

可能对上市公司、股票在国务院批准的其他全国性证券交易场所交易的公司的股票交易价格产生较大影响的重大事件包括:

(1) 公司的经营方针和经营范围的重大变化;

(2) 公司的重大投资行为,公司在一年内购买、出售重大资产超过公司资产总额百分之三十,或者公司营业用主要资产的抵押、质押、出售或者报废一次超过该资产的百分之三十;

(3) 公司订立重要合同、提供重大担保或者从事关联交易,可能对公司的资产、负债、权益和经营成果产生重要影响；

（4）公司发生重大债务和未能清偿到期重大债务的违约情况；

（5）公司发生重大亏损或者重大损失；

（6）公司生产经营的外部条件发生的重大变化；

（7）公司的董事、三分之一以上监事或者经理发生变动，董事长或者经理无法履行职责；

（8）持有公司百分之五以上股份的股东或者实际控制人持有股份或者控制公司的情况发生较大变化，公司的实际控制人及其控制的其他企业从事与公司相同或者相似业务的情况发生较大变化；

（9）公司分配股利、增资的计划，公司股权结构的重要变化，公司减资、合并、分立、解散及申请破产的决定，或者依法进入破产程序、被责令关闭；

（10）涉及公司的重大诉讼、仲裁，股东大会、董事会决议被依法撤销或者宣告无效；

（11）公司涉嫌犯罪被依法立案调查，公司的控股股东、实际控制人、董事、监事、高级管理人员涉嫌犯罪被依法采取强制措施；

（12）国务院证券监督管理机构规定的其他事项。

可能对上市交易公司债券的交易价格产生较大影响的重大事件包括：

（1）公司股权结构或者生产经营状况发生重大变化；

（2）公司债券信用评级发生变化；

（3）公司重大资产抵押、质押、出售、转让、报废；

（4）公司发生未能清偿到期债务的情况；

（5）公司新增借款或者对外提供担保超过上年末净资产的百分之二十；

（6）公司放弃债权或者财产超过上年末净资产的百分之十；

（7）公司发生超过上年末净资产百分之十的重大损失；

（8）公司分配股利，作出减资、合并、分立、解散及申请破产的决定，或者依法进入破产程序、被责令关闭；

（9）涉及公司的重大诉讼、仲裁；

（10）公司涉嫌犯罪被依法立案调查，公司的控股股东、实际控制人、董事、监事、高级管理人员涉嫌犯罪被依法采取强制措施；

（11）国务院证券监督管理机构规定的其他事项。

第六章

法 律 责 任

> **本章涉及的主要法律法规**
> 1.《中华人民共和国公司法》(2018年修正)
> 2.《中华人民共和国证券法》(2019年修订)
> 3.《中华人民共和国刑法修正案(六)》(2006年 中华人民共和国主席令第51号)
> 4.《中华人民共和国刑法修正案(七)》(2009年 中华人民共和国主席令第10号)

第一节 《公司法》法律责任

一、违法违规取得公司登记

违反公司法规定,虚报注册资本、提交虚假材料或者采取其他欺诈手段隐瞒重要事实取得公司登记的,由公司登记机关责令改正,对虚报注册资本的公司,处以虚报注册资本金额百分之五以上百分之十五以下的罚款;对提交虚假材料或者采取其他欺诈手段隐瞒重要事实的公司,处以五万元以上五十万元以下的罚款;情节严重的,撤销公司登记或者吊销营业执照。

典型例题：

【单选题】根据《公司法》，对虚报注册资本的公司，应处以虚报注册资本金额一定比例的罚款。该一定比例的罚款为（　　）。

A. 1%以上5%以下　　　　　　B. 2%以上5%以下

C. 2%以上10%以下　　　　　 D. 5%以上15%以下

【答案】D

【解析】根据《公司法》第一百九十八条规定，对虚报注册资本的公司，处以虚报注册资本金额百分之五以上百分之十五以下的罚款。本题答案为选项D。

二、虚假出资

公司的发起人、股东虚假出资，未交付或者未按期交付作为出资的货币或者非货币财产的，由公司登记机关责令改正，处以虚假出资金额百分之五以上百分之十五以下的罚款。

典型例题：

【单选题】根据《公司法》，公司的发起人、股东虚假出资，未交付或者未按期交付作为出资的货币或者非货币财产的，由公司登记机关责令改正，处以虚假出资金额一定比例的罚款，该一定比例的罚款为（　　）。

A. 1%以上5%以下　　　　　　B. 2%以上5%以下

C. 2%以上10%以下　　　　　 D. 5%以上15%以下

【答案】D

【解析】根据《公司法》第一百九十九条规定，公司的发起人、股东虚假出资，未交付或者未按期交付作为出资的货币或者非货币财产的，由公司登记机关责令改正，处以虚假出资金额百分之五以上百分之十五以下的罚款。本题答案为选项D。

三、抽逃出资

公司的发起人、股东在公司成立后，抽逃其出资的，由公司登记机关责令改正，处以所抽逃出资金额百分之五以上百分之十五以下的罚款。

典型例题：

【单选题】甲、乙、丙各出资200万元、120万元、180万元设立了某有限责任公司,在公司成立后,甲抽逃了100万元的出资。根据公司法律制度的规定,公司登记机关应当责令改正,并对甲进行一定数额的处罚,下列各项中,符合规定的是( )。

A. 处以5万元以上15万元以下的罚款
B. 处以10万元以上30万元以下的罚款
C. 处以5万元以上50万元以下的罚款
D. 处以10万元以上50万元以下的罚款

【答案】A

【解析】根据《公司法》第二百条规定,公司的发起人、股东在公司成立后,抽逃其出资的,由公司登记机关责令改正,处以所抽逃出资金额百分之五以上百分之十五以下的罚款。本题答案为选项A。

【单选题】公司发起人、股东在公司成立后,抽逃出资的,由公司登记机关责令改正,处以所抽逃出资金额( )的罚款。

A. 百分之五以上百分之十五以下
B. 百分之二以上百分之十以下
C. 百分之五以上百分之二十以下
D. 百分之十以上百分之二十以下

【答案】A

【解析】根据《公司法》第二百条规定,公司的发起人、股东在公司成立后,抽逃其出资的,由公司登记机关责令改正,处以所抽逃出资金额百分之五以上百分之十五以下的罚款。本题答案为选项A。

四、另立会计账簿

公司违反公司法规定,在法定的会计账簿以外另立会计账簿的,由县级以上人民政府财政部门责令改正,处以五万元以上五十万元以下的罚款。

典型例题:

【单选题】公司在法定的会计账簿以外另立会计账簿的,由( )责令改正,处以五万元以上五十万元以下的罚款。

A. 证券管理部门
B. 县级以上人民政府财政部门
C. 税务机关
D. 公司登记机关

【答案】B

【解析】根据《公司法》第二百零一条规定,公司违反公司法规定在法定的会计账簿以外另立会计账簿的,由县级以上人民政府财政部门责令改正,处以五万元以上五十万元以下的罚款。本题答案为选项 B。

第二节 《证券法》法律责任

一、与证券发行有关的法律责任

1. 违反《证券法》规定,擅自公开或者变相公开发行证券的,责令停止发行,退还所募资金并加算银行同期存款利息,处以非法所募资金金额百分之五以上百分之五十以下的罚款;对擅自公开或者变相公开发行证券设立的公司,由依法履行监督管理职责的机构或者部门会同县级以上地方人民政府予以取缔。对直接负责的主管人员和其他直接责任人员给予警告,并处以五十万元以上五百万元以下的罚款。

典型例题:

【单选题】擅自公开或者变相公开发行证券的,责令停止发行,退还所募资金并加算银行同期存款利息,处以非法所募资金金额(　　)以下的罚款。

A. 百分之五以上百分之十以下　　B. 百分之五以上百分之二十以下

C. 百分之五以上百分之三十以下　　D. 百分之五以上百分之五十以下

【答案】D

【解析】根据《证券法》第一百八十条规定,擅自公开或者变相公开发行证券的,责令停止发行,退还所募资金并加算银行同期存款利息,处以非法所募资金金额百分之五以上百分之五十以下的罚款。本题答案为选项 D。

2. 发行人在其公告的证券发行文件中隐瞒重要事实或者编造重大虚假内容,尚未发行证券的,处以二百万元以上二千万元以下的罚款;已经发行证券的,处以非法所募资金金额百分之十以上一倍以下的罚款。对直接负责的主管人员和其他直接责任人员,处以一百万元以上一千万元以下的罚款。

发行人的控股股东、实际控制人组织、指使从事上述违法行为的,没收违法所得,并处以违法所得百分之十以上一倍以下的罚款;没有违法所得或者违法所得不足二千万元的,处以二百万元以上二千万元以下的罚款。对直接负责的主管人员和其他直接责任人员,处以一百万元以上一千万元以下的罚款。

典型例题:

【单选题】发行人在其公告的证券发行文件中隐瞒重要事实或者编造重大虚假内容,尚未发行证券的,处以(　　)的罚款。

A. 二百万元以上二千万元以下　　B. 一百万元以上一千万元以下

C. 三十万元以上六十万元以下　　D. 十万元以上五十万元以下

【答案】A

【解析】根据《证券法》第一百八十一条规定,发行人在其公告的证券发行文件中隐瞒重要事实或者编造重大虚假内容,尚未发行证券的,处以二百万元以上二千万元以下的罚款。本题答案为选项A。

【多选题】发行人的控股股东、实际控制人组织、指使从事发行人在其公告的证券发行文件中隐瞒重要事实或者编造重大虚假内容,没收违法所得,并处以违法所得(　　)以下的罚款;没有违法所得或者违法所得不足二千万元的,处以(　　)的罚款。对直接负责的主管人员和其他直接责任人员,处以(　　)的罚款。

A. 百分之十以上一倍以下　　B. 二百万元以上二千万元以下

C. 一百万元以上一千万元以下　　D. 百分之十以上三倍以下

【答案】ABC

【解析】根据《证券法》第一百八十一条规定,发行人的控股股东、实际控制人组织、指使从事上述违法行为的,没收违法所得,并处以违法所得百分之十以上一倍以下的罚款;没有违法所得或者违法所得不足二千万元的,处以二百万元以上二千万元以下的罚款。对直接负责的主管人员和其他直接责任人员,处以一百万元以上一千万元以下的罚款。本题答案为选项A、B、C。

3. 发行人违反《证券法》的规定擅自改变公开发行证券所募集资金的用途的,责令改正,处以五十万元以上五百万元以下的罚款;对直接负责的主管人员和其他直接责任人员给予警告,并处以十万元以上一百万元以下的罚款。

发行人的控股股东、实际控制人从事或者组织、指使从事上述违法行为的,给予警告,并处以五十万元以上五百万元以下的罚款;对直接负责的主管人员和其他直接责任人员,处以十万元以上一百万元以下的罚款。

典型例题:

【多选题】发行人擅自改变公开发行证券所募集资金的用途的,责令改正,处以（　　）以下的罚款；对直接负责的主管人员和其他直接责任人员给予警告，并处以（　　）以下的罚款。

A. 五十万元以上五百万元以下　　B. 一百万元以上一千万元以下

C. 五百万元以上二千万元以下　　D. 十万元以上一百万元以下

【答案】AD

【解析】根据《证券法》第一百八十五条规定，发行人擅自改变公开发行证券所募集资金的用途的，责令改正，处以五十万元以上五百万元以下的罚款；对直接负责的主管人员和其他直接责任人员给予警告，并处以十万元以上一百万元以下的罚款。本题答案为选项A、D。

【多选题】发行人的控股股东、实际控制人从事或者组织、指使从事发行人擅自改变公开发行证券所募集资金的用途的，给予警告，并处以（　　）的罚款；对直接负责的主管人员和其他直接责任人员，处以（　　）的罚款。

A. 五十万元以上五百万元以下　　B. 一百万元以上一千万元以下

C. 五百万元以上二千万元以下　　D. 十万元以上一百万元以下

【答案】AD

【解析】根据《证券法》第一百八十五条规定，发行人的控股股东、实际控制人从事或者组织、指使从事上述违法行为的，给予警告，并处以五十万元以上五百万元以下的罚款；对直接负责的主管人员和其他直接责任人员，处以十万元以上一百万元以下的罚款。本题答案为选项A、D。

二、与证券交易有关的法律责任

1. 依法发行的证券，《公司法》和其他法律对其转让期限有限制性规定的，在限定的期限内不得转让。上市公司持有百分之五以上股份的股东、实际控制人、董事、监事、高级管理人员，以及其他持有发行人首次公开发行前发行的股份或者上市公司向特定对象发行的股份的股东，违反《证券法》的规定，在限制转让期内转让证券，或者转让股票不符合法律、行政法规和国务院证券监督管理机构规定的，责令改正，给予警告，没收违法所得，并处以买卖证券等值以下的罚款。

典型例题：

【单选题】在限制转让期内转让证券，或者转让股票不符合法律、行政法规和国务院证券监督管理机构规定的，责令改正，给予警告，没收违法所得，并处以

( )的罚款。

  A. 五十万元以上五百万元以下　　B. 一百万元以上一千万元以下

  C. 五百万元以上二千万元以下　　D. 买卖证券等值以下

【答案】D

【解析】根据《证券法》第一百八十六条规定，在限制转让期内转让证券，或者转让股票不符合法律、行政法规和国务院证券监督管理机构规定的，责令改正，给予警告，没收违法所得，并处以买卖证券等值以下的罚款。本题答案为选项D。

2. 上市公司、股票在国务院批准的其他全国性证券交易场所交易的公司持有百分之五以上股份的股东、董事、监事、高级管理人员，将其持有的该公司的股票或者其他具有股权性质的证券在买入后六个月内卖出，或者在卖出后六个月内又买入，由此所得收益归该公司所有，公司董事会应当收回其所得收益。违反上述规定，买卖该公司股票或者其他具有股权性质的证券的，给予警告，并处以十万元以上一百万元以下的罚款。

3. 通过计算机程序自动生成或者下达交易指令进行程序化交易的，应当符合国务院证券监督管理机构的规定，并向证券交易所报告，不得影响证券交易所系统安全或者正常交易秩序。违反上述规定，采取程序化交易影响证券交易所系统安全或者正常交易秩序的，责令改正，并处以五十万元以上五百万元以下的罚款。对直接负责的主管人员和其他直接责任人员给予警告，并处以十万元以上一百万元以下的罚款。

典型例题：

【单选题】采取程序化交易影响证券交易所系统安全或者正常交易秩序的，应处以（　　）。

  A. 给予警告，并处以五十万元以上五百万元以下的罚款

  B. 给予警告，并处以十万元以上一百万元以下的罚款

  C. 责令改正，并处以五十万元以上五百万元以下的罚款

  D. 责令改正，并处以十万元以上一百万元以下的罚款

【答案】C

【解析】根据《证券法》第一百九十条规定，采取程序化交易影响证券交易所系统安全或者正常交易秩序的，责令改正，并处以五十万元以上五百万元以下的罚款。对直接负责的主管人员和其他直接责任人员给予警告，并处以十万元以

上一百万元以下的罚款。本题答案为选项C。

4. 证券交易内幕信息的知情人或者非法获取内幕信息的人违反《证券法》第五十三条的规定从事内幕交易的,责令依法处理非法持有的证券,没收违法所得,并处以违法所得一倍以上十倍以下的罚款;没有违法所得或者违法所得不足五十万元的,处以五十万元以上五百万元以下的罚款。单位从事内幕交易的,还应当对直接负责的主管人员和其他直接责任人员给予警告,并处以二十万元以上二百万元以下的罚款。国务院证券监督管理机构工作人员从事内幕交易的,从重处罚。

违反《证券法》第五十四条的规定,利用未公开信息进行交易的,依照上述的规定处罚。

典型例题:

【多选题】证券交易内幕信息的知情人或者非法获取内幕信息的人违反《证券法》第五十三条的规定从事内幕交易的,责令依法处理非法持有的证券,没收违法所得,并处以违法所得(   )的罚款;没有违法所得或者违法所得不足五十万元的,处以(   )的罚款。单位从事内幕交易的,还应当对直接负责的主管人员和其他直接责任人员给予警告,并处以(   )的罚款。国务院证券监督管理机构工作人员从事内幕交易的,从重处罚。

A. 一倍以上十倍以下
B. 一倍以上五倍以下
C. 五十万元以上五百万元以下
D. 二十万元以上二百万元以下

【答案】ACD

【解析】根据《证券法》第一百九十一条规定,证券交易内幕信息的知情人或者非法获取内幕信息的人违反《证券法》第五十三条的规定从事内幕交易的,责令依法处理非法持有的证券,没收违法所得,并处以违法所得一倍以上十倍以下的罚款;没有违法所得或者违法所得不足五十万元的,处以五十万元以上五百万元以下的罚款。单位从事内幕交易的,还应当对直接负责的主管人员和其他直接责任人员给予警告,并处以二十万元以上二百万元以下的罚款。国务院证券监督管理机构工作人员从事内幕交易的,从重处罚。本题答案为选项A、C、D。

5. 违反《证券法》第五十五条的规定,操纵证券市场的,责令依法处理其非法持有的证券,没收违法所得,并处以违法所得一倍以上十倍以下的罚款;没有违法所得或者违法所得不足一百万元的,处以一百万元以上一千万元以下的罚款。单位操纵证券市场的,还应当对直接负责的主管人员和其他直接责任人员给予警告,并处以五十万元以上五百万元以下的罚款。

典型例题:

【多选题】违反《证券法》第五十五条的规定,操纵证券市场的,责令依法处理其非法持有的证券,没收违法所得,并处以违法所得( )的罚款;没有违法所得或者违法所得不足一百万元的,处以( )下的罚款。单位操纵证券市场的,还应当对直接负责的主管人员和其他直接责任人员给予警告,并处以( )以下的罚款。

A. 一倍以上十倍以下
B. 一倍以上五倍以下
C. 一百万元以上一千万元以下
D. 五十万元以上五百万元以下
E. 二十万元以上二百万元以下

【答案】 ACD

【解析】 根据《证券法》第一百九十二条规定,违反《证券法》第五十五条的规定,操纵证券市场的,责令依法处理其非法持有的证券,没收违法所得,并处以违法所得一倍以上十倍以下的罚款;没有违法所得或者违法所得不足一百万元的,处以一百万元以上一千万元以下的罚款。单位操纵证券市场的,还应当对直接负责的主管人员和其他直接责任人员给予警告,并处以五十万元以上五百万元以下的罚款。本题答案为选项 A、C、D。

6.违反《证券法》第五十六条第一款、第三款的规定,编造、传播虚假信息或者误导性信息,扰乱证券市场的,没收违法所得,并处以违法所得一倍以上十倍以下的罚款;没有违法所得或者违法所得不足二十万元的,处以二十万元以上二百万元以下的罚款。

违反《证券法》第五十六条第二款的规定,在证券交易活动中作出虚假陈述或者信息误导的,责令改正,处以二十万元以上二百万元以下的罚款;属于国家工作人员的,还应当依法给予处分。

传播媒介及其从事证券市场信息报道的工作人员违反《证券法》第五十六条第三款的规定,从事与其工作职责发生利益冲突的证券买卖的,没收违法所得,并处以买卖证券等值以下的罚款。

典型例题:

【多选题】违反《证券法》第五十六条第一款、第三款的规定,编造、传播虚假信息或者误导性信息,扰乱证券市场的,没收违法所得,并处以违法所得(　　)的罚款;没有违法所得或者违法所得不足二十万元的,处以(　　)的罚款。

A. 一倍以上十倍以下　　　　B. 一倍以上五倍以下
C. 一百万元以上一千万元以下　D. 二十万元以上五百万元以下
E. 二十万元以上二百万元以下

【答案】AE

【解析】根据《证券法》第一百九十三条规定,违反《证券法》第五十六条第一款、第三款的规定,编造、传播虚假信息或者误导性信息,扰乱证券市场的,没收违法所得,并处以违法所得一倍以上十倍以下的罚款;没有违法所得或者违法所得不足二十万元的,处以二十万元以上二百万元以下的罚款。本题答案为选项A、E正确。

7. 违反《证券法》第五十八条的规定,出借自己的证券账户或者借用他人的证券账户从事证券交易的,责令改正,给予警告,可以处五十万元以下的罚款。

典型例题:

【单选题】违反《证券法》第五十八条的规定,出借自己的证券账户或者借用他人的证券账户从事证券交易的,责令改正,给予警告,可以处(　　)的罚款。

A. 五十万元以下　　　　　B. 一百万元以上一千万元以下
C. 十万元以上一百万元以下　D. 买卖证券等值以下

【答案】A

【解析】根据《证券法》第一百九十五条规定,违反《证券法》第五十八条的规定,出借自己的证券账户或者借用他人的证券账户从事证券交易的,责令改正,给予警告,可以处五十万元以下的罚款。本题答案为选项A。

三、与信息披露有关的法律责任

信息披露义务人未按照《证券法》规定报送有关报告或者履行信息披露义务的,责令改正,给予警告,并处以五十万元以上五百万元以下的罚款;对直接负责的主管人员和其他直接责任人员给予警告,并处以二十万元以上二百万元以下的罚款。发行人的控股股东、实际控制人组织、指使从事上述违法行为,或者隐瞒相关事项导致发生上述情形的,处以五十万元以上五百万元以下的罚款;对直接负责的主管人员和其他直接责任人员,处以二十万元以上二百万元以下的罚款。

信息披露义务人报送的报告或者披露的信息有虚假记载、误导性陈述或者重大遗漏的,责令改正,给予警告,并处以一百万元以上一千万元以下的罚款;对直接负责的主管人员和其他直接责任人员给予警告,并处以五十万元以上五百万元以下的罚款。发行人的控股股东、实际控制人组织、指使从事上述违法行为,或者隐瞒相关事项导致发生上述情形的,处以一百万元以上一千万元以下的罚款;对直接负责的主管人员和其他直接责任人员,处以五十万元以上五百万元以下的罚款。

典型例题:

【单选题】 信息披露义务人未按照《证券法》规定报送有关报告或者履行信息披露义务的,责令改正,给予警告,并处以( )的罚款。

A. 五十万元以上五百万元以下　　B. 一百万元以上一千万元以下

C. 五百万元以上二千万元以下　　D. 二十万元以上二百万元以下

【答案】 A

【解析】 根据《证券法》第一百九十七条规定,信息披露义务人未按照《证券法》规定报送有关报告或者履行信息披露义务的,责令改正,给予警告,并处以五十万元以上五百万元以下的罚款。本题答案为选项A。

【单选题】 信息披露义务人报送的报告或者披露的信息有虚假记载、误导性陈述或者重大遗漏的,责令改正,给予警告,并处以( )以下的罚款;对直接负责的主管人员和其他直接责任人员给予警告,并处以( )的罚款。

A. 一百万元以上一千万元以下　　B. 五十万元以上五百万元以下

C. 五百万元以上二千万元以下　　D. 二十万元以上二百万元以下

【答案】 AB

【解析】 根据《证券法》第一百九十七条规定,信息披露义务人报送的报告或者披露的信息有虚假记载、误导性陈述或者重大遗漏的,责令改正,给予警告,并处以一百万元以上一千万元以下的罚款;对直接负责的主管人员和其他直接责任人员给予警告,并处以五十万元以上五百万元以下的罚款。本题答案为选项A、B。

【多选题】 发行人的控股股东、实际控制人组织、指使从事信息披露义务人未按照《证券法》规定报送有关报告或者履行信息披露义务,或者隐瞒相关事项导致发生上述情形的,处以( )的罚款;对直接负责的主管人员和其他直接责任人员,处以(　　)的罚款。

　　A. 五十万元以上五百万元以下　　B. 一百万元以上一千万元以下
　　C. 五百万元以上二千万元以下　　D. 二十万元以上二百万元以下

【答案】AD

【解析】根据《证券法》第一百九十七条规定,发行人的控股股东、实际控制人组织、指使从事信息披露义务人未按照《证券法》规定报送有关报告或者履行信息披露义务,或者隐瞒相关事项导致发生上述情形的,处以五十万元以上五百万元以下的罚款;对直接负责的主管人员和其他直接责任人员,处以二十万元以上二百万元以下的罚款。本题答案为选项A、D。

四、与发行人有关的法律责任

1. 发行人、证券登记结算机构、证券公司、证券服务机构未按照规定保存有关文件和资料的,责令改正,给予警告,并处以十万元以上一百万元以下的罚款;泄露、隐匿、伪造、篡改或者毁损有关文件和资料的,给予警告,并处以二十万元以上二百万元以下的罚款;情节严重的,处以五十万元以上五百万元以下的罚款,并处暂停、撤销相关业务许可或者禁止从事相关业务。对直接负责的主管人员和其他直接责任人员给予警告,并处以十万元以上一百万元以下的罚款。

典型例题:

【判断题】发行人、证券登记结算机构、证券公司、证券服务机构未按照规定保存有关文件和资料的,责令改正,给予警告,并处以十万元以上一百万元以下的罚款。

【答案】√

【解析】根据《证券法》第二百一十四条规定,发行人、证券登记结算机构、证券公司、证券服务机构未按照规定保存有关文件和资料的,责令改正,给予警告,并处以十万元以上一百万元以下的罚款。

2. 违反《证券法》规定,应当承担民事赔偿责任和缴纳罚款、罚金、违法所得,违法行为人的财产不足以支付的,优先用于承担民事赔偿责任。构成犯罪的,依法追究刑事责任。

3. 拒绝、阻碍证券监督管理机构及其工作人员依法行使监督检查、调查职权,由证券监督管理机构责令改正,处以十万元以上一百万元以下的罚款,并由公安机关依法给予治安管理处罚。

典型例题：

【判断题】违反《证券法》规定，应当承担民事赔偿责任和缴纳罚款、罚金、违法所得，违法行为人的财产不足以支付的，优先用于承担民事赔偿责任。

【答案】√

【解析】根据《证券法》第二百二十条规定，违反《证券法》规定，应当承担民事赔偿责任和缴纳罚款、罚金、违法所得，违法行为人的财产不足以支付的，优先用于承担民事赔偿责任。

五、证券市场禁入

违反法律、行政法规或者国务院证券监督管理机构的有关规定，情节严重的，国务院证券监督管理机构可以对有关责任人员采取证券市场禁入的措施。

上述所称证券市场禁入，是指在一定期限内直至终身不得从事证券业务、证券服务业务，不得担任证券发行人的董事、监事、高级管理人员，或者一定期限内不得在证券交易所、国务院批准的其他全国性证券交易场所交易证券的制度。

典型例题：

【多选题】被国务院证券监督管理机构采取证券市场禁入措施的有关责任人员，不得担任证券发行人的（　　）。

A. 董事　　　　B. 监事　　　　C. 高级管理人员　　D. 股东

【答案】ABC

【解析】根据《证券法》第二百二十一条规定，证券市场禁入，是指在一定期限内直至终身不得从事证券业务、证券服务业务，不得担任证券发行人的董事、监事、高级管理人员，或者一定期限内不得在证券交易所、国务院批准的其他全国性证券交易场所交易证券的制度。本题答案为选项A、B、C。

【判断题】《证券法》中的证券市场禁入是指在一定期限内直至终身不得从事证券业务或者不得担任证券公司董事、监事、高级管理人员的制度。

【答案】×

【解析】根据《证券法》第二百二十一条规定，证券市场禁入，是指在一定期限内直至终身不得从事证券业务、证券服务业务，不得担任证券发行人的董事、监事、高级管理人员。

第三节 刑法规定相关的刑事处罚

一、《中华人民共和国刑法修正案(六)》

1. 依法负有信息披露义务的公司、企业向股东和社会公众提供虚假的或者隐瞒重要事实的财务会计报告,或者对依法应当披露的其他重要信息不按照规定披露,严重损害股东或者其他人利益,或者有其他严重情节的,对其直接负责的主管人员和其他直接责任人员,处三年以下有期徒刑或者拘役,并处或者单处二万元以上二十万元以下罚金。

典型例题:

【单选题】《刑法》第一百六十一条规定:依法负有信息披露义务的公司、企业向股东和社会公众提供虚假的或者隐瞒重要事实的财务会计报告,或者对依法应当披露的其他重要信息不按照规定披露,严重损害股东或者其他人利益,或者有其他严重情节的,对其直接负责的主管人员和其他直接责任人员,处三年以下有期徒刑或者( ),并处或者单处二万元以上二十万元以下罚金。

A. 双规　　　　B. 拘役　　　　C. 撤销职务　　　　D. 开除公职

【答案】B

【解析】根据《刑法》第一百六十一条规定,对其直接负责的主管人员和其他直接责任人员,处三年以下有期徒刑或者拘役。

2. 上市公司的董事、监事、高级管理人员违背对公司的忠实义务,利用职务便利,操纵上市公司从事下列行为之一,致使上市公司利益遭受重大损失的,处三年以下有期徒刑或者拘役,并处或者单处罚金;致使上市公司利益遭受特别重大损失的,处三年以上七年以下有期徒刑,并处罚金:

(1) 无偿向其他单位或者个人提供资金、商品、服务或者其他资产的;

(2) 以明显不公平的条件,提供或者接受资金、商品、服务或者其他资产的;

(3) 向明显不具有清偿能力的单位或者个人提供资金、商品、服务或者其他资产的;

(4) 为明显不具有清偿能力的单位或者个人提供担保,或者无正当理由为

其他单位或者个人提供担保的;

(5) 无正当理由放弃债权、承担债务的;

(6) 采用其他方式损害上市公司利益的。

上市公司的控股股东或者实际控制人,指使上市公司董事、监事、高级管理人员实施上述行为的,依照前上述的规定处罚。

犯上述罪的上市公司的控股股东或者实际控制人是单位的,对单位判处罚金,并对其直接负责的主管人员和其他直接责任人员,依照董事、监事、高级管理人员的规定处罚。

典型例题：

【多选题】《刑法》第一百六十九条规定：上市公司的董事、监事、高级管理人员违背对公司的忠实义务,利用职务便利,操纵上市公司从事( ),致使上市公司利益遭受重大损失的,处三年以下有期徒刑或者拘役,并处或者单处罚金;致使上市公司利益遭受特别重大损失的,处三年以上七年以下有期徒刑,并处罚金。

A. 无偿向其他单位或者个人提供资金、商品、服务或者其他资产的

B. 以明显不公平的条件,提供或者接受资金、商品、服务或者其他资产的

C. 向明显不具有清偿能力的单位或者个人提供资金、商品或者其他资产的

D. 为明显不具有清偿能力的单位或者个人提供担保,或者无正当理由为其他单位或者个人提供担保的

E. 无正当理由放弃债权、承担债务的

【答案】ABCDE

【解析】根据《中华人民共和国刑法修正案(六)》规定：(1) 无偿向其他单位或者个人提供资金、商品、服务或者其他资产的;选项 A 的说法正确。(2) 以明显不公平的条件,提供或者接受资金、商品、服务或者其他资产的;选项 B 的说法正确。(3) 向明显不具有清偿能力的单位或者个人提供资金、商品或者其他资产的;选项 C 的说法正确。(4) 为明显不具有清偿能力的单位或者个人提供担保,或者无正当理由为其他单位或者个人提供担保的;选项 D 的说法正确。(5) 无正当理由放弃债权、承担债务的;选项 E 的说法正确。综上,本题答案为选项 A、B、C、D、E。

3. 有下列情形之一,操纵证券、期货市场,情节严重的,处五年以下有期徒

刑或者拘役,并处或者单处罚金;情节特别严重的,处五年以上十年以下有期徒刑,并处罚金:

(1) 单独或者合谋,集中资金优势、持股或者持仓优势或者利用信息优势联合或者连续买卖,操纵证券、期货交易价格或者证券、期货交易量的;

(2) 与他人串通,以事先约定的时间、价格和方式相互进行证券、期货交易,影响证券、期货交易价格或者证券、期货交易量的;

(3) 在自己实际控制的账户之间进行证券交易,或者以自己为交易对象,自买自卖期货合约,影响证券、期货交易价格或者证券、期货交易量的;

(4) 以其他方法操纵证券、期货市场的。

单位犯前款罪的,对单位判处罚金,并对其直接负责的主管人员和其他直接责任人员,依照前款的规定处罚。

典型例题:

【多选题】《刑法》第一百八十二条规定:(　　),操纵证券、期货市场,情节严重的,处五年以下有期徒刑或者拘役,并处或者单处罚金;情节特别严重的,处五年以上十年以下有期徒刑,并处罚金。

A. 单独或者合谋,集中资金优势、持股或者持仓优势或者利用信息优势联合或者连续买卖,操纵证券、期货交易价格或者证券、期货交易量的

B. 与他人串通,以事先约定的时间、价格和方式相互进行证券、期货交易,影响证券、期货交易价格或者证券、期货交易量的

C. 在自己实际控制的账户之间进行证券交易,或者以自己为交易对象,自买自卖期货合约,影响证券、期货交易价格或者证券、期货交易量的

D. 以其他方法操纵证券、期货市场的

【答案】ABCD

【解析】根据《刑法》第一百八十二条规定,有下列情形之一,操纵证券、期货市场,情节严重的,处五年以下有期徒刑或者拘役,并处或者单处罚金;情节特别严重的,处五年以上十年以下有期徒刑,并处罚金:(1)单独或者合谋,集中资金优势、持股或者持仓优势或者利用信息优势联合或者连续买卖,操纵证券、期货交易价格或者证券、期货交易量的;选项A的说法正确。(2)与他人串通,以事先约定的时间、价格和方式相互进行证券、期货交易,影响证券、期货交易价格或者证券、期货交易量的;选项B的说法正确。(3)在自己实际控制的账户之间进

行证券交易,或者以自己为交易对象,自买自卖期货合约,影响证券、期货交易价格或者证券、期货交易量的;选项C的说法正确。(4)以其他方法操纵证券、期货市场的。选项D的说法正确。综上,本题答案为选项A、B、C、D。

二、《中华人民共和国刑法修正案(七)》

1. 证券、期货交易内幕信息的知情人员或者非法获取证券、期货交易内幕信息的人员,在涉及证券的发行,证券、期货交易或者其他对证券、期货交易价格有重大影响的信息尚未公开前,买入或者卖出该证券,或者从事与该内幕信息有关的期货交易,或者泄露该信息,或者明示、暗示他人从事上述交易活动,情节严重的,处五年以下有期徒刑或者拘役,并处或者单处违法所得一倍以上五倍以下罚金;情节特别严重的,处五年以上十年以下有期徒刑,并处违法所得一倍以上五倍以下罚金。

典型例题:

【单选题】下列属于利用未公开信息交易行为的一项是(   )。

A. 上市公司董事长利用公司资产重组信息进行交易

B. 甲某和乙某以事先约定的时间和价格对敲交易

C. 甲某操纵多个股票账户抬高证券价格

D. 基金管理人建议他人先于其管理的基金买入证券

【答案】A

【解析】未公开信息指证券交易所、期货交易所、证券公司、期货经纪公司、基金管理公司、商业银行、保险公司等金融机构的从业人员以及有关监管部门或者行业协会的工作人员,利用因职务便利获取的内幕信息以外的其他未公开的信息。选项B、C属于操纵证券期货市场,D属于泄露内幕信息。本题答案为选项A。

【多选题】对证券交易内幕信息的知情人员利用未公开信息从事交易,可以采取的刑事处罚措施包括(   )。

A. 情节严重的,处三年以下有期徒刑或者拘役,并处违法所得一倍以上五倍以下罚金

B. 情节严重的,处五年以下有期徒刑或者拘役,并处违法所得一倍以上五倍以下罚金

C. 情节特别严重的,处三年以上五年以下有期徒刑,并处违法所得一倍以上五倍以下罚金

D. 情节特别严重的,处五年以上十年以下有期徒刑,并处违法所得一倍以上五倍以下罚金

【答案】BD

【解析】根据《刑法》第一百八十条规定,证券、期货交易内幕信息的知情人员或者非法获取证券、期货交易内幕信息的人员,在涉及证券的发行,证券、期货交易或者其他对证券、期货交易价格有重大影响的信息尚未公开前,买入或者卖出该证券,或者从事与该内幕信息有关的期货交易,或者泄露该信息,或者明示、暗示他人从事上述交易活动,情节严重的,处五年以下有期徒刑或者拘役,并处或者单处违法所得一倍以上五倍以下罚金;情节特别严重的,处五年以上十年以下有期徒刑,并处违法所得一倍以上五倍以下罚金。本题答案为选项B、D。

第四节 每章练习

一、单选题

1. 虚报注册资本、提交虚假材料或者采取其他欺诈手段隐瞒重要事实取得公司登记的,由（　　）责令改正,对虚报注册资本的公司,处以虚报注册资本金额百分之五以上百分之十五以下的罚款。

A. 证券管理部门　　　　　　B. 财政部门
C. 税务机关　　　　　　　　D. 公司登记机关

2. 违反《公司法》规定,虚报注册资本取得公司登记的,可对虚报注册资本的公司,处以虚报注册资本资金金额（　　）的罚款,情节严重的,撤销公司登记或者吊销营业执照。

A. 百分之五以上百分之十以下　　B. 百分之五以上百分之十五以下
C. 百分之十以上百分之十五以下　　D. 百分之十以上百分之二十以下

3. 根据《公司法》,公司的发起人、股东在公司成立后,抽逃其出资的,由公司登记机关责令改正,处以所抽逃出资金额（　　）罚款。

A. 1%以上5%以下　　　　　B. 2%以上5%以下
C. 2%以上10%以下　　　　 D. 5%以上15%以下

4. 发行人在其公告的证券发行文件中隐瞒重要事实或者编造重大虚假内容,已经发行证券的,处以( )的罚款。

　　A. 非法所募资金金额百分之一以上百分之五以下
　　B. 非法所募资金金额百分之五以上百分之十以下
　　C. 非法所募资金金额百分之十以上百分之五十以下
　　D. 非法所募资金金额百分之十以上一倍以下

5. 发行人在其公告的证券发行文件中隐瞒重要事实或者编造重大虚假内容,对直接负责的主管人员和其他直接责任人员,处以( )的罚款。

　　A. 二百万元以上二千万元以下　　B. 一百万元以上二千万元以下
　　C. 五百万元以上二千万元以下　　D. 一百万元以上一千万元以下

6. 采取程序化交易影响证券交易所系统安全或者正常交易秩序的,对直接负责的主管人员和其他直接责任人员给予警告,并处以( )的罚款。

　　A. 五十万元以上五百万元以下　　B. 一百万元以上一千万元以下
　　C. 十万元以上一百万元以下　　　D. 买卖证券等值以下

7. 信息披露义务人未按照《证券法》规定报送有关报告或者履行信息披露义务的,对直接负责的主管人员和其他直接责任人员给予警告,并处以( )的罚款。

　　A. 五十万元以上五百万元以下　　B. 一百万元以上一千万元以下
　　C. 五百万元以上二千万元以下　　D. 二十万元以上二百万元以下

8. 未经法定机关核准,公司擅自公开发行或者变相公开发行证券的,对其实施的以下处罚中,错误的是( )。

　　A. 责令停止发行,退还所募资金并加算银行同期存款利息
　　B. 处以非法所募资金金额百分之五以上百分之十以下的罚款
　　C. 对擅自公开或者变相公开发行证券设立的公司,由依法履行监督管理职责的机构或者部门会同县级以上地方人民政府予以取缔
　　D. 对直接负责的主管人员和其他直接责任人员给予警告,并处以五十万元以上五百万元以下的罚款

9. 根据《证券法》,发行人在其公告的证券发行文件中隐瞒重要事实或者编

造重大虚假内容,尚未发行证券的,处以(　　)的罚款。

　　A. 二百万元以上一千万元以下　　B. 一百万元以上二千万元以下

　　C. 五百万元以上二千万元以下　　D. 二百万元以上二千万元以下

10. 发行人在其公告的证券发行文件中隐瞒重要事实或者编造重大虚假内容,已经发行证券的,处以(　　)的罚款。

　　A. 非法所募资金金额百分之一以上百分之五以下

　　B. 非法所募资金金额百分之五以上百分之十以下

　　C. 非法所募资金金额百分之十以上百分之五十以下

　　D. 非法所募资金金额百分之十以上一倍以下

11. 发行人在其公告的证券发行文件中隐瞒重要事实或者编造重大虚假内容,对直接负责的主管人员和其他直接责任人员,处以(　　)的罚款。

　　A. 二百万元以上二千万元以下　　B. 一百万元以上二千万元以下

　　C. 五百万元以上二千万元以下　　D. 一百万元以上一千万元以下

12. 采取程序化交易影响证券交易所系统安全或者正常交易秩序的,责令改正,并处以(　　)的罚款。对直接负责的主管人员和其他直接责任人员给予警告,并处以十万元以上一百万元以下的罚款。

　　A. 五十万元以上五百万元以下　　B. 一百万元以上一千万元以下

　　C. 十万元以上一百万元以下　　　D. 买卖证券等值以下

13. 采取程序化交易影响证券交易所系统安全或者正常交易秩序的,对直接负责的主管人员和其他直接责任人员给予警告,并处以(　　)的罚款。

　　A. 五十万元以上五百万元以下　　B. 一百万元以上一千万元以下

　　C. 十万元以上一百万元以下　　　D. 买卖证券等值以下

14. 信息披露义务人未按照《证券法》规定报送有关报告或者履行信息披露义务的,对直接负责的主管人员和其他直接责任人员给予警告,并处以(　　)的罚款。

　　A. 五十万元以上五百万元以下　　B. 一百万元以上一千万元以下

　　C. 五百万元以上二千万元以下　　D. 二十万元以上二百万元以下

二、多选题

1. 公司下列行为违反了《证券法》规定的有(　　)。

　　A. 未经法定机关核准,擅自公开或者变相公开发行证券

B. 不符合发行条件,以欺骗手段骗取发行核准

C. 未按照规定披露信息,或者所披露的信息有虚假记载、误导性陈述或者重大遗漏的

D. 擅自改变公开发行证券所募集资金的用途的

2. 下列关于擅自公开或者变相公开发行证券的说法中,正确的是(　　)。

A. 对擅自公开或者变相公开发行证券设立的公司,由依法履行监督管理职责的机构或者部门会同县级以上人民政府予以取缔

B. 未经法定机关核准,擅自公开或者变相公开发行证券的,责令停止发行,退还所募资金并计算银行同期存款利息,处以非法所募集资金金额5%以上50%以下的罚款

C. 对直接负责的主管人员和其他直接责任人员给予警告,并处以3万元以上30万元以下的罚款

D. 对直接负责的主管人员和其他直接责任人员给予警告,并处以50万元以上500万元以下的罚款

三、判断题

1. 发行人的控股股东、实际控制人指使从事擅自改变公开发行证券所募集资金的用途的,给予警告,并处以50万元以上500万元以下的罚款。

2. 发行人、上市公司擅自改变公开发行证券所募集资金的用途的,责令改正,对直接负责的主管人员和其他直接责任人员给予警告,并处以三万元以上三十万元以下的罚款。

3. 公司的发起人、股东在公司成立后,抽逃其出资的,责令改正,处以所抽逃出资金额百分之五以上百分之十以下的罚款。构成犯罪的,依法追究刑事责任。

四、简答题

1. 请简述《证券法》中,关于"发行人在其公告的证券发行文件中隐瞒重要事实或者编造重大虚假内容"有关规定的内容。

2. 请简述《证券法》中,关于"信息披露义务人报送的报告或者披露的信息有虚假记载、误导性陈述或者重大遗漏"的法律责任。

3. 请简述《证券法》中,关于"信息披露义务人未按规定报送有关报告或者履行信息披露义务"的法律责任。

● 答案与解析 ●

一、单选题

1.【答案】D

【解析】违反《公司法》第一百九十八条规定,虚报注册资本、提交虚假材料或者采取其他欺诈手段隐瞒重要事实取得公司登记的,由公司登记机关责令改正。本题答案为选项D。

2.【答案】B

【解析】违反《公司法》第一百九十八条规定,虚报注册资本、提交虚假材料或者采取其他欺诈手段隐瞒重要事实取得公司登记的,由公司登记机关责令改正,对虚报注册资本的公司,处以虚报注册资本金额百分之五以上百分之十五以下的罚款;对提交虚假材料或者采取其他欺诈手段隐瞒重要事实的公司,处以五万元以上五十万元以下的罚款;情节严重的,撤销公司登记或者吊销营业执照。本题答案为选项B。

3.【答案】D

【解析】根据《公司法》第二百条规定,公司的发起人、股东在公司成立后,抽逃其出资的,由公司登记机关责令改正,处以所抽逃出资金额百分之五以上百分之十五以下的罚款。本题答案为选项D。

4.【答案】D

【解析】根据《证券法》第一百八十一条规定,发行人在其公告的证券发行文件中隐瞒重要事实或者编造重大虚假内容,已经发行证券的,处以非法所募资金金额百分之十以上一倍以下的罚款。本题答案为选项D。

5.【答案】D

【解析】根据《证券法》第一百八十一条规定,发行人在其公告的证券发行文件中隐瞒重要事实或者编造重大虚假内容,对直接负责的主管人员和其他直接责任人员,处以一百万元以上一千万元以下的罚款。本题答案为选项D。

6.【答案】C

【解析】根据《证券法》第一百八十五条规定,采取程序化交易影响证券交易所系统安全或者正常交易秩序的,责令改正,并处以五十万元以上五百万元以下的罚款。对直接负责的主管人员和其他直接责任人员给予警告,并处以十万元以上一百万元以下的罚款。本题答案为选项C。

7.【答案】A

【解析】根据《证券法》第一百九十七条规定,信息披露义务人报送的报告或者披露的信息有虚假记载、误导性陈述或者重大遗漏的,对直接负责的主管人员和其他直接责任人员给予警告,并处以五十万元以上五百万元以下的罚款。本题答案为选项A。

8.【答案】B

【解析】根据《证券法》第一百八十条规定,擅自公开或者变相公开发行证券的,责令停止发行,退还所募资金并加算银行同期存款利息,处以非法所募资金金额百分之五以上百分之五十以下的罚款。选项B的说法错误。

9.【答案】D

【解析】根据《证券法》第一百八十一条规定,发行人在其公告的证券发行文件中隐瞒重要事实或者编造重大虚假内容,尚未发行证券的,处以二百万元以上二千万元以下的罚款。本题答案为选项D。

10.【答案】D

【解析】根据《证券法》第一百八十一条规定,发行人在其公告的证券发行文件中隐瞒重要事实或者编造重大虚假内容,已经发行证券的,处以非法所募资金金额百分之十以上一倍以下的罚款。选项D正确。

11.【答案】D

【解析】根据《证券法》第一百八十一条规定,发行人在其公告的证券发行文件中隐瞒重要事实或者编造重大虚假内容,对直接负责的主管人员和其他直接责任人员,处以一百万元以上一千万元以下的罚款。本题答案为选项D。

12.【答案】A

【解析】根据《证券法》第一百九十条规定,违反《证券法》第四十五条的规定,采取程序化交易影响证券交易所系统安全或者正常交易秩序的,责令改正,并处以五十万元以上五百万元以下的罚款。对直接负责的主管人员和其他直接责任人员给予警告,并处以十万元以上一百万元以下的罚款。本题答案为选项A。

13.【答案】C

【解析】根据《证券法》第一百九十条规定,釆取程序化交易影响证券交易所系统安全或者正常交易秩序的,责令改正,并处以五十万元以上五百万元以下的罚款。对直接负责的主管人员和其他直接责任人员给予警告,并处以十万元以上一百万元以下的罚款。本题答案为选项C。

14.【答案】A

【解析】根据《证券法》第一百九十七条规定,信息披露义务人报送的报告或者披露的信息有虚假记载、误导性陈述或者重大遗漏的,对直接负责的主管人员和其他直接责任人员给予警告,并处以五十万元以上五百万元以下的罚款。本题答案为选项A。

二、多选题

1.【答案】ABCD

【解析】根据《证券法》第九条规定,公开发行证券,必须符合法律、行政法规规定的条件,并依法报经国务院证券监督管理机构或者国务院授权的部门注册。未经依法注册,任何单位和个人不得公开发行证券。选项A违反了《证券法》的规定;

根据《首次发行股票并上市管理办法》第五十二条规定,发行人不符合发行条件以欺骗手段骗取发行核准的,除依照《证券法》的有关规定处罚外,中国证监会将采取终止审核并在36个月内不受理发行人的股票发行申请的监管措施,选项B违反了《证券法》的规定;

根据《证券法》第一百九十七条规定,信息披露义务人未按照《证券法》规定报送有关报告或者履行信息披露义务的,责令改正,给予警告,并处以五十万元以上五百万元以下的罚款,选项C违反了《证券法》的规定;

根据《证券法》第一百八十五条规定,发行人擅自改变公开发行证券所募集资金的用途的,责令改正,处以五十万元以上五百万元以下的罚款;对直接负责的主管人员和其他直接责任人员给予警告,并处以十万元以上一百万元以下的罚款,选项D违反了《证券法》的规定。所以,本题答案为选项A、B、C、D。

2.【答案】ABD

【解析】根据《证券法》第一百八十条规定,擅自公开或者变相公开发行证券的,责令停止发行,退还所募资金并加算银行同期存款利息,处以非法所募资金金额百分之五以上百分之五十以下的罚款;对擅自公开或者变相公开发行证券设立的公司,由依法履行监督管理职责的机构或者部门会同县级以上地方人民政府予以取缔。对直接负责的主管人员和其他直接责任人员给予警告,并处以五十万元以上五百万元以下的罚款。选项A、B、D的说法正确,选项C的说法错误。

三、判断题

1.【答案】√

【解析】根据《证券法》第一百八十五条规定,发行人的控股股东、实际控制人从事或者组织、指使从事擅自改变公开发行证券所募集资金的用途的,给予警告,并处以五十万元以上五百万元以下的罚款。

2.【答案】×

【解析】根据《证券法》第一百八十五条规定,发行人擅自改变公开发行证券所募集资金的用途的,责令改正,处以五十万元以上五百万元以下的罚款;对直接负责的主管人员和其他直接责任人员给予警告,并处以十万元以上一百万元以下的罚款。

3.【答案】×

【解析】根据《公司法》第二百条规定,公司的发起人、股东在公司成立后,抽逃其出资的,由公司登记机关责令改正,处以所抽逃出资金额百分之五以上百分之十五以下的罚款。

四、简答题

1.【答案】

发行人在其公告的证券发行文件中隐瞒重要事实或者编造重大虚假内容,尚未发行证券的,处以二百万元以上二千万元以下的罚款;已经发行证券的,处以非法所募资金金额百分之十以上一倍以下的罚款。对直接负责的主管人员和其他直接责任人员,处以一百万元以上一千万元以下的罚款。

发行人的控股股东、实际控制人组织、指使从事上述违法行为的,没收违法所得,并处以违法所得百分之十以上一倍以下的罚款;没有违法所得或者违法所得不足二千万元的,处以二百万元以上二千万元以下的罚款。对直接负责的主管人员和其他直接责任人员,处以一百万元以上一千万元以下的罚款。

2.【答案】

信息披露义务人报送的报告或者披露的信息有虚假记载、误导性陈述或者重大遗漏的,责令改正,给予警告,并处以一百万元以上一千万元以下的罚款;对直接负责的主管人员和其他直接责任人员给予警告,并处以五十万元以上五百万元以下的罚款。发行人的控股股东、实际控制人组织、指使从事上述违法行为,或者隐瞒相关事项导致发生上述情形的,处以一百万元以上一千万元以下的罚款;对直接负责的主管人员和其他直接责任人员,处以五十万元以上五百万元以下的罚款。

3.【答案】

信息披露义务人未按照《证券法》规定报送有关报告或者履行信息披露义务的,责令改正,给予警告,并处以五十万元以上五百万元以下的罚款;对直接负责的主管人员和其他直接责任人员给予警告,并处以二十万元以上二百万元以下的罚款。发行人的控股股东、实际控制人组织、指使从事上述违法行为,或者隐瞒相关事项导致发生上述情形的,处以五十万元以上五百万元以下的罚款;对直接负责的主管人员和其他直接责任人员,处以二十万元以上二百万元以下的罚款。

附 录

本书涉及的主要法律规范：

1. 《中华人民共和国公司法》（2018年修正）
2. 《中华人民共和国公司登记管理条例》（2016年修订）
3. 《中华人民共和国证券法》（2019年修订）
4. 《首次公开发行股票并上市管理办法》（2020年07月10日 证监会令第173号）
5. 《上市公司治理准则》（2018年修订）（中国证券监督管理委员会公告〔2018〕29号）
6. 《上市公司章程指引》（2019年修订）（2019年4月17日证监会公告〔2019〕10号）
7. 《上市公司信息披露管理办法》（2021年修订）（中国证券监督管理委员会令第182号）
8. 《上市公司股东大会规则》（2016年修订）（证监会公告〔2016〕22号）
9. 《上市公司股东、董监高减持股份的若干规定》（中国证券监督管理委员会公告〔2017〕9号）
10. 《上市公司董事监事和高级管理人员所持本公司股份及其变动管理规则》（证监公司字〔2007〕56号）
11. 《深圳证券交易所上市公司股东及董事监事高级管理人员减持股份实施细则》（深证上〔2017〕820号）
12. 《上海证券交易所上市公司股东及董事监事高级管理人员减持股份实施细则》（上证发〔2017〕24号）

13.《创业板首次公开发行股票注册管理办法(试行)》(2020 年 6 月 12 日 中国证券监督管理委员会令第 167 号)

14.《深圳证券交易所创业板股票发行上市审核规则》(2020 年 6 月 12 日 深交所 深证上〔2020〕501 号)

15.《深圳证券交易所创业板股票上市规则》(深证上〔2020〕1292 号)

16.《科创板首次公开发行股票注册管理办法(试行)》(2020 年 7 月 7 日 证监会第 174 号令)

17.《上海证券交易所科创板股票发行上市审核规则》(2020 年 12 月 4 日 上证发〔2020〕89 号)

18.《上海证券交易所科创板企业发行上市申报及推荐暂行规定》(2021 年 4 月 16 日 上证发〔2021〕23 号)

19.《北京证券交易所向不特定合格投资者公开发行股票并上市审核规则(试行)》(2021 年 10 月 30 日 北证公告〔2021〕5 号)

20.《北京证券交易所股票上市规则(试行)》(2021 年 10 月 30 日 北证公告〔2021〕13 号)

21.《中华人民共和国刑法修正案(六)》(2006 年 中华人民共和国主席令第 51 号)

22.《中华人民共和国刑法修正案(七)》(2009 年 中华人民共和国主席令第 10 号)